Hamburger Rechtsstudien

herausgegeben von Mitgliedern der Rechtswissenschaftlichen Fakultät der Universität Hamburg

Heft 43

Grundsatzfragen der betrieblichen Mitbestimmung

von

Dr. iur. FOLKMAR KOENIGS
Assessor, wissenschaftlicher Assistent am Seminar für Handels-, Schiffahrts- und Luftrecht der Universität Hamburg

Hamburg
Cram, de Gruyter & Co.
1954

Gesamtherstellung: Triltsch-Druck, Düsseldorf, Jahnstraße 36.

INHALT

Seite

Schrifttum 9

EINLEITUNG: Aufgabe — Begriffsbestimmung der Mitbestimmung — Gründe des Erfolgs der Forderung nach Mitbestimmung — Abriß der gesellschaftlichen Entwicklung und soziologischen Forschung — Möglichkeiten der Mitbestimmung als Mittel zum Ausgleich der sozialen Spannungen — Mitbestimmung nicht Ziel, sondern Mittel — Methode der Behandlung 11

ERSTER TEIL: Die beteiligten Interessen 21

Erster Abschnitt: Die beeinträchtigten Interessen 21

Zweiter Abschnitt: Die zu schützenden Interessen . . . 22

I. Schutz von Interessen der Allgemeinheit gegenüber dem Unternehmer? 22

II. Herstellung der „Wirtschaftsdemokratie" und der „Gleichberechtigung von Kapital und Arbeit" 28

A. Wirtschaftsdemokratie 28

B. Gleichberechtigung von Kapital und Arbeit 35

III. Die Legitimation zur Unternehmer-Funktion 36

IV. Die Interessen der Arbeitnehmer 44

A. Die Wünsche der Arbeitnehmer 44

B. Die rechtliche Schutzwürdigkeit dieser Wünsche 46

C. Ergebnis 51

ZWEITER TEIL: Die notwendigen Gebote der Rechtsordnung an die Unternehmer 51

Erster Abschnitt: Die aus den schutzwürdigen Interessen der Arbeitnehmer folgenden Unternehmer-Pflichten 51

I. Sicherheit des Arbeitsplatzes und Maximum sozialer Sicherheit 52

A. Arbeitsunfähigkeit 52

B. Sicherheit des Arbeitsplatzes 52

a. Unterlassen sozialwidriger Kündigungen 52

b. Sicherung der technischen und wirtschaftlichen Voraussetzungen für die Weiterbeschäftigung 53

Mittel:

1. Mitentscheidung der Arbeitnehmer 54

2. Pflicht des Unternehmers zur Erhaltung und Fortführung des Unternehmens 56

aa. Stillegung und Verlegung 56

bb. Entnahmen — Investitionen 57

cc. Erhaltung des Unternehmens in der bisherigen Form 58

Seite

dd. Pflicht zur Umstellung des Unternehmens . . 59
ee. Beliebiges Verfahren mit Unternehmensgegenständen 60
ff. Veräußerung des Unternehmens — Verschmelzung und Umwandlung 62
gg. Schlußbemerkung 63
3. Unterrichtung der Arbeitnehmer — Mitberatung . 65
4. Beteiligung der Arbeitnehmer an Auswahl und Überwachung der Manager 66
c. Zusammenfassung 70

II. Angemessener Anteil am Ertrage 71
III. Angemessene Arbeitsbedingungen 72
IV. Aufstiegsmöglichkeit 72
V. Unterrichtung über alle Vorkommnisse 73
VI. Eingliederung in soziale Gruppe 73
VII. Behandlung als Mensch und Achtung vor der Menschenwürde 75
VIII. Zusammenfassung 75

Zweiter Abschnitt: Die Stellungnahme der christlichen Gesellschaftslehre 77

Dritter Abschnitt: Die Vereinbarkeit der notwendigen Unternehmer-Pflichten mit dem Grundgesetz 77

I. Verletzung des Grundrechts Eigentum? 77
II. Verletzung des Grundrechts auf freie Entfaltung der Persönlichkeit? 81

DRITTER TEIL: Die Durchsetzung der Unternehmer-Pflichten 82

Erster Abschnitt: Grundfragen 83
I. Mitbestimmung und Wirtschaftsverfassung 83
II. Das Verhältnis der Mitbestimmung zu Mitunternehmertum und Ertragsbeteiligung 89
III. Die Parteien der Mitbestimmung 92
IV. Die Stellung der Gewerkschaften 98
V. Mitbestimmung im Betrieb oder im Unternehmen 104
VI. Verfahrensfragen 106

Zweiter Abschnitt: Die einzelnen Bereiche der Mitbestimmung 108

I. Unternehmer-Pflichten in allen drei Bereichen 109
A. Behandlung als Mensch und Achtung vor der Menschenwürde 109
B. Unterrichtung und Mitberatung 110
II. Personelle Mitbestimmung 114
A. Unternehmer-Pflichten bei Einstellung 114
B. Unternehmer-Pflichten bei Versetzung 116
C. Unternehmer-Pflichten bei Umgruppierung 119

Seite

D. Unternehmer-Pflichten bei Kündigung 120
E. Personelle Mitbestimmung bei leitenden Angestellten, Gesellschaftern und Organen juristischer Personen . . 122
a. Leitende Angestellte 122
b. Gesellschafter — Organe juristischer Personen . . . 123

III. Soziale Mitbestimmung 124
A. Angemessener Ertragsanteil 124
B. Angemessene Arbeitsbedingungen 126

IV. Wirtschaftliche Mitbestimmung 126
A. Stillegung 127
B. Verlegung des Betriebes 129
C. Umstellung des Betriebes 130
D. Investitionspflicht und übermäßige Privatentnahmen . . 131
E. Willkürliche Verfügungen über Unternehmensgegenstände 135
F. Veräußerung des Unternehmens — Verschmelzung und Umwandlung 136
G. Schlußbemerkung 139

Dritter Abschnitt: Arbeitnehmer-Vertreter im Aufsichtsrat 140

SCHLUSSWORT 148

SCHRIFTTUM

Anschütz: Die Verfassung des Deutschen Reichs vom 11. 8. 1919, 13. Aufl., 1930.
Bergbau und Wirtschaft: Informationsorgan der IG Bergbau, Bochum.
Böhm: Die Ordnung der Wirtschaft als geschichtliche Aufgabe und rechtsschöpferische Leistung, 1937,.
— Das wirtschaftliche Mitbestimmungsrecht, in ORDO, Jahrbuch für die Ordnung von Wirtschaft und Gesellschaft, Bd. IV (1951), S. 21 ff.
Boldt: Kommentar zum Gesetz über die Mitbestimmung der Arbeitnehmer in den Aufsichtsräten und Vorständen der Unternehmen des Bergbaus und der Eisen und Stahl erzeugenden Industrie, 1952.
Bonner Kommentar: Bonner Kommentar zum Grundgesetz, 1950.
Briefs: Zwischen Kapitalismus und Syndikalismus, 1952.
Briesch: Die Rechtsstellung der deutschen Gewerkschaften, 1951.
Carrard, A.: Praktische Einführung in Probleme der Arbeitspsychologie, Zürich 1949.
Chase, Stuart: A proper study of mankind, New York 1948.
DGB-Entwurf: Gesetzesvorschlag des Deutschen Gewerkschaftsbundes für das Gebiet der Bundesrepublik Deutschland zur Neuordnung der deutschen Wirtschaft vom 22. 5. 1950, herausgegeben vom Bundesvorstand des DGB.
Deist: Mitbestimmung und Gewinnbeteiligung (Vortrag auf der Konferenz der Vertrauensleute am 3. und 4. März 1952), Schriftenreihe der IG Metall.
Dersch-Volkmar: Kommentar zum Arbeitsgerichtsgesetz, 3. Aufl., 1928.
Dietz: Kommentar zum Betriebsverfassungsgesetz, 1953.
Eichler: Wirtschaftsrecht, 1950.
Erdmann, Ernst-Gerhard: Das Recht der Arbeitnehmer auf Beteiligung an der Verwaltung der Betriebe der gewerblichen Wirtschaft. Ein internationaler Rechtsvergleich, Heft 5 der Schriftenreihe der Bundesvereinigung der Deutschen Arbeitgeberverbände, 1952.
Eucken: Die Grundlagen der Nationalökonomie, 5. Aufl., 1947.
Fitting-Kraegeloh: Kommentar zum Betriebsverfassungsgesetz, 3. Aufl., 1953.
Friedmann: Der Mensch in der mechanisierten Produktion, 1951.
Froehlich-Franke-Wagner: Die Beteiligung der Arbeitnehmer im Aufsichtsrat nach dem Betriebsverfassungsgesetz, 1953.
Gadow-Heinichen-Schmidt: Kommentar zum Aktiengesetz, 1939.
Galperin: Kommentar zum Betriebsverfassungsgesetz, 2. Aufl., 1953.
Gardner, Burleigh: Human Relations in Industry, Chicago 1949.
Gasser: Der Mensch im modernen Industriebetrieb, 1950.
Giese: Mitbestimmung und Eigentum, Vortragsreihe des Deutschen Industrieinstituts, Nr. 10/1951.
Gilbertson, Henry S.: Personnel Policies and Unionism, Boston 1950.
Godin-Wilhelmi: Kommentar zum Aktiengesetz, 2. Aufl., 1950.
Gross: Manager von morgen, 1950.
Grosse, Franz: Gewerkschaften und soziale Neugestaltung. Heft 8 der Schriften des Instituts für Sozialpolitik und Arbeitsrecht, München 1952.
Hamann: Rechtsstaat und Wirtschaftslenkung, 1953.
Harrell, Thomas Willard: Industrial Psychology, New York 1949.
Heinz: Ein neuer Weg, 1949.
Herschel-Steinmann: Kommentar zum Kündigungsschutzgesetz, 2. Aufl., 1953.
Hueck: Kommentar zum Kündigungsschutzgesetz, 2. Aufl., 1952.
— Probleme des Mitbestimmungsrechts. Heft 7 der Schriftenreihe der Juristischen Studiengesellschaft, Karlsruhe 1953.

Hueck-Nipperdey: Lehrbuch des Arbeitsrechts, 3.—5. Aufl., 1932.
Huber: Wirtschaftsverwaltungsrecht, 2. Aufl., 1953—1954.
Jacobi: Grundlehren des Arbeitsrechts, 1927.
Kaskel: Arbeitsrecht, 3. Aufl., 1928.
Kötter: Kommentar zum Gesetz über die Mitbestimmung der Arbeitnehmer in den Aufsichtsräten und Vorständen der Unternehmen des Bergbaus und der Eisen und Stahl erzeugenden Industrie, 1952.
Korsch: Mitbestimmung und Eigentum, Sonderdruck, herausgegeben vom DGB-Bundesvorstand, 1951.
Krüger, Herbert: Grundgesetz und Kartellgesetzgebung, 1950.
Kuss: Mitbestimmung und gerechter Lohn als Elemente einer Neuordnung der Wirtschaft, Sonderdruck der Duisburger Kupferhütte, 1950.
Maier, Norman R. F.: Psychology in Industry, Boston 1946.
v. Mangoldt: Das Bonner Grundgesetz, 1950—1953.
Das kommunistische Manifest, Neudruck 1946, Reinhardt, Frankfurt a. M.
Mansfeld: Kommentar zum Betriebsrätegesetz, 2. Aufl., 1930.
Mayo, Elton: The Social Problems of an Industrial Civilisation. Division of Research, Graduate School of Business Administration Harvard University, Boston 1945.
Mayo-Lombard: Teamwork and Labor Turnover in the Aircraft Industry of Southern California, Harvard Business Research Studies Nr. 32/1944.
Der Mensch im Betrieb. Heft 4 der Schriftenreihe des Rationalisierungs-Kuratoriums der Deutschen Wirtschaft, 1951.
Moore, Herbert: Psychology for Business and Industry, New York 1942.
Müller, Eberhard: Recht und Gerechtigkeit in der Mitbestimmung, 1950.
Müller-Lehmann: Kommentar zum Mitbestimmungsgesetz Bergbau und Eisen, 1952.
Nikisch: Arbeitsrecht, 1951.
Papst Leo XIII.: Enzyklika „Rerum novarum", übersetzt von Rohrbasser, 2. Aufl., Luzern 1951.
Papst Pius XI.: Enzyklika „Quadragesimo Anno", übersetzt von Rohrbasser, 2. Aufl., Luzern 1946.
Profit Sharing Manual, herausgegeben vom Council of Profit Sharing Industries, Columbus 12, Ohio, USA.
Protokoll Gründungskongreß des Deutschen Gewerkschaftsbundes, München 12.—14. Oktober 1949, Bundverlag, Köln 1950.
Roethlisberger, F. J.: Management and Morale, Cambridge, Mass. 1942.
Roethlisberger-Dickson: Management and the worker, Cambridge, Mass. 1947.
Schlegelberger-Quassowski: Kommentar zum Aktiengesetz, 3. Aufl., 1939.
Scupin: Die Rechtslage der Wirtschaft unter dem Bonner Grundgesetz, 1950.
Spindler: Mitunternehmertum, 1951.
Verantwortung und Mitverantwortung in der Wirtschaft, herausgegeben von Joseph Kardinal Frings, 1949.
39. Juristentag: Verhandlungen des 39. Deutschen Juristentages, Wirtschafts- und sozialrechtliche Abteilung, 1952.
Wirtschaftsdemokratie, ihr Wesen, Weg und Ziel. Herausgegeben im Auftrage des Allgemeinen Deutschen Gewerkschaftsbundes von Fritz Naphtali, 2. Aufl., 1928.
Wirtschaftsdienst: Zeitschrift des Weltwirtschaftsinstituts, Kiel.
Würdinger: Kommentar zum HGB (früher RGR), 2. Aufl., Bd. I, 1951—1953.
Zusammenarbeit im Betrieb unter christlicher Verantwortung, Schriftenreihe der Evangelischen Akademie Hamburg, Heft 5, 1953.

EINLEITUNG

Die wirtschafts- und sozialrechtliche Abteilung des 39. Deutschen Juristentages in Stuttgart (1951) hat sich eingehend mit der Frage der Mitbestimmung beschäftigt und kam in ihrer einstimmig angenommenen Schlußresolution zu dem Ergebnis, daß die Juristen nicht so lange warten dürften, bis vollendete Tatsachen vorliegen, oder sich nur darauf beschränken, die von den Sozialpartnern vorgeschlagenen Lösungen oder gewonnenen Ergebnisse auf ihre Gesetzmäßigkeit nach dem geltenden Recht zu überprüfen. Es sei vielmehr eine der hervorragendsten Aufgaben der deutschen Juristen, zu einer tragbaren Lösung dieser brennenden sozialen Probleme beizutragen.

Der Appell des Juristentages hat die Anregung zu der vorliegenden Arbeit gegeben. Die Fragen, zu deren Untersuchung der Juristentag aufruft, umfassen jedoch ein derart weites Gebiet, daß eine Begrenzung notwendig ist. Trotz des engen Zusammenhangs zwischen betrieblicher und überbetrieblicher Mitbestimmung werden sich die folgenden Ausführungen daher auf die betriebliche Mitbestimmung beschränken. Auch die betriebliche Mitbestimmung berührt noch derartig viele Fragen aus dem Handels-, Gesellschafts- und Arbeitsrecht, der Volks- und Betriebswirtschaft, der Soziologie, dem Verfassungsrecht und der Wissenschaft von der Politik, daß jede eingehende Untersuchung, ob sie nun der Jurist, der Volkswirt oder der Soziologe unternimmt, zwangsläufig zu einer gewissen Überschreitung der Grenzen der eigenen Disziplin führt und in der Erörterung der Probleme und der Verwertung des Schrifttums unvollständig bleiben muß. Dieser Tatsachen ist sich der Verfasser durchaus bewußt. Diese Tatsachen waren aber auch dem Juristentag zweifellos bekannt, als er seinen Appell an die Juristen richtete. Und dieser Appell gilt auch noch heute!

Nach erbitterten Auseinandersetzungen, die Staat und Wirtschaft beunruhigten und zeitweise drohten, sich zu einer Verfassungskrise und zum Generalstreik zu entwickeln, sind zwar zur Regelung der betrieblichen Mitbestimmung zwei Bundesgesetze ergangen: Das Gesetz über die Mitbestimmung der Arbeitnehmer in den Aufsichtsräten und Vorständen der Unternehmen des Bergbaus und der Eisen und Stahl erzeugenden Industrie (MGBE) vom 21. 5. 1951[1] und das Betriebsverfassungsgesetz (BVG) vom 11. 10. 1952[2]. Das MGBE mußte unter dem Druck der Streikdrohung der Gewerkschaften in kürzester Frist geschaffen werden. Es läßt daher viele Fragen offen; über die Zweckmäßigkeit der von ihm gefundenen Lösung gehen

---

[1] BGBl. 1951 I, 347.

[2] BGBl. 1952 I, 681; für West-Berlin übernommen durch Gesetz vom 30. 12. 1952 GVBl. 1953, 9.

die Meinungen stark auseinander. Das BVG wird von den Gewerkschaften als unzulänglich und sozial rückschrittlich abgelehnt; sie haben feierlich angekündigt, daß sie mit allen demokratischen Mitteln für eine Änderung dieses Gesetzes kämpfen werden[3]. Die Auseinandersetzung um eine zweckmäßige Lösung der betrieblichen Mitbestimmung geht also trotz Erlaß der beiden genannten Gesetze weiter. Und das mit Recht!

Die Mitbestimmung wirft eine solche Vielzahl rechtlicher und wirtschaftlicher Fragen auf, daß es notwendig ist, den gesamten Fragenkreis nach allen Richtungen hin sehr gründlich zu durchdenken, wenn man sich nicht mit einer fragwürdigen Eillösung begnügen, sondern zu einer wirklich brauchbaren Dauerlösung kommen will. Man kann sich jedoch manchmal des Eindrucks nicht erwehren, daß die Forderung nach Mitbestimmung und ihre Verwirklichung in erster Linie ein politischer Akt gewesen sind, dessen Erfolg durch das ideologische und politische Vakuum der Zeit nach dem Zusammenbruch stark gefördert wurde, während die mit der Mitbestimmung aufgeworfenen Fragen noch nicht so sorgfältig durchdacht worden sind, wie sie es verdienen. Darauf hat schon Böhm mit Recht hingewiesen[4].

Es genügt nicht, vom MGBE und dem BVG als dem geltenden Recht auszugehen und diese Gesetze gründlich zu kommentieren. Sie werden weiterhin nur als ein erster, noch vielfach abänderungsbedürftiger Lösungsversuch empfunden. Außerdem sind beide Gesetze vom Parlament unter der Notwendigkeit beschlossen worden, staatsbedrohende politische und wirtschaftliche Spannungen aufzufangen; es ist sehr schwer, zu beurteilen, inwieweit ihre Fassung von dem Zwang beeinflußt wurde, kurzfristig eine Kompromißlösung zu finden. Daher erscheint es richtiger, zuerst ganz allgemein die Frage nach den Möglichkeiten und Zielen der betrieblichen Mitbestimmung zu stellen und dann zu prüfen, inwieweit diese Ziele durch das MGBE und das BVG erreicht worden sind. Durch eine solche Klärung der Grundfragen, ohne dabei zu sehr auf Einzelheiten einzugehen, läßt sich am besten Klarheit über die dogmatische Stellung der betrieblichen Mitbestimmung und über Berechtigung, Aufgabe und Tragweite der einzelnen den Arbeitnehmern verliehenen Mitbestimmungsrechte gewinnen. Es wird sich dann zeigen, ob es sich um eine mehr oder minder zufällige Lösung handelt, ein Spiegelbild der politischen Kräfte zur Zeit ihrer Entstehung oder ob mit dem MGBE und dem BVG ein notwendiger Anpassungsprozeß der Rechtsordnung an veränderte Verhältnisse vollzogen wurde. Dann wird auch ein Urteil darüber möglich sein, ob die Kritik an den Mitbestimmungsgesetzen, besonders aber die Angriffe der Gewerkschaften gegen das BVG berechtigt sind.

Gegen einen solchen Versuch wird man vielleicht den Vorwurf erheben, es handele sich um müßige Betrachtungen eines Wissenschaftlers, fern der politischen Realität.

Nachdem eine unserer größten politischen Parteien und die Gewerkschaften seit 1945 mit beispielloser Energie und größtem Nachdruck die Forderung nach einer bestimmten Form des Mitbestimmungsrechts erhoben

---

[3] Proklamation des DGB zur Verabschiedung des BVG, veröff. z. B. in Bergbau und Wirtschaft 1952, 357.

[4] Böhm, ORDO Bd. 4, 36 ff.

haben und diese Forderung durch das MGBE und die Ländergesetze, dann durch das BVG weitgehend verwirklicht worden ist, läßt sich allerdings nicht übersehen, daß hier vollendete Tatsachen von erheblichem Gewicht geschaffen worden sind. Selbst wenn die Verfechter der Mitbestimmung in der bisher geforderten Form unter dem Eindruck sachlicher Kritik der Wissenschaft zu einer anderen Ansicht kommen sollten, würde eine radikale Kursänderung einen derartigen Prestigeverlust bedeuten, daß sie dem Selbstmord gleichkäme. Ebenso würde jeder Versuch, die Regelung im Bergbau und in der Eisen- und Stahlindustrie rückgängig zu machen oder ohne Mitwirkung der Gewerkschaften wesentlich zu ändern, zu nicht zu verantwortenden Erschütterungen des Staates und der Wirtschaft führen und muß im Interesse des sozialen Friedens unterbleiben; denn nach den schweren Auseinandersetzungen um den Erlaß des MGBE wird die dort getroffene Regelung — ob zu Recht oder Unrecht ist gleichgültig — als großer sozialer Fortschritt angesehen und würde von der organisierten Arbeiterschaft des gesamten Bundesgebietes mit allen Mitteln verteidigt werden.

Der sachlichen Auseinandersetzung und Kritik bleibt aber trotz der bereits geschaffenen Tatsachen und der gegebenen politischen Dynamik noch ein großer Wirkungsbereich[5]. Sie kann einmal zur Meinungsbildung derjenigen Menschen, Parteien und Organisationen beitragen, die sich noch kein abschließendes Urteil gebildet haben. Selbst für diejenigen Parteien und Organisationen, die sich bereits weitgehend festgelegt haben, besteht noch ein gewisser Entscheidungsspielraum, den sie ohne Gefahr, dabei das Gesicht zu verlieren, ausschöpfen können. Endlich kann durch sachliche Erörterung die allgemeine Atmosphäre entspannt und die Zusammenarbeit der Sozialpartner unter der bereits erlassenen gesetzlichen Regelung erleichtert werden. Der Vorwurf müßiger Betrachtungen fern der politischen Wirklichkeit dürfte daher unberechtigt sein.

Eine Begriffsbestimmung der „Mitbestimmung“ gibt unsere Rechtsordnung nicht. In der öffentlichen Auseinandersetzung wird der Begriff „Mitbestimmung“ häufig in verschiedenem Sinne gebraucht und so eine Verständigung über eine zweckmäßige Lösung zusätzlich erschwert.

Die Forderung nach Mitbestimmung ist offenbar vor allem aus der Überlegung erwachsen, daß der Unternehmer als Herr über das Kapital und die Produktionsmittel eine sehr große Macht besitzt und die Möglichkeit hat, diese Macht entgegen den Interessen der Arbeitnehmer zu benutzen. Daher ist bei den Arbeitnehmern der Wunsch nach Einflußnahme auf das betriebliche Geschehen entstanden. Eine derartige Einflußnahme ist aber nicht auf die Form der Mitentscheidung beschränkt, sondern ist in zahlreichen Abstufun-

---

[5] Die Erörterung der Fragen um die Mitbestimmung ist jetzt auch auf internationaler Ebene im Rahmen der Internationalen Arbeits-Organisation (ILO) in Fluß gekommen; infolge der starken Meinungsverschiedenheiten, die sowohl zwischer Arbeitgeber- und Arbeitnehmervertretern als auch unter den Regierungsvertretern bestanden, ist man jedoch nur zu einer weit und unbestimmt gefaßten Empfehlung gelangt. (Empfehlung der Allgemeinen Konferenz der ILO über Beratung und Zusammenarbeit 1952. Abgedruckt BArbBl 1952, 610.)

gen vom einfachen Recht auf Gehör über Beratung, Einspruchsrecht bis zur völlig gleichberechtigten Mitentscheidung in allen Fragen denkbar. Eine Beschränkung der Erörterung darauf, ob den Arbeitnehmern ein Recht auf gleichberechtigte Mitentscheidung zusteht und wie ein solches Recht zu verwirklichen ist, würde den ganzen Fragenkreis in unzulässiger Weise verengen und die Ablehnung jeder anderen Lösung von Beginn an ohne weitere Prüfung bedeuten.

Unter „Mitbestimmung" wird daher in dieser Arbeit nicht nur das Recht der Arbeitnehmer auf gleichberechtigte Mitentscheidung verstanden, sondern unter diesem Begriff werden alle Formen und Abstufungen der Einflußnahme der Arbeitnehmer auf das betriebliche Geschehen vom Recht auf Gehör über Beratung, Einspruchsrecht bis zur gleichberechtigten Mitentscheidung zusammengefaßt[6].

Der Streit und die Auseinandersetzungen um Notwendigkeit und Formen der Mitbestimmung hatten zeitweise eine solche Schärfe erreicht, daß die Gefahr schwerer Erschütterungen für unser gesamtes staatliches und wirtschaftliches Leben bestand. Man spricht bereits von einer „Krise der Demokratie", weil eine Minderheit der Bevölkerung, die aber eine wirtschaftliche Schlüsselstellung einnimmt, ihre Wünsche und Forderungen notfalls mit außerparlamentarischen Mitteln durchzusetzen versuchte. Es scheint sich ein Riß zwischen geschriebener Verfassung und der lebendigen Wirklichkeit des Staates aufzutun.

Auf die damit aufgeworfenen staatsrechtlichen Fragen kann hier nicht eingegangen werden. Hier interessiert nur die Tatsache, daß es überhaupt zu derart scharfen Auseinandersetzungen kommen konnte. Eine geschickte politische Regie kann sicherlich viel dazu beitragen, eine bestimmte Forderung volkstümlich zu machen, aber der Widerhall, den die Forderung nach Mitbestimmung im Volke gefunden hat, läßt sich nicht allein mit geschickter politischer Propaganda erklären.

Dieser Erfolg war nur möglich, weil die Beziehungen zwischen Arbeitnehmern und Unternehmern nicht in Ordnung sind; er ist ein Ausdruck schwerer sozialer Spannungen und schwelender Unzufriedenheit großer Volksschichten mit ihrem Schicksal. Es scheint, daß die Mitbestimmung als eine Art Universalheilmittel angesehen wird, von dem man die Beseitigung eines Zustandes erwartet, den man als sehr unbefriedigend empfindet, ohne sich aber über seine Ursache völlig im Klaren zu sein.

Um die gesellschaftliche Lage zu verstehen, aus der heraus die Forderung nach Mitbestimmung einen solchen Widerhall finden konnte, und um

---

[6] Ein solches Verfahren dürfte dem Sprachgebrauch weitester Volkskreise entsprechen und daher zu verantworten sein, besonders da ein geeigneter anderer zusammenfassender Ausdruck fehlt, der sprachlich naheliegende Ausdruck Mitwirkung bereits zur Bezeichnung einer schwächeren Stufe der Mitbestimmung benutzt wird (z. B. im BVG Überschrift IV, § 60 Abs. I) und in der Rechtswissenschaft sich eine einheitliche Terminologie noch nicht gebildet hat. Vgl. Meissinger, RdA 1950, 41 ff.; Müller, BB 1948, 106; Siebert, BB 1952, 832; Müller-Lehmann, MGBE § 1, 2; Galperin, Vorbem. § 49, 26 ff; Dietz, Einf.V 1 d S. 36 und Vorbem. z. IV. Teil, Anm. 24 ff.

die Möglichkeiten der Mitbestimmung als Heilmittel ermessen zu können, soll versucht werden, einige Ursachen und Kräfte aufzuzeigen, die zu der Krise von heute geführt haben. Das kann im Rahmen dieser Arbeit selbstverständlich nur in Form einer andeutenden Skizze geschehen.

Die Entwicklung der Technik in den letzten 150 Jahren hat grundlegende Veränderungen der gesellschaftlichen Struktur verursacht. Während früher die meisten Werktätigen als kleine Landwirte, Handwerker oder Kaufleute eine selbständige Existenz hatten oder in patriarchalisch aufgebauten Kleinbetrieben beschäftigt waren, mit der Aussicht, sich eines Tages selbständig zu machen, konzentriert sich heute die Fertigung mehr und mehr in Groß- und Mittelbetrieben mit hohem Kapitalbedarf und kostspieliger technischer Ausstattung. Das bedeutet für die überwiegende Anzahl der Menschen den Verlust der Selbständigkeit und sehr geringe Aussichten, jemals selbständig zu werden. Sie sind also praktisch ihr Leben lang auf fremdbestimmte abhängige Arbeit angewiesen. Durch die neuen Herstellungsmethoden ist zwar ein ständig wachsender Bedarf an Aufsichtspersonal wie Vorarbeitern, Kolonnenführern, Meistern und Ingenieuren entstanden und insoweit haben sich neue Aufstiegsmöglichkeiten ergeben, aber doch stets nur in abhängiger Stellung.

Während früher die Bevölkerung in zahlreichen kleinen Siedlungen über das ganze Land verteilt war und viele einen eigenen kleinen Grundbesitz besaßen, ist heute die stark angewachsene Bevölkerung zum überwiegenden Teil in Groß- und Mittelstädten zusammengeballt; für den Einzelnen besteht deshalb schon aus räumlichen Gründen nur noch eine sehr geringe Möglichkeit, eigenen Grundbesitz zu erwerben.

Infolge des Angewiesenseins auf abhängige Arbeit und der Schwierigkeit, eigenen Grundbesitz zu erlangen, ist es für den Einzelnen immer schwerer geworden, aus eigener Kraft und mit eigenen Mitteln sich für die Zukunft zu sichern. Etwa vorhandenes Kapital ist durch Inflation und Währungsreform verlorengegangen, und die Bereitschaft, nach derart bitteren Erfahrungen von neuem zu sparen, kehrt nur langsam zurück. Der Verlust des Arbeitsplatzes bringt heute meist eine noch viel stärkere Gefährdung der Lebenshaltung mit sich als früher; denn statt dauerhafter Konsumgüter beherrschen jetzt auf vielen Gebieten zwar preiswerte, aber der Mode unterworfene kurzlebige Konsumgüter den Markt, die ständig ersetzt werden müssen. Abzahlungskäufe haben einen großen Umfang angenommen, z. T. bedingt durch die Kriegsverluste an Hausrat und die heute meist fehlende Aussteuer der Ehefrau. Im Falle der Arbeitslosigkeit sind die Raten aber nicht mehr aufzubringen, mit der Folge, daß außer dem Besitz des Gegenstandes auch meist ein erheblicher Teil der bereits geleisteten Zahlungen verlorengeht. Aus allen diesen Gründen entsteht ein Gefühl der Unsicherheit und ein immer stärker betontes Verlangen nach Sicherheit des Arbeitsplatzes, Vollbeschäftigung und sozialer Sicherheit.

Ferner hat die Entwicklung unserer industriellen Zivilisation es ganz allgemein den berufstätigen Menschen immer schwerer gemacht, ihre grundlegenden Wünsche und Lebenserwartungen zu verwirklichen. Wie die moderne Soziologie nachgewiesen hat, gehört zu dem ursprünglichsten Trieb des Menschen der Wunsch nach sozialer Anerkennung, nach Zugehörigkeit zu einer oder mehreren sozialen Gruppen und der Wunsch, eine allgemein als wertvoll und nützlich anerkannte Tätigkeit auszuüben.

Infolge der ständig fortschreitenden Arbeitsteilung werden die einzelnen Tätigkeiten aber immer einfacher und mechanischer, so daß sie an sozialem Ansehen verlieren und ihre Ausführung auch nicht mehr die gleiche innere Befriedigung gewährt wie früher.

Das Zusammenballen großer Menschenmassen auf engstem Raum in den Großstädten hat zu einem Zerfall der früher sehr lebendigen und starken sozialen Bindungen des Einzelnen durch Nachbarschaft, politische und kirchliche Gemeinde geführt und ihn oft zu einem verlorenen, beziehungslosen und vereinsamten Teil einer ungegliederten Masse gemacht.

Am Arbeitsplatz hat sich eine ähnliche Entwicklung vollzogen. Das Entstehen von Großbetrieben führte zu einer Entpersönlichung der Beziehungen zwischen Unternehmern und Arbeitnehmern sowie der Arbeitnehmer untereinander und zum Gefühl des Einzelnen, nur ein beliebig austauschbares Objekt zu sein, das „eingesetzt" wird. Dieses Empfinden wird noch gesteigert durch die starke Arbeitsteilung in allen Betrieben und die überall auftretende Notwendigkeit, zur Anpassung an den technischen Fortschritt häufig die Tätigkeit des einzelnen Arbeiters zu verändern oder sogar den ganzen Herstellungsprozeß neu zu organisieren, die Arbeitsplätze neu zu verteilen und dabei oft Arbeitnehmer in andere Abteilungen zu versetzen oder zu entlassen.

In jedem Betrieb gibt es aber eine inoffizielle Rangordnung der einzelnen Tätigkeiten, die im Bewußtsein der Belegschaft durchaus lebendig ist. Sie braucht sich nicht mit der Abstufung der Löhne zu decken; auch die gleiche Bezahlung zweier Tätigkeiten hindert ihre verschiedene soziale Bewertung nicht. Jede Veränderung seiner Tätigkeit oder Versetzung in eine andere Abteilung kann aber trotz gleichbleibenden Lohnes die soziale Stellung des Arbeitnehmers im Werk, seinen Platz in der Rangordnung herabmindern und so seine Haltung zur Arbeit nachteilig beeinflussen.

Weiter bedeuten solche Veränderungen für die betroffenen Arbeitnehmer jedesmal von neuem die Notwendigkeit, sich veränderten Arbeitsbedingungen anzupassen. Oft muß der Arbeitnehmer aus seiner alten sozialen Gruppe — dem Kreise der bisherigen Arbeitskameraden — ausscheiden und sich in eine andere Arbeitsgruppe eingewöhnen und einfügen. Eine derart häufige Umstellung auf neue Verhältnisse stellt erhebliche Anforderungen an Anpassungsfähigkeit und Geschick im Umgang mit anderen Menschen sowohl bei den Arbeitnehmern wie beim Aufsichtspersonal. Eine Schulung und Erziehung in dieser Richtung sind jedoch bisher kaum oder gar nicht erfolgt. Infolgedessen kommt es leicht zu Reibungen, mindestens fällt die Umstellung dem Betroffenen schwer und verursacht ein kürzer oder länger andauerndes Gefühl des Unbefriedigt-Seins.

Ferner ist man bisher von der Vorstellung ausgegangen, daß der Mensch nur ein homo oeconomicus sei, dessen Verhalten lediglich durch den Selbsterhaltungstrieb und das Streben nach wirtschaftlichen Vorteilen bestimmt wird und der streng folgerichtig handelt, um dieses Ziel zu erreichen. Man glaubte daher vielfach, man könne den Herstellungsprozeß ausschließlich nach den Grundsätzen technischer Zweckmäßigkeit organisieren und beliebig oft laufend verändern. Um sich dabei die Mitarbeit der Arbeitnehmer zu sichern und sie zufriedenzustellen, sei es lediglich notwendig, ihnen gute Löhne zu zahlen und sie davon zu überzeugen, daß technisch zweckmäßiges Verhalten und Anpassung an neue Arbeitsprozesse auch für sie eine Erhöhung ihrer Verdienstmöglichkeiten bedeutet.

Aus dieser Einstellung heraus hat man zwar die technische Rationalisierung immer weiter vorangetrieben, aber die menschlichen Beziehungen zwischen Arbeitnehmern und Unternehmern und die Beziehungen der Arbeitnehmer untereinander völlig außer Acht gelassen.

Die moderne Soziologie hat jedoch durch Tatsachenforschungen nachgewiesen, daß die Vorstellung vom Menschen als homo oeconomicus falsch ist. Die Menschen sind nicht ein ungeordneter, beziehungsloser Haufen von Einzelwesen, in dem jeder nur nach wirtschaftlichen Vorteilen strebt und sich streng logisch zweckmäßig verhält, um dieses Ziel zu erreichen (Hordenhypothese), sondern der Mensch ist ein soziales Wesen, eingegliedert in zahlreiche, sich vielfach überschneidende soziale Gruppen. Der Wunsch nach sozialer Anerkennung und nach Zugehörigkeit zu einer sozialen Gruppe als deren geschätztes und anerkanntes Mitglied ist bei allen Menschen vorhanden und bestimmt ihr Handeln in mehr oder minder starkem Maße. Um diesen Wunsch zu erfüllen, paßt sich der Mensch in seinem Verhalten den von der Gruppe als verbindlich angesehenen Regeln an und zieht es meist vor, wirtschaftlich unzweckmäßig zu handeln anstatt sich durch wirtschaftlich zweckmäßiges Verhalten außerhalb der Gruppe zu stellen oder seinen sozialen Status zu verschlechtern.

Es ist z. B. allgemein bekannt, daß sich innerhalb der einzelnen Arbeitsgruppen sehr rasch eine bestimmte Vorstellung darüber bildet, was als angemessene Tagesarbeitsleistung anzusehen ist, und daß die Gruppe auf jedes Mitglied, das mit seiner Arbeitsleistung diese inoffizielle Norm überschreitet, einen sehr scharfen Druck ausübt. Fast immer werden deshalb die besonders leistungsfähigen Arbeiter auf die ihnen — besonders im Akkordlohn — gebotene höhere Verdienstmöglichkeit verzichten und sich der von der Gruppe zugelassenen Arbeitsleistung anpassen, weil ihnen die harmonische Einordnung in die Gruppe wichtiger erscheint als wirtschaftliche Vorteile.

Ein unzweckmäßiges wirtschaftliches Verhalten ist auch der immer noch bestehende Andrang zu den akademischen und Angestellten-Berufen, obgleich die wirtschaftlichen Aussichten in vielen Facharbeiterberufen weit besser sind. Das ist nur zu begreifen aus dem höheren sozialen Ansehen, das diese Berufe genießen.

Endlich noch ein besonders hübsches Beispiel für das Streben nach Symbolen sozialer Anerkennung, die als solche keinerlei wirtschaftlichen Wert haben: Das Verwaltungsgebäude einer großen Firma ist mit einem tadellosen Paternoster und zusätzlich mit einem Lift ausgestattet. Alle Angestellten in nur etwas gehobener Stellung sind bemüht, einen Schlüssel für den Lift zu erhalten, und haben sich zum Teil ohne Genehmigung der Firma auf eigene Kosten Schlüssel anfertigen lassen. Als daraufhin der Lift ein neues Schloß erhielt, löste die Verteilung der nun wieder beschränkten Anzahl Schlüssel heftige Rivalität und Verstimmung aus.

Diese Beispiele ließen sich beliebig vermehren. Die in der Vorstellung vom homo oeconomicus liegende falsche Einschätzung der Arbeitnehmer und ihrer Denkweise mußte zwangsläufig dazu führen, daß man bei der Organisation der Betriebe und der Regelung der Beziehungen zwischen Unternehmer und Arbeitnehmer von falschen Voraussetzungen ausging und sich daraus Spannungen ergaben, weil wesentliche Wünsche der Arbeitnehmer vernachlässigt oder ihre Erfüllung vereitelt wurde.

Besonders in Europa ist außerdem die Erinnerung an die Ausbeutung der Arbeitnehmer durch die Eigentümer der Produktionsmittel in der Frühzeit des Kapitalismus noch sehr lebendig und die in dieser Zeit entstandene Klassenkampfideologie wirkt noch immer fort.

Alle diese Umstände haben dazu beigetragen, daß heute vielfach schwere soziale Spannungen zwischen Unternehmern und Arbeitnehmern als Einzelnen sowie zwischen ganzen Gruppen der Bevölkerung bestehen. An die Stelle von harmonischer Zusammenarbeit ist häufig Mißtrauen, Feindschaft und Haß getreten.

Man spricht deshalb heute sehr oft von dem Gegensatz von Kapital und Arbeit. Als Ursache wird vielfach die rein materielle Ungleichheit angesehen und folgerichtig als Heilmittel gefordert, die materielle Lage der Arbeitnehmer zu verbessern. In dieser Einstellung äußern sich die bitteren Erfahrungen, die die Arbeitnehmer in den ersten hundert Jahren des modernen Industriezeitalters machen mußten. Trotz der großen sozialen Fortschritte in den letzten Jahrzehnten sind die Spannungen aber kaum geringer geworden. Ihre Ursache liegt eben nicht nur auf der materiellen Ebene, sondern beruht zum großen Teil auf dem Unterschied der beiderseitigen Funktionen im Unternehmen, einem Unterschied, der sich durch wirtschaftliche und technische Entwicklung immer mehr verschärft hat und sich auch nicht mehr beseitigen läßt; man kann nur die Auswirkungen dieses Unterschiedes beeinflussen und abmildern. Die materielle Seite soll in ihrer Wichtigkeit gewiß nicht bagatellisiert werden, aber sie ist eben doch nur eine Teilfrage. Aus den Forschungen der Soziologen ist zudem bekannt, wie leicht sich unbefriedigte Wünsche auf dem Gebiete der sozialen Anerkennung und der menschlichen Beziehungen in Lohnforderungen verwandeln.

Wir sollten uns davor hüten, uns durch die Formel „Gegensatz von Kapital und Arbeit" dazu verleiten zu lassen, einen rein materiell bedingten Gegensatz anzunehmen, während es sich in Wahrheit weitgehend um einen Gegensatz der Funktionen im Unternehmen handelt, der auch bei einer materiellen Gleichstellung der Partner nicht verschwinden würde. Nachdem die materiellen Gegensätze, die sich aus der Verteilung des Arbeitsertrages unter Kapital und Arbeit zwangsläufig ergaben, ihre größte Schärfe verloren haben, zeigt sich, daß es heute mindestens ebenso sehr um die Lösung der Frage „Mensch im Apparat" geht.

Es setzt sich daher in stetig wachsendem Ausmaß die Erkenntnis durch — und diese Erkenntnis wird durch die Forschungsergebnisse der modernen Soziologie und Arbeitspsychologie bestätigt —, daß eine Lösung der sozialen Probleme und eine Beseitigung der sozialen Spannungen nicht allein durch Maßnahmen im materiellen Bereich zu erzielen ist, sondern mindestens ebenso wichtig eine veränderte menschliche Einstellung auf beiden Seiten ist;

denn eine Hauptquelle der Spannungen ist und bleibt die innere Unzufriedenheit der Arbeitnehmer, hervorgerufen durch falsche Betriebsgestaltung und Vernachlässigung des Menschlichen; sie kann durch Maßnahmen auf der materiellen Ebene allein nicht beseitigt werden.

Aus dieser gesellschaftlichen Lage heraus mag der überraschende Widerhall der Forderung nach Mitbestimmung zu erklären sein. Die Arbeitnehmer fühlten sich als bindungsloses, namenloses, beliebig austauschbares Objekt der Wirtschaft und erhoffen sich von der Mitbestimmung eine Änderung dieses Zustandes bzw. Gefühls, ohne meist eine klare Vorstellung von Form und Arbeitsweise der Mitbestimmung zu haben.

Aus der aufgezeigten Vielzahl von Ursachen für die sozialen Spannungen wird man aber auch folgern müssen:

Es gibt kein Allheilmittel für ihre Beseitigung. Auch die Mitbestimmung, selbst in der von den Gewerkschaften geforderten Form, wäre kein solches. Die Gegensätze und Spannungen werden sich am besten ausgleichen lassen durch eine Haltung auf beiden Seiten, die man zutreffend industrielle Partnerschaft genannt hat, ein Miteinander an Stelle des Gegeneinander.

Um diese Partnerschaft zu verwirklichen, sind zahlreiche Maßnahmen organisatorischer, psychologischer und technischer Natur erforderlich. Mitwirkungsrechte der Arbeitnehmer in verschiedensten Formen und Abstufungen, vom Recht auf Gehör bis zur echten Mitentscheidung und Formen der Gewinnbeteiligung können dazu allerdings einen wichtigen Beitrag leisten.

Man sollte aber die Wichtigkeit der Mitbestimmung nicht überschätzen. Auch durch eine befriedigende Lösung dieser Frage wäre nur ein Teilproblem, aber nicht die Gesamtaufgabe gelöst. Man möge auch nicht vergessen, daß die Spannungen zu einem erheblichen Teile gefühlsbedingt sind. Dadurch wird die Möglichkeit gesetzlicher Lösungen notwendigerweise begrenzt. Man kann durch ein Gesetz neue Einrichtungen und damit einen Rahmen für einen Ausgleich schaffen. So kann man zwar die Sozialpartner mit einem gewissen Nachdruck auf einen bestimmten Weg verweisen. Ob sie aber diesen Weg der Zusammenarbeit gehen oder auch die neuen Institutionen nur als Kampffeld zum Austragen der alten Gegensätze in den vom Gesetzgeber noch belassenen Grenzen benutzen, hängt von der Einsicht und dem guten Willen der Beteiligten ab.

Am Beginn jeder sachlichen Erörterung der Mitbestimmung muß die Erkenntnis stehen, daß die Mitbestimmung nur ein Mittel ist, um die Interessen der Arbeitnehmer zu wahren, aber nicht Selbstzweck; sie hat stets nur ein dienende Funktion! Auch „Gleichberechtigung von Kapital und Arbeit" und „Wirtschaftsdemokratie", die so häufig als Begründung für die Mitbestimmung angeführt werden, sind nur Mittel, um die Interessen der Arbeitnehmer zu wahren, aber keine Endziele!

Man kann nun von einer Klassenkampfideologie und der Überzeugung ausgehen, daß eine Verständigung zwischen Unternehmer und Belegschaft, zwischen Kapital und Arbeit grundsätzlich nicht möglich ist. Auch dann bleibt die Mitbestimmung nur Mittel; das Ziel heißt Eroberung der Macht durch das Proletariat und Vernichtung des Kapitalismus. Die Mitbestimmung soll in diesem Falle dazu dienen, möglichst viele gesellschaftliche Machtpositionen als Ausgangsbasen für den weiteren Kampf zu erobern. Sie hat dann nur zeitweiligen Charakter, bis das Ziel des Sozialismus erreicht ist[7]. Zum Maßstab für die Güte eines Mitbestimmungs-Gesetzes wird dann ausschließlich der Umfang der gesellschaftlichen Machtpositionen, die es der Arbeiterschaft bringt. Jedes Mitbestimmungsgesetz ist dann nur ein Ausdruck der bereits erreichten Macht der Arbeiterschaft und ist entsprechend dem Machtzuwachs der Arbeiterschaft durch eine Reihe von für die Arbeiterschaft immer günstigeren Gesetzen abzulösen.

Wenn man die Mitbestimmung von diesem Standpunkt aus sieht, ist allerdings für eine wissenschaftliche Erörterung kein Raum. Man darf ihn heute aber wohl als durch die Entwicklung überholt bezeichnen. Der Gedanke des Klassenkampfes und die Überzeugung, daß Arbeit und Kapital zwangsläufig unversöhnliche Feinde sind, wirken zwar heute noch bis zu einem gewissen Grade fort, sind aber doch Gedankengut einer vergangenen Zeit. Unternehmer und Arbeiterschaft sind zu der Erkenntnis gekommen, daß sie beide in der Wirtschaft notwendig und lebensberechtigt sind und eine ehrliche Partnerschaft vorteilhafter für beide Seiten ist als ein Vernichtungskampf. Niemand übersieht, daß der Weg zu dieser Partnerschaft lang und dornenvoll sein wird, aber in vielen Betrieben ist eine solche Partnerschaft schon weitgehend verwirklicht und der Wille zur Zusammenarbeit wächst stetig auf beiden Seiten.

Man muß also die Mitbestimmung als ein Mittel ansehen, um in einer Wirtschaft, in der Unternehmer und Arbeitnehmer dauernd lebensberechtigt sind, die Interessen der Arbeitnehmer zu wahren und die arbeitenden Menschen richtig in den Arbeitsprozeß einzuordnen, sie zu Wirtschaftsbürgern zu machen. Wenn die Mitbestimmung aber nur ein Mittel ist, um dieses Ziel zu erreichen, müssen sich Art und Umfang der Mitbestimmung nach dem erstrebten Ziel richten.

Um dieses Ziel klar erkennen zu können und aus dem Bereich des Machtkampfes und der Interessentenargumente herauszukommen, gilt es, zunächst festzustellen,

1. welche Interessen durch die Mitbestimmung beeinträchtigt werden,
2. welche Interessen durch die Mitbestimmung gewahrt und geschützt werden sollen und inwieweit diese Interessen schutzwürdig sind.

Als nächste Schritte müssen wir die Rechtspflichten der Unternehmer ermitteln, die den als schutzwürdig erkannten Interessen der Arbeitnehmer entsprechen, dann den Umfang dieser Rechtspflichten unter Abwägung der beiderseitigen Interessen bestimmen und gegebenenfalls begrenzen, weiter die so gefundenen Rechtspflichten auf ihre Vereinbarkeit mit der Verfassung und Wirtschaftsordnung überprüfen. Abschließend wird zu untersuchen sein, ob und in welcher Form unsere Rechtsordnung diese Pflichten, insbesondere durch das MGBE und das BVG, bereits anerkannt hat und sie durchsetzt.

---

[7] Daß diese Ansicht falsch ist und Mitbestimmung auch in einer sozialistischen Wirtschaft notwendig ist, wird später gezeigt werden.

ERSTER TEIL:

DIE BETEILIGTEN INTERESSEN

ERSTER ABSCHNITT:

DIE BEEINTRÄCHTIGTEN INTERESSEN

Mit Recht wird allgemein angenommen, daß durch die Mitbestimmung in die Rechtsstellung und die Interessen des Unternehmers eingegriffen wird.

Der Unternehmer kann eine natürliche oder eine juristische Person oder eine Gemeinschaft solcher Personen sein. In der Regel ist der Unternehmer Eigentümer des Kapitals und der Produktionsmittel[1]; er übt die Unternehmertätigkeit entweder selbst oder durch von ihm berufene Vertrauenspersonen aus, wobei diese Vertrauenspersonen heute einen so hohen Grad von Selbständigkeit erreicht haben, daß sie ebenfalls als Unternehmer bezeichnet werden.

Der Unternehmer braucht aber mit dem Eigentümer des Kapitals und der Produktionsmittel nicht notwendig personengleich zu sein, z. B. bei Unternehmenspacht oder bei Fortführung eines Unternehmens, dessen sämtliche Maschinen sicherungsübereignet sind, mit Krediten.

Zur Tätigkeit als Unternehmer genügt also die Herrschaft über Kapital und Produktionsmittel, die abgeleitet wird entweder aus Eigentum, der Stellung als Vertrauensmann des Eigentümers oder schuldrechtlichen Beziehungen zum Eigentümer.

Zur Unternehmertätigkeit ist weiter erforderlich die Verfügung über Arbeitskräfte, die sich der Unternehmer in der Regel durch Abschluß von Arbeitsverträgen sichert. Zur Unternehmertätigkeit gehört endlich das ständige Eingehen und Lösen der verschiedensten schuldrechtlichen und dinglichen Rechtsverhältnisse, deren Gestaltung im Rahmen der Rechtsordnung dem Unternehmer überlassen ist. Es ist die typische Aufgabe des Unternehmers, alle diese Rechtsverhältnisse so günstig wie möglich für ihn zu gestalten.

Die Tätigkeit als Unternehmer beruht also auf dem meist gegebenen Eigentum am Kapital und den Produktionsmitteln, der Verwendung dieses Eigentums nach eigener freier Entscheidung und stets auf der allgemeinen Freiheit, im Rahmen der Rechtsordnung die Gestaltung der Rechtsbeziehungen schuldrechtlicher und dinglicher Art nach eigenem freien Ermessen zu bestimmen.

Das Ziel der Mitbestimmung ist es, diese Freiheit des Unternehmers in der Verwendung seines Eigentums und seine allgemeine Handlungsfreiheit bei der Gestaltung seiner Rechtsbeziehungen in mehr oder minder großem

---

[1] Das trifft auch auf die juristischen Personen zu, bei denen allerdings das rechtliche Eigentum an Kapital und Produktionsmitteln der juristischen Person zusteht und an seine Stelle ein wirtschaftliches Eigentum an Kapital und Produktionsmitteln, verkörpert durch Mitgliedschafts- und Verwaltungsrechte, getreten ist.

Ausmaß zu beschränken. Die Rechtsgüter, die auf Seiten der Unternehmer durch eine Verwirklichung der Mitbestimmung beeinträchtigt werden, sind also das Eigentum und die allgemeine Handlungs- und Vertragsfreiheit. Mit ihnen sind gewisse wirtschaftliche Folgen verknüpft, wie Freiheit der unternehmerischen Initiative, Fähigkeit zu rascher Anpassung an wechselnde Marktlagen, Risikoverteilung und -bereitschaft usw., auf die hier noch nicht eingegangen werden soll. Sie werden später erörtert und bei der Abwägung der beiderseitigen Interessen berücksichtigt werden.

Jede weitere Untersuchung würde sich erübrigen, wenn eine Beschränkung des Eigentums und der allgemeinen Handlungsfreiheit nach der Verfassung unmöglich wäre. Das ist jedoch nicht der Fall.

Eigentum und allgemeine Handlungsfreiheit sind zwar als Bestandteile unserer staatlichen Ordnung durch die Artikel 2 und 14 GG gewährleistet. Sie sind aber nicht absolute, jeder Beschränkung entzogene Werte, sondern sie sind in die allgemeine verfassungsmäßige Ordnung einzugliedern und finden dort ihre Schranken. Eine Begrenzung ihres Inhalts und Gebrauchs durch das Sittengesetz, die Rechte anderer und durch im Rahmen der Verfassung erlassene Gesetze ist ausdrücklich vorgesehen. Eine Beschränkung des Eigentums und der allgemeinen Handlungsfreiheit durch die Mitbestimmung ist daher nicht auf jeden Fall und von Beginn an verfassungswidrig.

ZWEITER ABSCHNITT:

DIE ZU SCHÜTZENDEN INTERESSEN

I. Schutz von Interessen der Allgemeinheit gegenüber dem Unternehmer?

Durch die Mitbestimmung wird eine Beschränkung des Eigentums und der allgemeinen Handlungsfreiheit der Unternehmer angestrebt. Die erste Frage, die sich dann aufdrängt, ist diese:

Soll die Mitbestimmung der Durchsetzung von Interessen der Allgemeinheit dienen oder nur der Sicherung von Interessen der Arbeitnehmer des betreffenden Unternehmens oder beiden Zielen?

Die erste Aufgabe der betrieblichen Mitbestimmung im Interesse der Allgemeinheit könnte sein, zu verhindern, daß wirtschaftliche Macht zur Vorbereitung neuer Kriege oder zur Förderung antidemokratischer Parteien und Organisationen benutzt wird[2].

---

[2] Wenn nach Art. V 1 e KRG 22, § 37 Zi. 3 BRG Rheinl.-Pfalz; § 31 BRG Hessen; § 21 Abs. 3 e BRG Baden; § 13 BRG Württ.-Baden die Betriebsräte mit den Behörden bei der Verhinderung von gesetzwidriger Produktion, insbesondere von Rüstungsgütern, zusammenarbeiten sollten, so ist das nur eine Unterstützung der Behörden, die die wirtschaftliche Machtstellung und den politischen Einfluß der Unternehmer nicht berührt.

Diese Aufgabe ist in den ersten Nachkriegsjahren in der öffentlichen Diskussion stark betont worden[3]. Daß die Großindustrie ihre wirtschaftliche Macht zur Vorbereitung von Angriffskriegen benutzt hat, ist eine Behauptung, die heute wohl als widerlegt gelten kann. Sogar die Nürnberger Verfahren gegen Krupp und die I. G. Farben haben mit einem Freispruch von der Anklage „Vorbereitung von Angriffskriegen" geendet.

Daß Unternehmerkreise die NSDAP auf ihrem Wege zur Macht durch finanzielle Zuwendungen unterstützt haben, ist eine geschichtliche Tatsache. Sie rechtfertigt aber nicht die Einführung der Mitbestimmung. Ob ein Mitbestimmungsrecht der Arbeitnehmer selbst in der von den Gewerkschaften geforderten Form solche Zuwendungen hätte verhindern können, erscheint zweifelhaft; denn die Zuwendungen sind, soweit bekannt, zu einem erheblichen Teil nicht aus Gesellschaftsmitteln, sondern aus den persönlichen Vermögen der Unternehmer oder durch die Verände geleistet worden. Mit Recht weist ferner Böhm[4] darauf hin, daß die Arbeiterschaft zu dieser Zeit in ihrer Presse, den Gewerkschaften und der SPD große Machtmittel besaß und bis 1932 auch noch über die Verwaltung und Polizei Preußens verfügte. Wenn diese Millionenorganisationen und Machtmittel am Gang der Dinge nichts ändern konnten, würde auch das Mitbestimmungsrecht ohne Einfluß gewesen sein.

Man wird allgemein feststellen dürfen: Wenn das Aufkommen antidemokratischer Parteien und Organisationen nicht durch die gemeinsame Abwehr der Regierung, der Parteien und der demokratischen Organisationen, insbesondere der Gewerkschaften, verhindert werden kann, kann auch die Mitbestimmung gleich welcher Form keine Rettung mehr bringen.

Die Mitbestimmung läßt sich daher nicht mit einem Interesse der Allgemeinheit rechtfertigen, den Mißbrauch wirtschaftlicher Macht zur Vorbereitung von Kriegen oder zur Förderung antidemokratischer Bewegungen zu verhindern.

Als weiteres Interesse der Allgemeinheit, das durch die Mitbestimmung verwirklicht werden soll, käme die Durchsetzung von Anordnungen der Regierung gegenüber den Unternehmern in Frage. Die Mitbestimmungsorgane hätten dann die Aufgabe, entweder als unterste Exekutive den Ge-

---

[3] Offenbar spielen diese Überlegungen aber auch heute noch eine Rolle; denn im Informationsdienst des DGB v. 10. 12. 1952 — ID 322/52 — wird mit Genugtuung ein Brief des Vorsitzenden der Amerikanischen Gewerkschaft AFL an den Vorsitzenden des DGB veröffentlicht, in dem es u. a. heißt: „Wir können jedoch vollauf verstehen, daß Ihre Organisation entschlossen ist, von dem Mitbestimmungsrecht Gebrauch zu machen als einem Mittel, das sich gegen die Versuche der Großindustrie und der Finanzmagnaten wendet, ihre dominierende Stellung im deutschen Wirtschaftsleben wieder aufzubauen. Weiter ist sich die AFL durchaus darüber klar, daß die Stärke der Großindustrie und deren Machtzusammenballung, durch welche seinerzeit die Nazipartei finanziert wurde — und damit das Hitlerregime —, im Interesse des Weltfriedens und der Demokratie kontrolliert werden muß."

[4] ORDO IV, 55.

horsam der Unternehmer zu erzwingen oder jedenfalls die Behörden bei Ungehorsam zum Einschreiten zu veranlassen.

Eine solche Unterstützung der Behörden, z. B. auf dem Gebiete des Arbeitsschutzes und der Unterbringung von Schwerbeschädigten, war denn auch im KRG 22 und den Betriebsrätegesetzen der Länder und ist jetzt im BVG vorgesehen[5]. Die Gesetze und Anordnungen mit solchen Zielen sind aber lange Jahre hindurch ohne Hilfe von Mitbestimmungsorganen durchgesetzt worden. Wenn Mitbestimmungsorgane vorhanden sind, wird man sich ihrer zweckmäßigerweise zur Unterstützung bedienen; das Interesse der Allgemeinheit erfordert es aber nicht, für diese Zwecke eine neue Einrichtung wie die Mitbestimmung zu schaffen.

Wesentlich größer wird das Interesse der Allgemeinheit dann, wenn die Regierung eine zentrale Wirtschaftslenkung betreibt, bei der die Regierung dem einzelnen Unternehmer die Entscheidungsfreiheit nimmt und ihn zum beauftragten und gebundenen Führer seines Unternehmens macht. Der Gedanke liegt nahe, in einem solchen Falle den Mitbestimmungsorganen die Durchführung und Überwachung zu übertragen.

Selbst seine ursprünglichen Verfechter haben aber den Gedanken einer von zentraler Stelle aus total geplanten und gelenkten Wirtschaft, in der die Unternehmer nur von den Weisungen des Planungsstabes abhängige Ausführungsorgane ohne Selbständigkeit sind, nach den Erfahrungen der vergangenen Jahre inzwischen aufgegeben und befürworten nur noch eine „gesteuerte Marktwirtschaft" oder „Planwirtschaft der leichten Hand", in der sich die Eingriffe auf die Geld-, Finanz- und Kreditpolitik und Einflußnahme auf die Grundstoffindustrie, die Energiewirtschaft und die Verkehrsunternehmen beschränken sollen[6]. Nachdem man so bestimmte Schlüsseldaten aus dem Marktgeschehen herausgenommen und festgesetzt hat, soll dann die Steuerung der übrigen Unternehmen im gewünschten Sinne durch die Gesetze der Marktwirtschaft und des (notfalls zu sichernden) Wettbewerbs erfolgen. Eine Durchsetzung von wirtschaftlichen Weisungen der Regierung in den Unternehmen ist dann also nicht mehr erforderlich.

Auch wenn man diese Steuerung durch den Markt nicht für ausreichend oder erwünscht hält, dürfte der Wert der betrieblichen Mitbestimmung als Hilfsmittel der Regierung zur Steuerung der Wirtschaft recht zweifelhaft und nur sehr gering sein. Wenn dieser Weg wirksam sein soll, müßten — abgesehen von allen verfassungsrechtlichen Bedenken —

1. die Rechte des Mitbestimmungsorgans viel weiter gehen als gegenwärtig und z. B. auch Einfluß auf die Preispolitik und die Kontrolle gleichmäßiger Belieferung der Abnehmer umfassen;
2. die Arbeitnehmervertreter in den Mitbestimmungsorganen mit den Maßnahmen und Zielen der Regierung einverstanden sein und ihr geschlossen und diszipliniert folgen;

---

[5] § 54, 57, 58 BVG.

[6] Z. B. Referat Böckler auf dem Gründungskongreß des DGB München 1949, Protokoll S. 193 ff.; Wirtschaftspolitische Grundsätze des DGB 1949, Protokoll S. 318 ff.; bestätigt vom 2. DGB-Kongreß Berlin 1952; Aktionsprogramm der SPD, beschlossen auf dem Dortmunder Parteitag September 1952.

3. die Arbeitnehmervertreter die Möglichkeit haben, ihre Auffassung als Mitbestimmungsorgane — nicht etwa kraft delegierter Regierungsgewalt — auch gegen den Willen des Unternehmers durchzusetzen.

Alle diese Voraussetzungen werden aber kaum gegeben sein.

Die betriebliche Mitbestimmung läßt sich also auch nicht mit der Aufgabe rechtfertigen, im Interesse der Allgemeinheit Wirtschaftslenkungsmaßnahmen der Regierung durchzusetzen[7].

Man könnte der Mitbestimmung endlich die Aufgabe stellen, die allgemeine Erzeugungs-, Wirtschafts- und Preispolitik der Unternehmen auf das Gemeinwohl auszurichten.

Gegen ein solches Ziel der Mitbestimmung bestehen jedoch schwere Bedenken. Zunächst würde die Wahrnehmung von Interessen der Allgemeinheit ein Mandat der Allgemeinheit an die betreffenden innerbetrieblichen Mitbestimmungsorgane voraussetzen. Es ergäbe sich allerdings dann die merkwürdige Lage, daß die Allgemeinheit einem Gremium ein Mandat zur Wahrnehmung ihrer Interessen erteilt, ohne auf die Wahl, Zusammensetzung und das spätere Handeln dieses Gremiums auch nur den geringsten Einfluß zu haben.

An die Mitglieder des innerbetrieblichen Mitbestimmungsorgans würden damit außergewöhnlich hohe Anforderungen gestellt. Sie müßten zunächst über bedeutende Kenntnisse und eine umfassende Übersicht über das Wirtschaftsgeschehen verfügen, um die Interessen der Allgemeinheit aus eigenem Urteil richtig zu erkenen. Sie müßten weiter sehr charakterstark sein; denn häufig werden sie zwischen den Interessen der Allgemeinheit einerseits, den gleichlaufenden Interessen des Unternehmens und ihren eigenen Interessen als Arbeitnehmer des Betriebes andererseits zu wählen haben und so in einen schweren Interessenkonflikt geraten. Ob solche Kenntnisse, wirtschaftliche Übersicht und Charakterstärke in allen Fällen vorhanden sein würden, wird man mit einigem Recht bezweifeln dürfen.

Ferner besteht die Gefahr, daß die Interessen der Allgemeinheit in den einzelnen Betrieben verschieden beurteilt und mit unterschiedlicher Energie durchgesetzt werden. Das kann leicht zu durch nichts gerechtfertigten Unterschieden in der Wettbewerbslage und zu unbilligen Nachteilen für einzelne Unternehmen führen.

Die Gefahr eines Interessenkonflikts für die zur Mitbestimmung berufenen Arbeitnehmer haben die Gewerkschaften richtig erkannt und daher die Forderung erhoben, die Mitbestimmungsorgane dürften nur zum Teil durch Betriebsangehörige besetzt werden und müßten zum anderen Teil aus den von den Gewerkschaften benannten Vertretern gebildet werden, um so einen der Allgemeinheit schädlichen Betriebsegoismus erfolgreich bekämpfen zu können.

Die Gewerkschaften gehen also anscheinend davon aus, daß sie zur Wahrnehmung von Interessen der Allgemeinheit bereits legitimiert sind oder sie mit Recht erwarten können, daß ihnen die Allgemeinheit ein solches Mandat überträgt. Es würde sich dann der bereits erwähnte merkwürdige

---

[7] Siehe hierzu ausführlich Böhm, a.a.O., S. 175 ff.

Vorgang wiederholen, daß die Allgemeinheit ein Mandat erteilen würde, ohne auf die Auswahl und das spätere Handeln seiner Träger irgendeinen Einfluß zu haben. Hinzu kommt, daß ein Widerruf dieses Mandats sehr wahrscheinlich zu so schweren wirtschaftlichen und politischen Auseinandersetzungen führen würde, daß es im Ergebnis unwiderruflich wäre. Die Gewerkschaften verlangen also praktisch eine unwiderrufliche Blankovollmacht der Allgemeinheit.

Gegen diese Lösung bestehen aber noch weitere Bedenken. Ein sehr großer Teil der Wählerschaft sieht die Gewerkschaften nach ihrer Entstehungsgeschichte, ihrer Politik und ihren Verlautbarungen als die Interessenvertretung einer bestimmten Bevölkerungsgruppe bzw. als die Vorkämpfer für eine bestimmte von diesen Wählern abgelehnte Wirtschaftspolitik an und hätte daher — ob mit Recht oder Unrecht, mag dahingestellt bleiben — ernste Zweifel, ob die Gewerkschaften unparteiisch die Interessen *aller* Volksschichten vertreten würden.

Mit der Erfüllung ihrer Forderungen würde man aber wahrscheinlich auch den Gewerkschaften selbst einen schlechten Dienst erweisen. In den Fällen, wo die betriebsangehörigen Mitglieder des Mitbestimmungsorgans im Einklang mit dem in diesem Organ nicht stimmberechtigten Unternehmer aus betriebsegoistischen Gründen eine bestimmte Maßnahme befürworten, fiele den Gewerkschaftsvertretern die Aufgabe zu, die Interessen der Allgemeinheit durchzusetzen. Ihre Erfolgsaussichten wären dabei nicht allzu groß, da sie weder allein über die Mehrheit verfügen noch als Minderheit ein Einspruchsrecht haben würden. Sie wären also auf den Versuch angewiesen, ein oder mehrere betriebsangehörige Mitglieder des Mitbestimmungsorgans von der Richtigkeit ihrer Ansicht zu überzeugen.

Ebenso kann aber auch der Fall eintreten, daß im Interesse des Unternehmens und der Allgemeinheit eine Maßnahme erforderlich wird, die für die Arbeitnehmer des betreffenden Betriebes Nachteile mit sich bringt. Hier müßten die Gewerkschaftsvertreter folgerichtig im Einklang mit dem Unternehmer die Interessen der Allgemeinheit gegen die betriebsangehörigen Mitglieder des Mitbestimmungsorgans mit der gleichen fraglichen Aussicht auf Erfolg zu verwirklichen suchen.

In beiden Fällen müßten sich die Gewerkschaftsvertreter gegen die Vertreter der Belegschaft stellen und damit das gegenseitige Vertrauensverhältnis stark belasten. Es kann dazu kommen, daß im ersten Falle die Gewerkschaftsvertreter den Belegschaftsvertretern, im zweiten Falle die Belegschaftsvertreter den Gewerkschaftsvertretern Unternehmerhörigkeit vorwerfen.

Falls der Unternehmer in dem entscheidenden Organ selbst über die Hälfte der Stimmen verfügt, wären die Gewerkschaftsvertreter in Fällen betriebsegoistischer Zusammenarbeit zwischen Unternehmer und Belegschaftsvertretern auf jeden Fall in der Minderheit und könnten für die Allgemeinheit nichts ausrichten. Im zweiten Falle könnten sie dann allerdings gemeinsam mit dem Unternehmer die Interessen der Allgemeinheit durchsetzen.

Die Möglichkeit, Interessen der Allgemeinheit wirksam wahrzunehmen und durchzusetzen, ist für die Gewerkschaftsvertreter also auf jeden Fall relativ gering. Man wird daher zu dem Ergebnis kommen müssen, daß die Gründe, die gegen die Erteilung eines Mandats für die Gewerkschaften sprechen, schwerer wiegen als die möglichen Vorteile. Dabei ist das bisher am meisten vorgebrachte Argument, die unzulässige Machtzusammenballung in der Hand der Gewerkschaften, noch nicht einmal berücksichtigt worden. Es wird später in einem anderen Zusammenhang noch erörtert werden.

Die betriebliche Mitbestimmung — einerlei, ob nur Belegschaftsvertreter allein oder Gewerkschafts- und Belegschaftsvertreter gemeinsam sie ausüben — ist also nicht das geeignete Mittel, die Erzeugungs-, Wirtschafts- und Preispolitik des betreffenden Unternehmens auf die Interessen der Allgemeinheit auszurichten. Die Wahrnehmung von Interessen der Allgemeinheit und Gegenwirkung gegen etwaige betriebsegoistische Neigungen[8] erfolgt zweckmäßigerweise nicht auf der Ebene eines einzelnen Unternehmens, sondern auf überbetrieblicher Ebene durch das Parlament, die Regierung oder durch Organe der wirtschaftlichen Selbstverwaltung mit Maßnahmen, die eine einheitliche Handhabung für alle Unternehmen gewährleisten.

Dieser These wird man entgegenhalten, daß es heute unbestreitbar in unserer Wirtschaft bestimmte Wirtschaftszweige oder Unternehmen gibt, die durch ihre Größe oder die Art ihrer Produktion eine Schlüsselstellung für die gesamte Volkswirtschaft einnehmen und durch ihre Erzeugungs-, Investitions- und Preispolitik die gesamte volkswirtschaftliche Entwicklung vorteilhaft oder nachteilig beeinflussen können. Die Allgemeinheit könne es sich daher nicht leisten, auf jeden Einfluß in diesen Unternehmen zu verzichten, sondern müsse in der Leitung dieser Unternehmen Vertreter ihrer Interessen haben. Es kann hier unentschieden bleiben, ob diese Ansicht zutrifft; denn dabei handelt es sich nicht mehr um die zweckmäßige Gestaltung der Betriebsverfassung für alle Unternehmen ,sondern um eine zeitgemäße Lösung der Sozialisierung bestimmter Wirtschaftszweige. Mitbestimmung und Sozialisierung sind jedoch, wie noch zu zeigen sein wird (S. 86 ff.), verschiedene, voneinander unabhängige Fragenkreise, die sorgfältig getrennt werden sollten.

Als Ergebnis ist daher festzuhalten, daß die betriebliche Mitbestimmung nicht die Aufgabe hat, Interessen der Allgemeinheit zu wahren und zu schützen. Soweit Mitbestimmungsorgane für gewisse Interessen der Allgemeinheit, z. B. auf dem Gebiete des Arbeitsschutzes und der Schwerbeschädigtenfürsorge, eingesetzt werden, ist das nicht Aufgabe und Rechtfertigung der Mitbestimmung, sondern eine sekundäre Folge ihres Vorhandenseins. Die Aufgabe der betrieblichen Mitbestimmung ist es vielmehr, die Interessen der Belegschaft gegenüber dem Unternehmer zu wahren und eine harmonische und vertrauensvolle Zusammenarbeit zwischen Unternehmer und Belegschaft zu fördern.

---

[8] Das beste Mittel gegen Betriebsegoismus ist wohl noch immer Förderung und Sicherung des Wettbewerbs.

II. Herstellung der „Wirtschaftsdemokratie“ und der „Gleichberechtigung“ von „Kapital und Arbeit“

Welches sind dann aber die Interessen der Belegschaft, die auf diesem Wege durchgesetzt werden sollen?

Wenn man die bisherige öffentliche Auseinandersetzung unter diesem Gesichtspunkt überprüft, so zeigt sich: Im Vordergrund steht nicht das Bemühen, bestimmte, klar präzisierte Interessen durchzusetzen, sondern der Versuch, mit sehr allgemeingehaltenen schlagwortartigen Begründungen den Anspruch auf eine mehr oder minder weitgehende Beteiligung an der Unternehmer-Funktion zu rechtfertigen, um auf diese Weise die „berechtigten Interessen“ der Arbeiterschaft besser wahren zu können.

Die Forderung nach Mitbestimmung wird im wesentlichen mit der „Gleichberechtigung von Kapital und Arbeit“ und mit der Notwendigkeit begründet, die politische Demokratie durch eine Wirtschaftsdemokratie zu ergänzen. Es ist daher erforderlich, zunächst diese beiden Begründungen auf ihren Inhalt und Wert zu untersuchen.

A: Wirtschaftsdemokratie

Wann und von wem der Ausdruck „Wirtschaftsdemokratie“ zum ersten Male gebraucht wurde, läßt sich nicht mit Sicherheit feststellen. In die Ideenwelt der Arbeiterbewegung wurde der Begriff der „Wirtschaftsdemokratie“ (englisch: industrial democracy) anscheinend durch das 1897 in England erschienene Buch von Sidney und Beatrice Webb „Industrial democracy“ eingeführt.

Zunächst spielte dieser Begriff aber noch keine große Rolle. Die Führer der Arbeiterschaft waren der Meinung, es würde genügen, die politische Freiheit und die politische Macht für die Arbeiterschaft zu erobern und dann die wirtschaftliche Freiheit durch soziale Organisation zu sichern. Da die Arbeiterschaft die überwiegende Mehrzahl der Bevölkerung bildet, war es durchaus folgerichtig gedacht, zunächst die politische Freiheit in Gestalt der Demokratie zu erkämpfen, weil dann automatisch infolge ihrer zahlenmäßigen Mehrheit der Arbeiterschaft auch die politische Macht zufallen würde. Deshalb ist nach dem Kommunistischen Manifest „der erste Schritt in der Arbeiterrevolution die Erhebung des Proletariats zur herrschenden Klasse, die Erkämpfung der Demokratie“[9].

Die geschichtliche Entwicklung bestätigte diese an die politische Demokratie geknüpften Erwartungen jedoch nicht. Sowohl in den politischen Demokratien des Westens wie in Deutschland unter der Weimarer Verfassung zeigte sich, daß eine politische Demokratisierung ohne „Erhebung des Proletariats zur herrschenden Klasse“ möglich ist und die politische Demokratie daher auch nicht automatisch zur Beseitigung der „wirtschaftlichen Unfreiheit“ führte. Die Führer der Arbeiterschaft waren bei ihren Überlegungen von der Aufteilung der Gesellschaft in Klassen und von der Annahme aus-

---

[9] Kommunistisches Manifest, S. 16.

gegangen, daß sich die Angehörigen der Klasse Arbeiterschaft ihrer Klassensituation bewußt seien und dementsprechend wählen würden. Das taten die Arbeiter jedoch zu einem erheblichen Teile nicht. Man hatte weiter übersehen, daß es in einem Lande nicht nur die beiden Klassen der „Besitzenden" und der „Proletarier" gibt, sondern daneben noch eine breite Schicht, die in dieses Klassenschema nicht paßt, sich auch keineswegs als „Proletarier" fühlte und daher auch nicht für das sozialistische Programm der Arbeiterschaft stimmte.

Die Führer der Arbeiterschaft kamen auf Grund dieses unerwarteten Ergebnisses zu der Überzeugung, daß man lediglich eine „bürgerliche Demokratie" erreicht habe, d. h. die Herrschaft der besitzenden Klasse mittels der demokratischen Herrschaftsform. Die politische Demokratie sei unzureichend, die politische Gleichberechtigung noch keine wahre Gleichberechtigung, weil „die besitzende Minderheit dank ihrer wirtschaftlichen Übermacht, dank ihrer Privilegien des Besitzes und der Bildung bis jetzt gewaltige Beeinflussungs- und Druckmittel hat, denen zu widerstehen die Mehrheit der Bevölkerung bisher nicht im Stande war"[10].

In dieser Lage gewinnt der Gedanke der „Wirtschaftsdemokratie" als Ergänzung zur politischen Demokratie Bedeutung. Auf dem Breslauer Gewerkschaftskongreß von 1925 wird dieser Gedanke erörtert. Im Jahre 1928 wird dann im Auftrage des Allgemeinen Deutschen Gewerkschaftsbundes von Fritz Naphtali unter Mitarbeit führender Sozialisten wie Prof. Baade, Prof. Sinzheimer, Dr. Warburg, Dr. Hilferding, Prof. Nölting, Fritz Tarnow u. a. eine Programmschrift „Wirtschaftsdemokratie" herausgegeben. Im Vorwort heißt es: „Aus der Verknüpfung der Untersuchung dessen, was ist, mit den Zielsetzungen der Arbeiterschaft für das, was sein soll, wird eine Klärung angestrebt über das Wesen der Wirtschaftsdemokratie und über den Weg, der über die Demokratisierung der Wirtschaft zum Sozialismus führt."

Wirtschaftsdemokratie bedeutet nach dieser Schrift keinen Verzicht auf das sozialistische Ziel und keinen Ersatz für den Sozialismus, sondern nur einen Weg zur Verwirklichung der neuen Gesellschaftsstruktur. Sozialismus und Wirtschaftsdemokratie sind als Endziel untrennbar miteinander verknüpft (S. 10). Das Endziel bleibt etwas verschwommen; dessen sind sich anscheinend auch die Verfasser bewußt, wenn sie am Schluß (S. 179) zusammenfassen:

„Über die Demokratisierung der Wirtschaft strebt die Arbeiterklasse ... hinaus zum Sozialismus, d. h. zu einer neuen Wirtschaftsordnung und zu einem neuen gesellschaftlichen Aufbau, dessen Einzelheiten wir heute noch nicht kennen ... Das Fundament der Zukunftswirtschaft wird auf der Anerkennung des gleichen Rechts der Menschen beruhen, an der Gestaltung und Beherrschung der Wirtschaft teilzunehmen. Wirtschaften wird sich nicht mehr in der Form der Herrschaft einer Gruppe von Menschen über die andere vollziehen; die Herrschaft wird nicht vom Besitz oder von einem durch die Geburt bedingten Vorsprung des Einzelnen ausgeübt wer-

---

[10] Naphtali u. a., Wirtschaftsdemokratie, S. 9; vgl. neuestens Agartz, Bergbau und Wirtschaft 1952, 442.

den, sondern nur von der Gemeinschaft, der unter Auslese der Führer auf freier demokratischer Grundlage die Oberhoheit über die Arbeitskraft und über den Verbrauch des Einzelnen zusteht ... Dem Wandel der Wirtschaftsform werden der Wandel der Einkommensverteilung und der Wandel der Eigentumsverhältnisse entsprechen. Erst wenn in einem Wachstumsprozeß, der mühselig über die Demokratisierung der Wirtschaft von Stufe zu Stufe führen muß, der Sozialismus zur Wirklichkeit geworden ist, wird das Ziel der Arbeiterschaft erreicht sein ..."

Das wirtschaftliche Ziel ist demnach offenbar eine total geplante und gelenkte Wirtschaft mit sozialer Einkommensverteilung ohne Privateigentum an den Produktionsmitteln. „Die Demokratisierung der Wirtschaft bedeutet die Beseitigung jeder Herrschaft und die Umwandlung der leitenden Organe der Wirtschaft aus Organen der kapitalistischen Interessen in solche der Allgemeinheit ... Das Wesen der Wirtschaftsdemokratie ist daher erst erfüllt, wenn die Verfügung über die Produktionsmittel nicht mehr einzelnen zu Privateigentum für private Zwecke zusteht, sondern einem Gemeinwesen der Wirtschaft, das einen wirtschaftlichen Gemeinwillen verkörpert, in dem nicht mehr der private Nutzen einzelner, sondern der Gemeinnutzen bestimmend ist" (S. 15).

In einer solchen Wirtschaftsordnung sind die Betriebe nur noch von der Wirtschaftsführung ferngesteuerte Erzeugungsstätten und die Unternehmer ausführende Organe. Die soziale und wirtschaftliche Führung obliegt der kollektiven, überbetrieblichen Vertretung der Arbeiterschaft.

Für die Übergangszeit, in der es noch ein Privateigentum an den Produktionsmittel gibt, gilt es, die autokratische Herrschaft des Unternehmers durch die konstitutionelle Fabrik zu ersetzen und die Macht des Unternehmers zu begrenzen. Dadurch kann aber nur das Maß der Abhängigkeit des Arbeiters geändert werden, nicht die Art dieser Abhängigkeit. Er wird dadurch „kein schaffendes Glied eines Gemeinwesens, das keine privaten Unternehmer mehr kennt, sondern nur leitende und ausführende Funktionäre eines organisierten Ganzen" (S. 143).

Da die wirtschaftliche Führung durch die Organe der Arbeiterschaft auf der überbetrieblichen Ebene erfolgt, besteht für eine betriebliche Mitbestimmung im Sinne einer Mitentscheidung und Beteiligung an der Unternehmer-Funktion kein Bedürfnis. Bei einem Rückblick auf die Entstehungsgeschichte der Betriebsräte mit dem Ziel, ihre Stellung im System der Demokratisierung der Wirtschaft zu erkennen, heißt es daher zum BRG vom 4. 2. 1920: „Dabei war dem Gesetzgeber durchaus klar, daß die Stellung der Betriebsräte auf sozialem wie auf wirtschaftlichem Gebiete nur eine nachgeordnete sein dürfe, daß die soziale und wirtschaftliche F ü h r u n g nur durch die kollektive, ü b e r b e t r i e b l i c h e V e r t r e t u n g der Arbeiterschaft ausgeübt werden und den Betriebsräten daher nur die D u r c h f ü h r u n g und Ü b e r w a c h u n g verbleiben können" (S. 151, Sperrung im Original).

Dieser Gedanke habe sich auf sozialem Gebiet als richtig erwiesen, da dort durch das kollektive Arbeitsrecht und die Ausdehnung des Arbeitsschutzrechts, die sich unter dem Einfluß der Gewerkschaften entwickelten, die Betriebsräte ein weites Betätigungsfeld fanden. Auf wirtschaftlichem Gebiet sei dieser Gedanke jedoch nicht zum Tragen gekommen, da von den in Art. 165 Weimarer Verfassung vorgesehenen Organen nur der Reichswirtschaftsrat eine begrenzte Tätigkeit entfaltete, während die Bezirkswirtschaftsräte, der Reichsarbeiterrat und die Bezirksarbeiterräte überhaupt nicht geschaffen wurden, es also an einer der sozialpolitischen Führung vergleichbaren Führung auf dem Gebiete der Wirtschaft fehlte. Daraus folgert die Programmschrift (S. 152):

„Solange eine überbetriebliche Wirtschaftsführung, die von den Gewerkschaften beeinflußt wird, nicht besteht, bleiben die wirtschaftlichen Aufgaben der Betriebsräte daher rein privatwirtschaftlicher Natur und können demnach nicht eingeordnet werden in das Streben der Arbeiterschaft nach einer vom Betrieb unabhängigen Führung der Volkswirtschaft ... Erst die organisierte *und von den Gewerkschaften kontrollierte Wirtschaft* (Sperrung des Verfassers), die auch den einzelnen Unternehmer zum beauftragten und gebundenen Führer seines Betriebes macht, wird die wirksame Kontrolle dieser Betriebsführung durch den gesetzlich eingesetzten Betriebsrat möglich machen. Heute dagegen sind die Betriebsräte nicht Träger der Demokratisierung der Wirtschaft, sondern Ausdruck einer sozialen Selbstverwaltung im Betriebe, die der Durchführung der gesetzlichen und tariflichen Normen dient."

Die Verfasser untersuchen im übrigen Ansatzpunkte einer Demokratisierung der Wirtschaft in der bestehenden Wirtschaftsordnung und bemühen sich, „die Erkenntnis der Punkte zu gewinnen, an denen die Aktion der Arbeiterschaft einzusetzen hat, um in mannigfacher Gegenwartsarbeit der Verwirklichung ihres Zieles der sozialen Neugestaltung zu dienen" (S. 3).

Seit dem Erscheinen dieser Programmschrift sind 25 Jahre vergangen. Inzwischen hat man sowohl in anderen Ländern als auch in Deutschland mit einer total geplanten und gelenkten Wirtschaft und mit der Sozialisierung Erfahrungen sammeln können. Es scheint, daß unter dem Eindruck dieser Erfahrungen die Ziele sich gewandelt haben, wobei es sich um eine echte Meinungsänderung und nicht nur um einen taktischen Schachzug handelt.

Die Forderung nach „Wirtschaftsdemokratie" wird zwar noch immer erhoben, sogar mit mehr Nachdruck als je zuvor. Der Gedanke einer total geplanten und gelenkten Wirtschaft, in der die Betriebe nur ferngesteuerte Erzeugungsstätten und die Unternehmer ausführende Funktionäre sind, scheint jedoch zu Gunsten einer „gesteuerten Marktwirtschaft" oder „Planwirtschaft der leichten Hand" im bereits dargelegten Sinne[11] aufgegeben zu sein. Auch die Sozialisierung oder jedenfalls weitgehende Ausschaltung des privaten Unternehmertums soll sich nur noch auf die Grundstoffindustrien, die Energiewirtschaft und die Verkehrsunternehmen erstrecken. Geblieben ist die Forderung, der Arbeiterschaft durch ihre Organisation, die Gewerkschaften, einen Einfluß auf die Gestaltung der allgemeinen staatlichen Wirtschaftspolitik einzuräumen; geblieben ist endlich das Verlangen, der Arbeiter dürfe nicht länger nur Objekt der Wirtschaft sein, er müsse vom Wirtschaftsuntertan zum Wirtschaftsbürger werden.

---

[11] S. 24.

Neu hinzugekommen ist die Forderung nach dem betrieblichen Mitbestimmungsrecht im Sinne einer paritätischen Mitentscheidung in allen wesentlichen Fragen des Unternehmens. Das ist eine durchaus folgerichtige Entwicklung. Die Programmschrift von 1928 ging von einer überbetrieblichen Lenkung der gesamten Wirtschaft unter maßgebender Mitwirkung der Organe der Arbeiterschaft aus. Die Unternehmer waren nur noch ausführende Werkzeuge ohne Entscheidungsfreiheit. Ein betriebliches Mitbestimmungsrecht war daher unnötig; die betriebliche Mitbestimmung sollte nur in der Übergangszeit, solange die Betriebe noch in der Hand von privaten Unternehmern mit eigener Entscheidungsgewalt waren, dazu dienen, die wirtschaftliche Autokratie des Unternehmers soweit wie möglich in ein konstitutionelles Regime umzuwandeln. Wenn man jetzt aber auf die totale Sozialisierung und die totale Wirtschaftslenkung und -planung verzichtet, wird der private Unternehmer mit eigener Entscheidungsgewalt von einer möglichst bald auszurottenden Übergangserscheinung zum Dauerzustand. Die konstitutionelle Fabrik wird in einem großen Bereich der Wirtschaft vom Zwischenziel zum Endziel.

Wie läßt sich mit einer so präzisierten „Wirtschaftsdemokratie" die betriebliche Mitbestimmung begründen und was ergibt sich daraus für ihren Umfang und Inhalt?

Zur Frage der Möglichkeit und Zweckmäßigkeit einer „gesteuerten Marktwirtschaft" oder „Planwirtschaft der leichten Hand" Stellung zu nehmen, ist Sache des Volkswirtschaftlers, aber nicht Aufgabe des Juristen. Das betriebliche Mitbestimmungsrecht ist jedenfalls nicht das geeignete Mittel, um mit seiner Hilfe die Volkswirtschaft zu steuern oder so den Einfluß der Arbeiterschaft auf die allgemeine staatliche Wirtschaftspolitik zu verwirklichen. Das gilt selbst dann, wenn die Gewerkschaften das Recht erhalten sollten, in die Mitbestimmungsorgane aller Betriebe von ihnen benannte Vertreter zu entsenden. Die Volkswirtschaft wird nicht von den Betrieben gesteuert, sondern vom Markt oder der Regierung oder — soweit dies gelingt — von beiden zugleich[12].

Daß das betriebliche Mitbestimmungsrecht als Hilfsmittel der Regierung zur Steuerung der Wirtschaft nur einen geringen und sehr zweifelhaften Wert hat, wurde schon gezeigt. Das gleiche gilt, wenn die Gewerkschaften es zu diesem Zweck benutzen wollten, die Weisungen also nicht im Rahmen der allgemeinen Wirtschaftspolitik von der Regierung, sondern unabhängig oder sogar entgegen den Absichten der Regierung von den Gewerkschaften erlassen werden. Auf die außerordentlich großen staatsrechtlichen Bedenken

---

[12] So mit Recht Böhm, ORDO IV, S. 142, 164 ff.; ebenso Raiser, 39. Juristentag, S. 44; Mackenrodt, Wirtschaftsdienst 1950, Heft 2, S. 9 ff. M. kommt sogar zu dem Ergebnis, daß wirtschaftliches Mitbestimmungsrecht auf betrieblicher Ebene und eine sozialverpflichtet planende Wirtschaftspolitik sich gegenseitig ausschließen, da das wirtschaftliche Mitbestimmungrecht nur zur Stärkung des Gruppenegoismus der Betriebe und Industriezweige führt und dadurch eine sozialdeterminierte Wirtschaftspolitik aufs äußerste erschwert wird.

gegen ein solches Weisungsrecht der Gewerkschaften neben oder entgegen Parlament und Regierung soll hier nicht eingegangen werden[13].

Die Gewerkschaften könnten ihre wirtschaftspolitische Auffassung jedenfalls nur dann wirksam durchsetzen, wenn

1. das Mitentscheidungsrecht der Mitbestimmungsorgane über die gegenwärtige gesetzliche Regelung hinaus erheblich ausgedehnt würde. Wenn
2. die Belegschaftsvertreter in den Mitbestimmungsorganen überall mit den Maßnahmen und Zielen der Gewerkschaften einverstanden sind und den Losungen der Gewerkschaften geschlossen und diszipliniert folgen; denn allein würden die Gewerkschaftsvertreter in den Mitbestimmungsorganen in der Minderheit sein. Wenn
3. die Vertreter der Arbeitnehmerseite die Möglichkeit haben, ihre Auffassung notfalls auch gegen den Willen des Unternehmers ohne umständliches Schiedsverfahren durchzusetzen.

Alle diese Voraussetzungen werden aber kaum gegeben sein. Der Wunsch der Arbeiterschaft nach einer gewissen Steuerung der Wirtschaft läßt sich also nicht mit Hilfe des betrieblichen Mitbestimmungsrechts erfüllen[14], sondern wirksam nur durch Einflußnahme auf die staatliche Wirtschaftspolitik, um zu erreichen, daß Parlament und Regierung die erforderlich erscheinenden Planungs- und Lenkungsmaßnahmen beschließen und durchsetzen.

Aus dieser Überlegung entspringt der Wunsch insbesondere der Gewerkschaften, einen solchen Einfluß auf die staatliche Wirtschaftspolitik zu gewinnen. Anscheinend wird aber oft übersehen, daß das betriebliche Mitbestimmungsrecht keineswegs das geeignete Mittel ist, dieses Ziel zu erreichen; denn die allgemeine Wirtschaftspolitik wird vom Parlament und der Regierung, aber nicht von den Unternehmern bestimmt. Die Unternehmer sind Objekt, aber nicht bestimmende Gestalter dieser Politik. Aus der unzureichenden Würdigung dieser Tatsache ergibt sich die sonst nicht verständliche Verlagerung des Schwerpunkts der Auseinandersetzungen auf die betriebliche Mitbestimmung; man möchte fast von einem Kampf der Gewerkschaften mit falscher Front sprechen.

Wenn die Gewerkschaften zur Sicherung der Existenz der von ihnen vertretenen Arbeiterschaft einen gewissen Einfluß auf die staatliche Wirtschaftspolitik beanspruchen, so ist es in erster Linie eine staatsrechtliche Frage, inwieweit und in welcher Form neben dem Parlament als Repräsentanten des Volkswillens die großen ständischen Verbände bei der demokratischen Willensbildung zu berücksichtigen sind, um so unserer Verfassungswirklichkeit Rechnung zu tragen. Wenn man diese staatsrechtliche Frage — wohl mit Recht — bejaht, wird der Einfluß der Arbeitnehmer und Gewerkschaften auf die allgemeine Wirtschaftspolitik aber nicht durch Mitbestimmung innerhalb der Betriebe, sondern durch eine überbetriebliche Mitbestimmung zu verwirklichen sein, eine Beteiligung von Arbeitnehmer- und

---

[13] Auf einen Teil der Bedenken wurde bereits Seite 25 hingewiesen.

[14] Ebenso Böhm, a.a.O. S. 181; Raiser, 39. Juristentag, S. 44.

Gewerkschaftsvertretern an bereits vorhandenen oder neu zu schaffenden Organen, in denen dann aber auch die anderen Schichten der Bevölkerung anteilig vertreten sein müssen. Betriebliche und überbetriebliche Mitbestimmung haben verschiedene Aufgaben und Ziele, die nicht mit einander vermengt werden dürfen. Diese Einsicht kann wesentlich zu einer Lösung der Mitbestimmungsfrage beitragen.

Die Sozialisierung bestimmter Zweige der Wirtschaft, die weiter als Teil des Programms der „Wirtschaftsdemokratie" gefordert wird, ist eine politische Entscheidung, die dem Parlament und den Wählern zusteht. Betriebliche Mitbestimmung und Sozialisierung sind, wie noch zu zeigen sein wird, zwei Fragenkreise, die völlig unabhängig voneinander sind und scharf getrennt werden sollten. Weder wird die betriebliche Mitbestimmung nach einer Sozialisierung entbehrlich noch fördert die Sozialisierung die Lösung der betrieblichen Mitbestimmung.

Das betriebliche Mitbestimmungsrecht erscheint auch wenig geeignet, die Machtverhältnisse in der politischen Demokratie zu verändern und die politische Demokratie zu einem Element wahrer Gleichberechtigung zu machen. Wenn es bisher der besitzenden Minderheit angeblich gelungen ist, durch ihre aus Reichtum, Bildung und gesellschaftlichen Beziehungen stammenden gewaltigen Macht- und Druckmittel einen großen Teil der Bevölkerung zu veranlassen, entgegen ihren wahren Interessen Parteien zu wählen, die die Interessen der Besitzenden vertreten, so ist nicht zu erkennen, wie dieser Zustand durch die Einführung des betrieblichen Mitbestimmungsrechts abgeändert werden soll. Das Eigentum an den Produktionsmitteln und die Gewinne stehen weiterhin den Unternehmern zu, den Arbeitnehmern bleibt nach wie vor als einzige Einkommensquelle der Lohn. Und dieser Lohn wird nicht durch das betriebliche Mitbestimmungsrecht, sondern fast durchweg durch kollektive Tarifverhandlungen festgelegt[15]. Das betriebliche Mitbestimmungsrecht nimmt den Besitzenden nichts von ihren politischen Einflußmöglichkeiten, weder ihr Geld noch ihre Bildungschancen noch ihre politischen Beziehungen[16].

Wenn man die angeblich ungenügende Berücksichtigung der Interessen der Arbeiterschaft in der politischen „bürgerlichen" Demokratie korrigieren will, muß man die Entscheidungsgewalt des aus Wahlen hervorgegangenen Parlaments zurückdrängen und die wirtschaftlichen Entscheidungen einem Gremium übertragen, in dem nach Möglichkeit nur die beiden Sozialpartner vertreten sind. Dieses Ziel wird ja auch mit der überbetrieblichen Mitbestimmung durchaus folgerichtig angestrebt. Auf die staatsrechtlichen Probleme einer solchen Lösung und die Gefahr einer politischen Entrechtung großer Schichten der Bevölkerung, die weder Unternehmer noch Arbeitnehmer sind, kann hier nicht eingegangen werden.

Das Ziel der „Wirtschaftsdemokratie" muß demnach in erster Linie zur Forderung nach überbetrieblicher Mitbestimmung führen. Zur Begründung des betrieblichen Mitbestimmungsrechtes ist aus der „Wirtschaftsdemokratie"

---

[15] § 59 BVG begrenzt sogar ausdrücklich den Bereich der Betriebsvereinbarung zu Gunsten der Tarifverträge.

[16] So Böhm, a.a.O., S. 147.

nur der Gedanke zu verwerten, daß die „wirtschaftliche Autokratie" des Unternehmers durch die „konstitutionelle Fabrik" zu ersetzen ist, daß aus dem „Wirtschaftsuntertan" der „Wirtschaftsbürger" werden soll oder weniger propagandistisch ausgedrückt: Es kommt darauf an, den arbeitenden Menschen richtig in den Wirtschaftsprozeß einzuordnen, ihm den ihm zustehenden Einfluß im Unternehmen zu verschaffen und den Unternehmer zu zwingen, beim Gebrauch seiner zweifellos vorhandenen wirtschaftlichen Macht auf die Interessen seiner Arbeitnehmer Rücksicht zu nehmen.

Wenn von Seiten der Gewerkschaften gesagt wird, „der seiner Lage bewußte Arbeiter" habe den Willen, „nicht mehr nur Objekt der Wirtschaft zu sein, sondern auch in ihr bestimmend und verantwortlich an den Entscheidungen beteiligt zu sein"[17], so ist das eine Auslegung der Interessen der Arbeitnehmer und ihrer richtigen Einordnung in den Wirtschaftsprozeß, die in doppelter Hinsicht zu prüfen sein wird, einmal darauf, ob ein solcher Wille der Arbeitnehmer tatsächlich besteht, und ferner, ob es die richtige Einordnung der arbeitenden Menschen in den Wirtschaftsprozeß sein würde, wenn man einem derartigen Willen der Arbeitnehmer entsprechen würde.

Aus der „Wirtschaftsdemokratie" läßt sich jedenfalls leider nicht entnehmen, welche genau bestimmten Interessen gewahrt werden sollen und warum sie nur in der von den Gewerkschaften geforderten und in keiner anderen Form ausreichend wahrgenommen werden können.

B: Gleichberechtigung von Kapital und Arbeit

Als zweite Begründung für die Mitbestimmung wird stets die „Gleichberechtigung von Kapital und Arbeit" angeführt.

Wenn die „Arbeit" Rechte im Unternehmen verleihen soll, liegt es nahe, nach der Quelle dieser Rechte zu fragen. Entweder könnte dies die tatsächlich geleistete Arbeit sein — dann würde das sich aus ihr ergebende Recht zunächst nur klein sein und im Laufe der Zeit ständig wachsen — oder unter „Arbeit" ist der Produktionsfaktor Arbeit, etwa ausgedrückt in der Jahreslohnsumme, als Gegensatz zum Produktionsfaktor Kapital, etwa ausgedrückt durch das betriebsnotwendige Kapital, zu verstehen. Das hätte je nachdem, ob es sich um kapitalintensive oder kapitalextensive Unternehmen handelt, Unterschiede in der Verteilung der Rechte zur Folge. Außerdem würde sich infolge der laufenden Veränderung von Jahreslohnsumme und betriebsnotwendigem Kapital eine ständige Veränderung des beiderseitigen Anteils an der Leitung des Unternehmens ergeben, ganz abgesehen von der Schwierigkeit, die Rechte der „Arbeit" im Gründungsstadium zu ermitteln, wenn man sie nicht folgerichtig mit Null ansetzen will.

Diese Überlegungen zeigen, daß „Arbeit" und „Kapital" als Quellen der beiderseitigen Rechte im Unternehmen nicht veränderliche Größen sein können. „Arbeit" und „Kapital" sind nur die Symbole der beiden neben dem Unternehmer im Unternehmen tätigen Produktionsfaktoren ohne Rücksicht

---

[17] Franz Grosse, Gewerkschaften und soziale Neugestaltung, S. 13.

auf die Größe des einen oder anderen Faktors und die Veränderungen, die er im Laufe der Zeit erleidet.

Wenn man von der „Gleichberechtigung von Kapital und Arbeit" spricht, so darf man nie vergessen, daß es sich hier um zwei Produktionsfaktoren handelt, die auf ganz verschiedenen Ebenen liegen. Die Würde des Menschen verbietet es, ihn auf eine Stufe mit dem Kapital zu stellen. Man kann nicht „Arbeit" und „Kapital" mit dem gleichen Maßstab messen und ihnen Rechte und Pflichten möglichst mit mathematischer Gleichheit zuteilen, sondern muß im Wege verteilender Gerechtigkeit „Jedem das Seine" geben. Aus der „Gleichberechtigung von Kapital und Arbeit" folgt nicht eo ipso die paritätische Beteiligung an allen Formen der Unternehmerfunktion.

Der Grundsatz „Jedem das Seine" ist in der Vergangenheit zum Nachteil der Arbeitnehmer nicht immer befolgt worden. Erschwerend kommt hinzu, daß das dem „Kapital" und der „Arbeit" Zustehende nicht unveränderlich ist, sondern sich mit der gesellschaftlichen Entwicklung wandelt, so daß die Verteilung ständig daraufhin überprüft werden muß, ob sie noch dem Gebote der Gerechtigkeit entspricht.

Mit der Parole „Gleichberechtigung von Kapital und Arbeit" wird deshalb in sehr einprägsamer Weise die Forderung erhoben, daß in einem Unternehmen die Interessen der Arbeitnehmer gleichberechtigt neben den Interessen des Kapitals zu berücksichtigen sind. Diese berechtigte Forderung wird aber heute schlagwortartig dazu benutzt, um in der Öffentlichkeit die Forderung nach Mitbestimmung zu begründen. Aus der allgemeinen Forderung „Gleichberechtigung von Kapital und Arbeit" läßt sich jedoch leider nicht entnehmen, welche präzisen Interessen der Arbeitnehmer eigentlich berücksichtigt werden sollen. Es bleibt weiter die Frage unbeantwortet, warum die — nicht näher präzisierten — „berechtigten Interessen" nur durch die betriebliche Mitbestimmung, und zwar in einer ganz bestimmten Form, und auf keine andere Weise hinreichend gewahrt und gesichert werden können.

Allein mit „Wirtschaftsdemokratie" und „Gleichberechtigung von Kapital und Arbeit" läßt sich das Verlangen nach Mitbestimmung also nicht begründen.

III. Die Legitimation zur Unternehmerfunktion

Heute wird sowohl aus der „Wirtschaftsdemokratie" wie aus der „Gleichberechtigung von Kapital und Arbeit" ein Anspruch auf Beteiligung an der Unternehmerfunktion abgeleitet bezw. in richtiger Erkenntnis der Tatsache, daß es heute üblich geworden ist, sehr wesentliche Teile der Unternehmerfunktion auf eine außerordentlich selbständige Vertrauensperson (Manager) zu übertragen, wird eine Beteiligung an der Auswahl und Überwachung dieser Manager gefordert.

Man wird daher die Frage stellen müssen, welche Umstände zum Ausüben der Unternehmerfunktion oder zur Auswahl und Überwachung der Manager berechtigen.

Die Berechtigung hierzu könnte sich zunächst ergeben aus dem Eigentum an dem Kapital und den Produktionsmitteln, die für das betreffende Unternehmen notwendig sind. Bei juristischen Personen, wo das Eigentum am Kapital und den Produktionsmitteln der juristischen Person selbst zusteht, wäre an Stelle des juristischen Eigentums als berechtigende Tatsache das wirtschaftliche Eigentum zu setzen, das durch die Mitgliedschafts- und Verwaltungsrechte des Gesellschaftsrechts verkörpert wird.

Es wurde oben[18] bereits festgestellt, daß der Unternehmer — sei er natürliche oder juristische Person — nicht notwendig Eigentümer des Kapitals und der Produktionsmittel zu sein braucht, sondern es genügt, wenn er sich die notwendigen Nutzungsrechte durch schuldrechtliche Verträge sichert, z.B. durch Unternehmenspacht.Weiter: Um erfolgreich als Unternehmer tätig werden zu können, genügt es nicht, Eigentümer von Kapital und Produktionsmitteln zu sein, sondern der Unternehmer muß sich durch sozialrechtliche Verträge die nötigen Arbeitskräfte sichern, oft noch durch schuldrechtliche Verträge weitere Produktionsmittel, Lizenzen u. a.

Daher beruhen viele Tätigkeiten und Rechte des Unternehmers, die für die unternehmerische Tätigkeit typisch und wesentlich sind, gar nicht auf dem Eigentum und sind nicht ein Ausfluß der — mehr oder minder eingeschränkten — Freiheit des Eigentümers, mit seinem Eigentum nach Belieben zu verfahren, sondern sie wurzeln in schuldrechtlichen oder sozialrechtlichen Verträgen, z. B. das Direktionsrecht des Unternehmers im Arbeitsverhältnis, die Benutzung urheberrechtlich geschützter Erfindungen oder Verfahren in einer Lizenz, oder sie beruhen auf allgemeinen Grundsätzen wie Vertragsfreiheit, Freiheit des Wettbewerbs u. a.

Wenn aber das Eigentum an Kapital und Produktionsmitteln weder die Quelle zahlreicher wesentlicher Unternehmerrechte ist noch unbedingt notwendig, um die Unternehmertätigkeit auszuüben, es auch als alleinige Grundlage der Unternehmertätigkeit nicht ausreicht, ist nicht einzusehen, aus welchem Grunde das rechtliche oder wirtschaftliche Eigentum an Kapital und Produktionsmitteln die Legitimation verleihen soll, die Unternehmerfunktion auszuüben bzw. die Manager auszuwählen und zu überwachen. Das gilt umsomehr, wenn der Anspruch auf die Unternehmerfunktion nicht einmal auf Eigentum an Kapital und Produktionsmitteln gestützt wird, sondern nur auf die durch schuldrechtliche Beziehungen erlangte Fähigkeit, beides zur Verfügung zu stellen. Mit dem gleichen Recht könnte die Gemeinschaft derjenigen, die dem Unternehmer ihre Arbeitskraft zur Verfügung stellen, ihre Legitimation zur Unternehmerfunktion vertreten, da auch sie einen unumgänglich notwendigen Beitrag leisten.

Aus dem Eigentum an dem für das Unternehmen notwendigen Kapital und den Produktionsmitteln läßt sich also nicht das Recht ableiten, die Unternehmerfunktion auszuüben bzw. die Manager zu bestellen und zu überwachen.

Als weitere Legitimation zur Unternehmerfunktion käme die Ursächlichkeit für das Schaffen neuer Werte in Frage.

---

[18] S. 21 ff.

Die Forderung nach Gleichberechtigung von Kapital und Arbeit und die daraus entwickelte Forderung, die Arbeitnehmer an der Ausübung der Unternehmerfunktion zu beteiligen, wurzelt wohl weitgehend in der Überlegung, daß es ohne den Beitrag der Arbeitnehmer nicht möglich sein würde, neue Werte zu schaffen und daher diese Tatsache auch in der Unternehmensverfassung ihren Ausdruck finden müsse. Die Unternehmerfunktion wäre demnach folgerichtig zwischen Kapital und Arbeit proportional der beiderseitigen Ursächlichkeit aufzuteilen. Obgleich neben Kapital und Arbeit die unternehmerische Initiative ein wichtiger Faktor für das Entstehen neuer Werte ist, könnte sie für die Aufteilung der Unternehmerfunktion nicht berücksichtigt werden; denn hier geht der Streit ja gerade darum, wer die Unternehmerinitiative entfalten darf.

Das übersieht die als Beitrag der katholischen Gesellschaftslehre von Kardinal Frings herausgegebene Schrift „Verantwortung und Mitverantwortung in der Wirtschaft". Sie rechtfertigt die Mitwirkung und Mitbestimmung der Arbeitnehmer (und damit ihre Teilnahme an der Unternehmerfunktion) einmal als Akt der von Gott gewollten Entfaltung der menschlichen Persönlichkeit (S. 94 ff.) und zweitens — nach der hier vertretenen Ansicht zu Unrecht — aus der Mitursächlichkeit für das Schaffen neuer Werte (S. 104 ff.). Die Schrift stellt dann den Grundsatz auf (S. 109): „Je mehr ein Unternehmen den Charakter der reinen Kapitalgesellschaft besitzt, desto angezeigter ist es — die anderen Kriterien mitberücksichtigt —, den Arbeitnehmern Mitwirkung und Mitbestimmung zu gewähren", und rechtfertigt diesen Grundsatz damit, daß sich in der Kapitalgesellschaft einerseits das Kapital, andererseits als Faktoren der Arbeit leitende und ausführende Funktionen gegenüberstehen, während beim Eigentümer-Unternehmer Kapital und leitende Funktion einerseits der ausführenden Arbeit andererseits gegenübertreten, auf Seiten des Eigentümer-Unternehmers also die größere Ursächlichkeit liegt.

Wenn man schon die Ursächlichkeit für das Schaffen neuer Werte als Maßstab nimmt, so darf man nicht die Tätigkeit der Manager bei der Ermittlung der Ursächlichkeit dem Faktor Arbeit zurechnen und gleichzeitig die Tätigkeit des Eigentümer-Unternehmers dem Faktor Kapital, wie die Schrift es tut. Die Unternehmertätigkeit ist der dritte Faktor neben Kapital und Arbeit; der Streit geht ja gerade darum, wer die Unternehmertätigkeit entscheidend beeinflussen darf, gleichgültig ob Manager oder Eigentümer diese Tätigkeit ausüben. Die Unternehmertätigkeit muß bei Ermittlung der Ursächlichkeit außer Ansatz bleiben.

Ferner wird dem Eigentümer-Unternehmer als Auswirkung seines Eigentums das Recht auf eine weitgehend mitwirkungsfreie Unternehmertätigkeit zugebilligt (S. 109); denn „der Mensch hat, so verteidigt und beweist die Gesellschaftslehre der Kirche, die freie Verfügungsgewalt über sein rechtmäßig erworbenes Eigentum". Auf den Eigentümer des Kapitals, der aus dem gleichen Grunde Auswahl und Überwachung der Manager sowie ein Weisungsrecht gegenüber den Managern in Anspruch nehmen könnte, wird dieser Satz jedoch nicht angewandt, da sie „nicht selbst mit ihrem Kapital arbeiten, sondern das Kapital zu dem Zwecke und in der Absicht verfügbar machen, damit andere in ihrem Auftrag und zu ihrem Nutzen damit arbeiten (S. 107)". Eine Begründung für diese verschiedenartige Behandlung des Eigentums wird leider nicht gegeben, es sei denn, man sieht sie in dem Satz (S. 109): „Derjenige, der das Seinige nicht sonstwo anlegt, sondern selbst, in Eigentätigkeit und Eigenverantwortung, produktiv gestaltet, hat zur „Arbeit" ein anderes Verhältnis wie der bloße Kapitalgeber..."

Wie bereits oben ausgeführt, hat eine proportionale Aufteilung der Unternehmerfunktion unter die beiden Produktionsfaktoren Kapital und Arbeit sehr erhebliche Nachteile (Unterschiede zwischen kapitalintensiven und kapitalextensiven Industrien, ständiger Wechsel des beiderseitigen Stärkeverhältnisses und dadurch bedingt laufende Veränderung der Verteilung der Rechte, Schwierigkeiten im Gründungsstadium). Diese Nachteile ließen sich vermeiden, wenn man von einer individuellen Ermittlung der beiderseitigen Ursächlichkeit abgeht und eine mehr oder minder schematische, aber dann jedenfalls gleichbleibende Bewertung der beiden Produktionsfaktoren Kapital und Arbeit vornimmt. Das würde u. U. allerdings eine recht erhebliche Abweichung von der folgerichtigen Durchführung des Gedankens bedeuten, daß die Legitimation zur Unternehmerfunktion in der Ursächlichkeit für das Schaffen neuer Werte liegt.

Eine weitere Abweichung besteht darin, daß entgegen den Gesetzen der Philosophie die Ursachenkette an der Grenze des Unternehmens zerschnitten wird und die außerhalb des Unternehmens liegenden Ursachen für das Schaffen der neuen Werte nicht berücksichtigt werden. An sich müßte z. B. den Arbeitnehmern und Unternehmern der Grundstoffindustrien ein mehr oder minder großer Anteil an der Unternehmerfunktion der gesamten übrigen Industrien zustehen, da ohne Kohle, Eisen, Stahl usw. die übrige Industrie nicht produzieren könnte.

In der Wirklichkeit der Wirtschaft kommt es aber nicht darauf an, einen Gedanken in philosophischer Reinheit zu verwirklichen. Die These, daß die Legitimation für die Unternehmerfunktion in der Ursächlichkeit für das Schaffen neuer Werte liegt, wobei die Ursächlichkeit auf das Unternehmen zu beschränken und der Beitrag von Kapital und Arbeit schematisch zu bewerten ist, läßt sich daher mit den vorstehenden Argumenten nicht hinreichend widerlegen.

Gegen die Richtigkeit dieser Ansicht bestehen jedoch grundsätzliche Bedenken.

Auch zum Bau eines Hauses sind außer dem Kapital des Bauherrn viele Handwerker nötig. Bisher hat aber noch kein Handwerker aus dieser Tatsache den Anspruch hergeleitet, Einfluß auf Art und Umfang des Bauvorhabens sowie auf die Leitung des Baues zu erhalten und an der Verfügung über die erbauten Wohnungen beteiligt zu werden.

Wenn man die Ursächlichkeit für das Schaffen neuer Werte als Legitimation für die Unternehmerfunktion anerkennt, so entsteht damit die Möglichkeit, an den Entscheidungen über fremdes Eigentum gleichberechtigt teilzunehmen, so u. U. Verfügungen gegen den Willen des Eigentüumers herbeizuführen und dabei die eigenen Entscheidungen weitgehend auf fremdes Risiko zu treffen, da im Außenverhältnis der Unternehmer weiterhin allein haften soll. Eine solche Befugnis der Arbeitnehmer könnte eine Enteignung des Unternehmers sein. Daß in vielen Fällen nicht Eigentum an Sachen, sondern Mitglieds- und Verwaltungsrechte des Gesellschaftsrechts betroffen sind, würde dem nicht entgegenstehen, da heute Lehre und Rechtsprechung den Begriff der Enteignung sehr viel weiter fassen als früher.

Durch die Beteiligung der Arbeitnehmer an der Unternehmerfunktion im Verhältnis ihrer Ursächlichkeit für das Schaffen neuer Werte soll jedoch keine völlige Entziehung von Eigentum oder von Verwaltungsrechten erfolgen, sondern nur eine Beschränkung der Rechte des Unternehmers. Um die Frage der Enteignung beurteilen zu können, müßte man daher genau wissen, in welchem Umfang die Arbeitnehmer auf Grund einer schematischen Bewertung ihrer Ursächlichkeit für das Schaffen neuer Werte an der Unternehmerfunktion beteiligt werden und in welcher Form sich diese Beteiligung vollziehen soll. Eine Enteignung könnte nämlich trotzdem nicht vorliegen, entweder weil die vorgesehenen Beschränkungen der Unternehmerrechte zu geringfügig sind oder weil sie nur eine Konkretisierung der Sozialgebundenheit allen Eigentums und aller Rechte darstellen. Eine abstrakte und allgemeingültige Entscheidung ist deshalb nicht möglich.

Die Tatsache, daß die These von der Legitimation zur Unternehmerfunktion aus der Ursächlichkeit für das Schaffen neuer Werte möglicherweise nur durch Enteignung zu verwirklichen ist, werden ihre Gegner als Argument gegen die Richtigkeit dieser These anführen[19]. Ihre Verfechter werden dann wahrscheinlich entgegnen: Wenn ihre Durchführung zu Beschränkungen von Eigentum und Mitgliedschaftsrechten führt, so handele es sich hierbei nur um den Ausdruck der Sozialgebundenheit allen Eigentums, umsomehr, da niemand gezwungen sei, sein Eigentum unternehmerisch zu verwenden oder durch Mitgliedschaftsrechte wirtschaftliches Eigentum an unternehmerisch eingesetzten Werten zu erwerben.

Gegen die genannte These ist das Argument „Enteignung" also nur begrenzt verwendbar, einmal weil Umfang und Form der sich daraus ergebenden Beteiligung der Arbeitnehmer an der Unternehmerfunktion nicht bekannt sind, eine abstrakte Entscheidung aber nicht möglich ist, zweitens weil die Abgrenzung zwischen Enteignung und Konkretisierung der Sozialgebundenheit allen Eigentums außerordentlich flüssig ist. Die Auffassungen hierüber verändern sich nicht nur allgemein im Wandel der Zeit, sondern weichen auch innerhalb des gleichen Zeitraums je nach der politischen Einstellung erheblich voneinander ab.

Auf das Argument „mögliche Enteignung" kommt es hier aber nicht so entscheidend an; denn ausschlaggebend ist eine andere Überlegung.

Wenn man die Ursächlichkeit für das Schaffen neuer Werte als Legitimation für die Unternehmerfunktion anerkennt, würden Personen zur Beteiligung an der Unternehmerfunktion berufen, die ihre Entscheidungen weitgehend auf fremdes Risiko fällen; denn im Außenverhältnis soll der Unternehmer allein haften. Es werden also Verantwortung und Entscheidung einerseits, Risiko andererseits auseinandergerissen. Das wäre ein Ergebnis, das mit unserer Rechtsordnung unvereinbar ist.

Die Zusammengehörigkeit von Verantwortung und Entscheidung einerseits, Risiko andererseits ist ein elementarer Grundsatz unserer Rechtsord-

[19] Denn die Folgerung, dann müsse die Enteignung eben durchgeführt werden, entweder ohne Entschädigung oder mit einr von der Allgemeinheit aufgebrachten Entschädigung, wird wohl niemand ernstlich vertreten wollen.

nung. Unser Recht geht von dem Satz aus: Derjenige, dem die Verantwortung und Entscheidung zusteht, muß auch das Risiko tragen, aber auch von dem umgekehrten Satz: Wer das Risiko trägt, der soll auch das Entscheidungsrecht haben. Das mögen einige Beispiele zeigen.

Der Gedanke, daß wer das Entscheidungsrecht hat, auch das Risiko tragen muß, fand seinen klassischen Ausdruck in der bekannten Sphärentheorie des Reichsgerichts[20] und später des Reichsarbeitsgerichts zur Frage des Betriebsrisikos. Dieser Gedanke hat aber auch im Gesetz an vielen Stellen Ausdruck gefunden. Der Schaden wird demjenigen zugerechnet, in dessen Herrschaftsbereich er eingetreten ist, aus der Überlegung heraus: in diesem Bereich konntest du entscheiden und daher entsprechende Maßnahmen treffen, um den Schaden zu verhindern oder zufällige unbeherrschbare Schäden in ihren Auswirkungen aufzufangen.

Daher trägt der Werkunternehmer, der die Arbeit nach eigenem Ermessen ausführt, die Gefahr, bei zufälligem Mißlingen keine Vergütung zu erhalten (§ 644 BGB), während sein Arbeitnehmer, der bei der Herstellung des Werks nach seinen Weisungen tätig war, den Lohnanspruch behält. Auf der gleichen Überlegung beruht die Verteilung der Preisgefahr beim Kauf.

Wer Hilfspersonen in seiner Herrschaftssphäre beschäftigt, muß für ihr Verhalten in mehr oder minder weitem Umfang einstehen; denn er hat sie ausgewählt und sie unterliegen seinen Weisungen (§§ 278, 831 BGB); Haftung der Eisenbahn, des Frachtführers und des Reeders für ihre Leute).

Unsere Rechtsordnung ist aber folgerichtig genug, aus dieser Haltung auch den umgekehrten Schluß zu ziehen. Wenn jemand ein Risiko zu tragen hat, dann muß ihm auch die Entscheidung über alle die Verhältnisse zustehen, aus denen das Risiko erwächst. Je größer das Risiko ist, das der Rechtsgenosse zu tragen hat, desto größer ist auch sein Entscheidungsrecht.

Daher bestimmt der Werkunternehmer allein, wie das Werk hergestellt werden soll, während sein Arbeitnehmer bei der Herstellung an die Weisungen seines Meisters gebunden ist. Wer für das Verschulden von Hilfspersonen in mehr oder minder weitem Umfang einstehen muß, hat fast stets aus dem Innenverhältnis das Recht, ihnen für ihre Tätigkeit Weisungen zu erteilen. Am klarsten zeigt sich dieser Grundsatz aber im Gesellschaftsrecht.

Das wirtschaftliche Wagnis des Kommanditisten beschränkt sich auf seine Einlage, während der Komplementär mit seinem ganzen persönlichen Vermögen haftet. Daher ist der Kommanditist von der Geschäftsführung und der Vertretung der Gesellschaft ausgeschlossen und auf gewisse Kontrollrechte beschränkt.

In einer Gesellschaft des BGB oder in einer OHG trägt jeder Gesellschafter das volle Risiko, folgerichtig ist er auch zur Geschäftsführung und Vertretung der Gesellschaft berufen. Da jeder Gesellschafter den Gläubigern ohne Rücksicht auf seinen Anteil am Gesellschaftsvermögen für Gesellschaftsschulden in voller Höhe haftet, haben die Gesellschafter auch das gleiche Stimmrecht; das Stimmrecht eines Aktionärs hingegen richtet sich nach dem Nennbetrag seines Aktienbesitzes, weil dieser Nennbetrag die Schlüsselzahl für die Größe seines wirtschaftlichen Wagnisses ist. Aus dem gleichen

[20] RG 106, 272 ff.

Grunde bestimmen sich die Verwaltungsrechte eines G.m.b.H.-Gesellschafters nach seinem Geschäftsanteil.

Die These, daß die Ursächlichkeit für das Schaffen neuer Werte zur Unternehmerfunktion legitimiert, ist demnach abzulehnen; denn sie führt dazu, Verantwortung und Entscheidungsrecht einerseits, Risiko andererseits auseinanderzureißen. Eine solche Verteilung der Unternehmerfunktion würde gegen einen tragenden Grundsatz unserer Rechtsordnung verstoßen. Die Ursächlichkeit für das Schaffen neuer Werte kann und soll man bei der Verteilung des Ertrages berücksichtigen, sie taugt aber nicht als Maßstab für die Verteilung der Unternehmerfunktion.

Aus dem Gedanken, daß Entscheidungsrecht und wirtschaftliches Risiko in einer Person vereint sein müssen, ergibt sich zwangsläufig als Antwort auf die Frage, welche Umstände zur Unternehmerfunktion berechtigen:

Die Legitimation zur Unternehmerfunktion oder zur Auswahl und Überwachung der Manager folgt aus der Übernahme des wirtschaftlichen Risikos.

Nach diesen grundsätzlichen Überlegungen können wir zu unserem Ausgangspunkt zurückkehren, zu dem Anspruch auf Beteiligung an der Unternehmerfunktion bzw. an der Auswahl und Überwachung der Manager, der aus der „Wirtschaftsdemokratie" bzw. der „Gleichberechtigung von Kapital und Arbeit" hergeleitet wird.

In unserer Wirtschaft tragen nicht beide Sozialpartner gemeinsam das wirtschaftliche Risiko, sondern dieses Risiko trägt der Sozialpartner Unternehmer — bei juristischen Personen die Aktionäre oder Gesellschafter — allein.

Das wird von den Arbeitnehmern auch nicht bestritten. Zur Rechtfertigung ihres Anspruches berufen sie sich aber auf das Risiko der Arbeitslosigkeit und sind der Ansicht, daß dieses Risiko ebenso wie das Risiko des Verlustes wirtschaftlicher Substanz ein Recht auf die Unternehmerfunktion verleihe. Das trifft jedoch nicht zu.

Der Unternehmer setzt ständig Teile seiner wirtschaftlichen Substanz aufs Spiel. Wenn der Risikofall eintritt, ist diese Substanz endgültig verloren. In vielen Fällen wird dieser Verlust des Unternehmers die Lage des Arbeitnehmers gar nicht berühren, sondern er wird weiter seinen Lohn erhalten. Wenn aber der Arbeitnehmer dadurch seinen Arbeitsplatz einbüßt, verliert er zunächst nur die Möglichkeit, seine Arbeitskraft in diesem Betrieb nutzbringend zu verwerten. Ob damit ein endgültiger Verlust für ihn eintritt, steht noch keineswegs fest. Oft wird er sofort einen anderen Arbeitsplatz finden. Falls er wirklich arbeitslos wird, wird ihm ein Teil dieses Risikos abgenommen; denn der Unternehmer hat die Hälfte der Beiträge zur Arbeitslosenversicherung gezahlt und nach der Aussteuerung übernimmt die Allgemeinheit einen Teil des Risikos durch die Wohlfahrtsunterstützung.

Während also ein Risikofall beim Unternehmer stets zum Verlust wirtschaftlicher Substanz führt, bleibt der Arbeitnehmer von dem gleichen Risikofall oft unberührt. Ein Teil der etwaigen Folgen dieses Risikofalles (Verdienstausfall infolge Arbeitslosigkeit) wird ihm außerdem vom Unternehmer und der Allgemeinheit abgenommen. Daß trotzdem ein u. U. sehr schweres Risiko verbleibt, ist unbestreitbar.

Mit diesen Erwägungen kann man daher den aus dem Risiko der Arbeitslosigkeit abgeleiteten Anspruch der Arbeitnehmer auf die Beteiligung an der Unternehmerfunktion nicht widerlegen. Entscheidend ist vielmehr folgendes:

Tatsächlich wird zwar ein Arbeitnehmer früher und leichter arbeitslos als ein Unternehmer. Das liegt aber nicht an der Ungleichheit des Risikos, sondern nur daran, daß der Unternehmer vor Übernahme des Risikos größere Reserven in Gestalt von Kapital und Produktionsmitteln hatte, aus denen er bei Verlusten lebt und die ihn vor Arbeitslosigkeit schützen. Wenn bei einer Schiffskatastrophe A. sich als guter Schwimmer rettet, während B. ertrinkt, wird auch niemand sagen, das Risiko für A. und B. sei ungleich gewesen.

Die Gefahr der Arbeitslosigkeit infolge eines Risikofalles ist rein logisch betrachtet für beide Sozialpartner gleich; der Unternehmer trägt dieses Risiko genau so wie seine Arbeitnehmer. Deshalb ist das Risiko der Arbeitslosigkeit kein geeigneter Anknüpfungspunkt für die Verteilung der Unternehmerfunktion und muß ausscheiden.

Daß die logische Gleichheit des Risikos infolge der unterschiedlichen wirtschaftlichen Ausgangslage in der Praxis meist nicht in Erscheinung tritt, wird jeder Einsichtige zugeben. Es ist aber falsch, deshalb die Beteiligung der Arbeitnehmer an der Unternehmerfunktion zu fordern und damit ein Grundgesetz unserer Rechtsordnung, die Einheit von Risiko und Entscheidungsgewalt, zu verletzen. Die richtige Antwort lautet: Der Arbeitnehmer bedarf als wirtschaftlich Schwacher gegenüber dem Risiko der Arbeitslosigkeit mehr des Schutzes und der Hilfe der Allgemeinheit als der Unternehmer. Es ist daher eine Aufgabe der Allgemeinheit, ihm möglichst bald einen neuen Arbeitsplatz zur Verfügung zu stellen oder, falls dies nicht sofort möglich ist, ihn während der Zeit der unverschuldeten Arbeitslosigkeit vor wirtschaftlicher Not zu bewahren.

Da in unserem heutigen Wirtschaftssystem der Unternehmer allein das wirtschaftliche Risiko trägt und an diesem Zustand wohl auch in Zukunft nichts geändert werden soll, steht dem Unternehmer als Risikoträger grundsätzlich auch das Entscheidungsrecht im Unternehmen zu. Eine ganz andere Frage ist, ob und gegebenenfalls mit welchen Mitteln dieses Recht im Interesse der Arbeitnehmer zu beschränken ist. Eine Entscheidungsgewalt der Arbeitnehmer ohne Beteiligung an dem wirtschaftlichen Risiko, das sich aus den Entscheidungen ergibt, ist jedenfalls ein Unding und widerspricht, wie bereits dargelegt, elementaren Grundsätzen unserer Rechtsordnung. Der Anspruch der Arbeitnehmer auf Mitbestimmung im Sinne von gleichberechtigter Teilnahme an der Unternehmerfunktion bzw. an der Auswahl der Manager ist daher weder mit der „Wirtschaftsdemokratie" noch mit der „Gleichberechtigung von Kapital und Arbeit" zu rechtfertigen. Damit ist aber noch nicht gesagt, daß der Anspruch der Arbeitnehmer auf Mitbestimmung im Sinne von Mitwirkungsrechten in den verschiedensten Formen und Abstufungen und ihr Anspruch auf eine Beteiligung an der Unternehmerfunktion schlechthin abzulehnen ist. Aus den vorstehenden Überlegungen ergibt sich zunächst nur die Erkenntnis:

Die Grenze für die Beschränkung der Unternehmerfreiheit und für etwaige Mitbestimmungsrechte der Arbeitnehmer bildet die Einheit von Entscheidungsrecht und wirtschaftlichem Risiko, die nicht zerrissen werden darf.

Wir hatten gesehen, daß „Wirtschaftsdemokratie" und „Gleichberechtigung von Kapital und Arbeit" sehr einprägsame Formulierungen für die Forderung der Arbeitnehmer nach wirksamen Garantien dafür sind, daß die Arbeitnehmer nicht autokratischen Entscheidungen der Unternehmer ausgesetzt sind, sondern daß sie vom Wirtschaftsobjekt zum Wirtschaftssubjekt, vom Wirtschaftsuntertan zum Wirtschaftsbürger werden, anders ausgedrückt: daß der Unternehmer bei seinen Entscheidungen nicht nur seinen eigenen Vorteil zu wahren sucht und im Konfliktsfall die Belange der Arbeitnehmer einfach opfert, sondern daß bei der Leitung des Unternehmens die berechtigten Interesssen von Kapital und Arbeit in gleicher Weise gerecht berücksichtigt werden, daß „Jedem das Seine" zuteil wird. Leider ließ sich nur weder aus der „Wirtschaftsdemokratie" noch aus der „Gleichberechtigung von Kapital und Arbeit" mit Klarheit entnehmen, um welche „berechtigten Interessen" der Arbeitnehmer es sich eigentlich handelt.

Wenn solche Garantien so stürmisch gefordert werden, wie dies heute geschieht, so ist das aber jedenfalls ein Zeichen dafür, daß die Arbeitnehmer das Gefühl haben — ob mit Recht oder Unrecht, ist in diesem Zusammenhang gleichgültig —, die Unternehmer benutzten die ihnen durch die Herrschaft über Kapital und Produktionsmittel und durch die allgemeine Handlungsfreiheit verliehene Macht zum Schaden der Arbeitnehmer und nähmen bei ihren unternehmerischen Entscheidungen nicht genügend Rücksicht auf berechtigte Wünsche und Interessen der Arbeitnehmer. Aus dem Gefühl heraus, nicht die ihnen zustehende Stellung im Unternehmen zu haben, ist das Verlangen der Arbeitnehmer nach Mitbestimmung offensichtlich entstanden. Sie erstreben mit der Mitbestimmung eine wirksame Sicherung ihrer „berechtigten Interessen" gegen möglichen oder tatsächlichen Machtmißbrauch der Unternehmer.

IV. Die Interessen der Arbeitnehmer

A. Wünsche der Arbeitnehmer

Welches sind denn aber die „berechtigten Interessen" der Arbeitnehmer? Worin besteht ihre „richtige Einordnung" in das Unternehmen? Diese Fragen sind immer noch nicht beantwortet. Der Streit der Meinungen beginnt schon bei der Frage, welche Wünsche die Arbeitnehmer empfinden, wie sie sich ihre „richtige Einordnung" selbst vorstellen, und steigert sich zu teilweise erbitterten Auseinandersetzungen bei der Frage, ob die angeblichen Wünsche der Arbeitnehmer gerechtfertigt und von der Rechtsordnung zu berücksichtigen sind.

Im Bereich der Naturwissenschaften steht am Anfang jeden Versuchs, eine Frage zu lösen, das Erarbeiten der tatsächlichen Gegebenheiten durch Experimente und Tatsachenforschung. Bei dem Versuch, unseren Betrieben und unserer Wirtschaft eine Verfassung zu geben und eine harmonische Zusammenarbeit in den Betrieben zu erreichen, ist man diesen Weg bisher leider nicht gegangen. Er würde eine Einigung sehr erleichtern, weil dann ein großer Teil der Auseinandersetzung von der weltanschaulich-ideologischen Ebene in den Bereich nachprüfbarer Tatsachenforschung verlagert würde und sich dann auch etwaige Meinungsverschiedenheiten über die zu ergreifenden Maßnahmen leichter beilegen ließen. Erst in den allerletzten Jahren hat die Forschungsarbeit auf diesem Gebiete begonnen. Experimentelle Soziologie und Psychologie haben hier noch eine große Aufgabe zu bewältigen. Ihre Forschungsergebnisse können viel dazu beitragen, die Krise unserer technischen Zivilisation zu überwinden, indem sie Ursachen sozialer Spannungen freilegen und damit die Voraussetzungen für ihre Überwindung schaffen.

Wichtige Wünsche der Arbeitnehmer sind aus der Tatsachenforschung der modernen Soziologie bereits bekannt. Aus dem oft nur begrenzten Kreis der beobachteten und befragten Arbeitnehmer, aus etwaigen Fehlerquellen der Gallup- und ähnlicher Methoden der Meinungsforschung und aus der Verschiedenheit der wirtschaftlichen und sozialen Lage in den einzelnen Ländern ergeben sich keine Bedenken gegen die Richtigkeit der Forschungsergebnisse und ihre Verwertbarkeit für deutsche Verhältnisse; denn alle Meinungsforscher und Soziologen stellen die gleichen Wünsche der Arbeitnehmer fest und weichen nur in der Rangordnung der Wünsche bis zu einem gewissen Grade voneinander ab.

Nach Gilbertson[21] und Harrell[22] sind die Wünsche der Arbeitnehmer: Sicherheit des Arbeitsplatzes und soziale Sicherheit; gute Bezahlung; Aufstiegsmöglichkeiten; Eingliederung in eine Gruppe und gute Mitarbeiter; Unterrichtung.

Nach dem bekannten amerikanischen Meinungsforscher Elmo Roper[23]: Wirtschaftliche Sicherheit; gute Bezahlung; Aufstiegsmöglichkeit; Behandlung als Mensch und nicht als Zahnrad; Respekt vor der Würde.

Nach Maier[24]: Sicherheit des Arbeitsplatzes; gute Arbeitsbedingungen; gute Arbeitskameraden; gute Vorgesetzte; Aufstiegsmöglichkeiten; gute Bezahlung; Entwicklung der persönlichen und beruflichen Fähigkeiten.

Nach Carrard[25]: Gute Bezahlung; Sicherheit des Arbeitsplatzes; Anerkennung; schöpferisch nützliche Tätigkeit; Entwicklung der persönlichen und beruflichen Fähigkeiten; Aufstiegsmöglichkeiten.

---

[21] Henry S. Gilbertson, Personal Policies and Unionism, S. 157.

[22] Thomas Willard Harrell, Industrial Psychology, S. 293, 429 ff.

[23] Zitiert bei Gross, Manager von morgen, S. 112, und Deutsche Zeitung v. 30. 1. 1952.

[24] Norman R. F. Maier, Psychology in Industry, S. 263.

[25] A. Carrard, Praktische Einführung in Probleme der Arbeitspsychologie, S. 246.

Alle Autoren[26] sind sich darüber einig und betonen sehr stark, daß gute Bezahlung allein nicht ausreichend ist, um eine zufriedene Belegschaft zu schaffen; die Forderung nach höheren Löhnen sei häufig nur ein Ausweg aus einer allgemeinen Unzufriedenheit, über deren Ursachen sich die Arbeitnehmer oft selbst nicht klar sind.

Als wichtigste Wünsche der deutschen Arbeiterschaft wird man Sicherheit des Arbeitsplatzes und soziale Sicherheit, sodann gute Bezahlung und gute Arbeitsbedingungen ansehen dürfen. Aufstiegsmöglichkeit, gute Mitarbeiter und Vorgesetzte, nützliche Arbeit, Unterrichtung und respektvolle Behandlung sind praktisch nur Erläuterungen des Begriffs ‚gute Arbeitsbedingungen'.

B. Die rechtliche Schutzwürdigkeit dieser Wünsche

Diese Wünsche der Arbeitnehmer sind ein getreues Spiegelbild der eingangs geschilderten Veränderungen, die unsere technische Zivilisation verursacht hat. Durch Angewiesensein auf abhängige Arbeit statt Selbständigkeit, Zusammenballen großer Menschenmassen auf engem Raum, Tätigkeit in unpersönlichen Großbetrieben, wachsende Arbeitsteilung mit ständiger Veränderung des Herstellungsprozesses und durch die Auflösung oder Lokkerung zahlreicher überlieferter Bindungen wird es für die Arbeitnehmer immer schwerer, elementare bei allen Menschen vorhandene Wünsche und Bedürfnisse zu befriedigen, vor allem

den eigenen und der Familie Unterhalt in Gegenwart und Zukunft nach Möglichkeit zu sichern,

eine Arbeit zu verrichten, deren Sinn und Nutzen vom Arbeitnehmer selbst empfunden und von der Umwelt anerkannt wird,

und als geschätztes Mitglied einer oder mehreren sozialen Gruppen anzugehören.

Alle Wünsche der Arbeitnehmer lassen sich unter einen gemeinsamen Nenner bringen: den Wunsch, daß die Menschenwürde der schaffenden Menschen im Alltag der Betriebe anerkannt und im Rahmen der bestehenden wirtschaftlichen und technischen Möglichkeiten die freie Entfaltung der Persönlichkeit ermöglicht wird.

Die Achtung vor der Menschenwürde und das Recht aller Menschen, die ihnen von Gott verliehenen Fähigkeiten im Rahmen der Gemeinschaft zu entwickeln und zu gebrauchen, sind elementare Grundsätze der christlichen Religion und der Ethik. Sie haben daher auch im Grundgesetz ihren Ausdruck gefunden.

„Die Würde des Menschen ist unantastbar. Sie zu achten und zu schützen ist Verpflichtung aller staatlichen Gewalt" (Art. 1 Abs. I GG). „Jeder hat das Recht auf die freie Entfaltung seiner Persönlichkeit, soweit er nicht die Rechte anderer verletzt und nicht gegen die verfassungsmäßige Ordnung oder das Sittengesetz verstößt" (Art. 2 Abs. I GG). Diese Bestimmungen sind

---

[26] Eine zusammenfassende Darstellung besonders der amerikanischen Forschungen gibt Gasser, Der Mensch im modernen Industriebetrieb.

zunächst gedacht als Schranke der staatlichen Gewalt. Sie darf den Einzelnen nicht zum willen- und einflußlosen Teilchen eines übermächtigen Staatsapparates machen, sondern muß ihm den größtmöglichen Lebensraum lassen. Durch die nachfolgenden Grundrechte wird dieser Bewegungsbereich des Einzelnen noch näher umschrieben und geschützt.

An der freien Entfaltung seiner Persönlichkeit kann der Einzelne aber nicht nur durch Beschränkungen des Staates, sondern auch durch Eingriffe anderer Rechtsgenossen und insbesondere durch unzulängliche wirtschaftliche und soziale Verhältnisse gehindert werden. Die Atlantik-Charta[27] hat mit Recht Freiheit von Furcht und Freiheit von Not als Grundrechte aller Menschen proklamiert. Es genügt daher nicht, nur Schranken für die staatliche Gewalt aufzurichten; die Gemeinschaft muß durch tätiges Handeln die politischen, wirtschaftlichen und sozialen Verhältnisse so gestalten, daß alle Bürger ihre Persönlichkeit frei entfalten können. Wenn das feierliche Bekenntnis des Grundgesetzes[28] zum Sozialstaat überhaupt einen Sinn haben soll, wird man es in diesem Sinne verstehen müssen[29].

Die Entwicklung unserer technischen Zivilisation hat es mit sich gebracht, daß nur ein kleiner Teil der Bevölkerung Grundbesitz oder Eigentum an den Produktionsmitteln haben kann. Der überwiegende Teil ist auf die laufenden Einnahmen aus abhängiger Arbeit angewiesen. Der Verlust des Arbeitsplatzes stellt die Existenzgrundlage dieser Menschen und ihrer Familien in Frage. Gegen wirtschaftliche Rückschläge, Krankheit und Arbeitsunfähigkeit können sie sich nur in Ausnahmefällen aus eigener Kraft sichern und leben deshalb in beständiger Furcht vor Arbeitslosigkeit oder Arbeitsunfähigkeit. Der Hauptwunsch der Arbeitnehmer: „Sicherheit des Arbeitsplatzes und ein Maximum sozialer Sicherheit" ist daher menschlich verständlich und von der Rechtsordnung zu berücksichtigen, um so zur Freiheit von Furcht und Not beizutragen. Soweit — aber auch nur soweit — die Sicherung der Zukunft dem Einzelnen ohne sein Verschulden durch die Entwicklung unmöglich geworden ist, muß daher die Allgemeinheit entsprechende Einrichtungen schaffen. Dabei ist der einfachste, wirksamste und menschlich am meisten befriedigende Weg zu diesem Ziel, den Arbeitnehmer vor einem Verlust seines Arbeitsplatzes zu bewahren oder, falls dies nicht möglich ist, ihm so schnell wie möglich einen neuen Arbeitsplatz zu verschaffen.

---

[27] American Journal of International Law, Docs. 1941, S. 191.

[28] Art. 20, 28, 79 Abs. III.

[29] Auch die Denkschrift der Bundesvereinigung der Deutschen Arbeitgeberverbände „Gedanken zur sozialen Ordnung" (Köln, März 1953) bekennt sich ausdrücklich „zu den sozialen und ökonomischen Grundrechten des Individuums: Sicherung des Arbeitsplatzes, Recht auf Urlaub und Erholung, Recht auf Mutterschutz, Recht auf wirtschaftliche Sicherheit im Alter, bei Arbeitslosigkeit oder Arbeitsunfähigkeit" und bringt die Bereitschaft der Unternehmer zum Ausdruck, an ihrem Teile „den Aufstieg der Begabten zu fördern, den Erwerb persönlichen Eigentums für immer breitere Volksschichten zu unterstützen und an der Schaffung menschenwürdiger Wohnungen tatkräftig mitzuwirken".

Die freie Entfaltung der Persönlichkeit ist nur möglich, wenn die Arbeitnehmer aus ihrem Arbeitsverdienst Wohnung, Kleidung und Nahrung für sich und ihre Familie bestreiten können. Der Lohn muß also dieses Minimum erreichen. Die Achtung vor dem Lebensrecht der Arbeitnehmer und die soziale Gerechtigkeit gebieten aber, daß der Unternehmer sich nicht auf Zahlung dieses Minimums beschränkt, sondern den Arbeitnehmern als seinen Mitarbeitern einen angemessenen Anteil am Ertrage der gemeinsamen Arbeit gewährt. Den Wunsch der Arbeitnehmer nach guter Bezahlung kann die Rechtsordnung zwar nicht in dieser Form anerkennen, wohl aber als berechtigtes Interesse der Arbeitnehmer, vom Unternehmer einen angemessenen Anteil am Ertrage der gemeinsamen Arbeit zu erhalten.

Aus den gleichen Gründen muß die Rechtsordnung ein schutzwürdiges Interesse der Arbeitnehmer berücksichtigen, angemessene Arbeitsbedingungen zu erhalten. Die Wünsche der Arbeitnehmer nach Aufstiegsmöglichkeit, guten Mitarbeitern und Vorgesetzten, nützlicher Arbeit, respektvoller Behandlung und Unterrichtung sind nur Erläuterungen des berechtigten Interesses der Arbeitnehmer an Arbeitsbedingungen, die ihren bereits dargelegten elementaren menschlichen Bedürfnissen Rechnung tragen. Derartige Arbeitsbedingungen sollen dem Arbeitnehmer das Gefühl nehmen, nur ein Teil der Maschine zu sein, die er bedient, dessen Aufgabe es ist, einem jederzeit auswechselbaren Maschinenteil möglichst ähnlich zu werden, und sollen ihn spüren lassen, daß trotz aller wirtschaftlichen und technischen Notwendigkeiten er als Mensch behandelt und bewertet wird[30].

Der Streit um die Mitbestimmung ist nur der weithin sichtbare Ausdruck der Tatsache, daß diese wichtigen und schutzwürdigen Wünsche der Arbeitnehmer nicht immer ausreichend erfüllt worden sind. Die wirtschaftliche und technische Entwicklung ist so schnell gegangen, daß es der Rechtsordnung nicht gelungen war, sich der Entwicklung in vollem Umfange anzupassen. Einsichtige Unternehmer haben von sich aus die genannten Wünsche der Arbeitnehmer erfüllt, ohne auf ein entsprechendes Gebot der Rechtsordnung zu warten. Es ist aber verständlich, daß die Arbeitnehmer in diesen für sie lebenswichtigen Fragen nicht nur von der Einsicht und dem guten Willen der Unternehmer abhängen wollen; sie fordern daher mit Recht eine Anpassung der Rechtsordnung an die veränderten wirtschaftlichen, technischen und gesellschaftlichen Verhältnisse.

Um diese berechtigten Wünsche der Arbeitnehmer zu erfüllen und ihnen so die Voraussetzungen für die freie Entfaltung ihrer Persönlichkeit zu schaffen, ist es notwendig, die bisherige Handlungsfreiheit des Unternehmers einzuschränken und Gebote für sein Verhalten aufzustellen, die mit Hilfe der Rechtsordnung durchsetzbar sind. Es muß sichergestellt werden, daß der

---

[30] Zu ähnlichen Ergebnissen kommt die bereits zitierte Denkschrift der Bundesvereinigung der Arbeitgeberverbände, wenn sie weiter sagt: „Der deutsche Arbeiter ... ist nicht mehr nur Lohnempfänger, er ist Mitarbeiter. Er soll nach Maßgabe seiner Leistungen teilhaben am Leistungserfolg ..., ... die Humanisierung, die Wahrung der Menschenwürde und die Pflege der Persönlichkeitswerte der Mitarbeiter bilden den Inhalt unserer sozialen Betriebsgestaltung."

Unternehmer die von ihm mit Recht beanspruchte und ihm von der Rechtsordnung zugebilligte Entscheidungsmacht nicht mißbraucht und neben seinen eigenen Interessen auch die Interessen der Arbeitnehmer in gleicher Weise gerecht berücksichtigt. Es zeigt sich also, daß der grundsätzliche Anspruch der Arbeitnehmer, wie er in „Wirtschaftsdemokratie" und „Gleichberechtigung von Kapital und Arbeit" seinen sehr einprägsamen Ausdruck gefunden hat, durchaus berechtigt ist.

Es ist schwer zu beurteilen, in welchem Umfange die Arbeitnehmer den Wunsch empfinden, mit der gleichen Entscheidungsmacht wie der Unternehmer an allen Entscheidungen im Unternehmen beteiligt zu werden. Einen solchen Wunsch kann die Rechtsordnung jedenfalls nicht als schutzwürdig anerkennen. Die Rechtsordnung darf und muß zum Schutze der Arbeitnehmer dem Unternehmer gewisse Entscheidungen untersagen oder seinen Ermessensspielraum beschränken. Wenn der Unternehmer sich aber an die Gebote der Rechtsordnung hält, darf sie ihm nicht seine Entscheidungsgewalt nehmen. Wie bereits ausführlich begründet wurde, steht ihm dieses Entscheidungsrecht als Träger des wirtschaftlichen Risikos zu. Wenn man den Wunsch der Arbeitnehmer erfüllt, würde das bedeuten, daß die Einheit von Entscheidungsgewalt und Risiko zerrissen wird und die Arbeitnehmer Entscheidungen auf fremdes Risiko fällen dürfen. Zur Rechtfertigung ihres Wunsches können die Arbeitnehmer sich auch nicht auf ihr Recht auf freie Entfaltung der Persönlichkeit berufen; denn dieses Recht findet seine Schranke an den Rechten anderer, hier an dem Recht des Unternehmers als Risikoträger auf die sozial gebundene Entscheidungsgewalt.

Um zu erreichen, daß die Unternehmer die Gebote der Rechtsordnung zum Schutze der Arbeitnehmer beachten, wird es sich als das zweckmäßigste Mittel erweisen, den Arbeitnehmern die Möglichkeit zu gewähren, auf die Entscheidungen des Unternehmers Einfluß zu nehmen. Eine derartige Einflußmöglichkeit fällt ebenfalls unter den Begriff der Mitbestimmung. Eine solche Mitbestimmung als Mittel zum Durchsetzen bestimmter Gebote verletzt den Grundsatz der Einheit von Entscheidungsgewalt und Risiko nicht; denn hier handelt es sich nicht um eine gleichberechtigte Beteiligung an der Unternehmerfunktion mit voller Freiheit der Entscheidung, sondern um eine zweckgebundene Überwachungstätigkeit. Die Arbeitnehmer können ihre Rechte nur ausüben, soweit der Unternehmer die ihm obliegenden Pflichten verletzt und nur zu dem Zweck, ihn zur Erfüllung seiner Pflichten zu veranlassen.

Wenn die Rechtsordnung durch Gebote für ihr Verhalten an die Unternehmer sicherstellt, daß die angeführten berechtigten und schutzwürdigen Interessen der Arbeitnehmer berücksichtigt werden, wird dies wesentlich zum Ausgleich der gegenwärtigen sozialen Spannungen beitragen. Falls es gelingt, die Arbeitnehmer aus dem Zustande innerer Unzufriedenheit hinauszuführen und ihnen das Gefühl zu nehmen, zu Unrecht vom Schicksal benachteiligt zu sein, wird das für sie nicht nur ein ideeller Gewinn sein, sondern auch zu höherer Produktivität ihrer Arbeit und damit zu einer Erhöhung ihres Lebensstandards führen.

Ein solcher Ausgleich würde auch dem Unternehmer Vorteile bringen. Fachleute schätzen, daß in der Wirtschaft trotz aller Rationalisierung noch eine Leistungsreserve von etwa 30% steckt, die ohne technische Investitionen lediglich durch eine veränderte Einstellung der Arbeitnehmer zu ihrer Arbeit mobilisiert werden könnte.

Vor allem hat aber die Allgemeinheit ein dringendes Interesse daran, daß die sozialen Spannungen soweit wie möglich bereinigt werden. Dieses Interesse ergibt sich bereits aus der angedeuteten Möglichkeit, ohne wesentliche neue Aufwendungen das Sozialprodukt in erheblichem Ausmaß zu steigern und so den allgemeinen Lebensstandard zu erhöhen.

Aber das Interesse der Allgemeinheit ist nicht nur wirtschaftlicher Art. Durch tiefgreifende soziale Spannungen, Mißtrauen, Feindschaft und Haß zwischen großen Gruppen der Bevölkerung wird der Bestand des Staates und seine demokratische Ordnung gefährdet sowie die Grundlage für eine stabile, sachliche und von den Bürgern anerkannte Arbeit der Regierung vernichtet.

Es kommt hinzu, daß heute das Unternehmen eine der wichtigsten sozialen Ordnungszellen geworden ist[31]. Zahlreiche Bindungen des Einzelnen z. B. durch Nachbarschaft, politische Gemeinde, Berufsstand und Kirche sind heute völlig verlorengegangen oder haben einen großen Teil ihrer Kraft eingebüßt. Sportvereine und politische oder wirtschaftliche Organisationen sind nur im geringen Umfange an ihre Stelle getreten. Dafür hat sich häufig ein sehr starkes Gefühl der Zusammengehörigkeit der Arbeitnehmer eines Unternehmens untereinander entwickelt, besonders in Unternehmen, die ihrer Belegschaft praktisch eine Lebensstellung bieten können. Das Unternehmen ist vielfach nicht mehr bloßer Ort der Arbeit, sondern zieht einen beträchtlichen Teil des außerberuflichen Lebens seiner Angehörigen in seinen Bereich, z. B. durch Sportanlagen, Gesundheitsdienst, Kindergärten, Feste und kulturelle Einrichtungen und Veranstaltungen. Die Entwicklung des Unternehmens zu einer neuen sozialen Ordnungszelle von erheblicher bindender Kraft zeigte sich besonders in der Zeit nach dem Zusammenbruch, wo für sehr viele Menschen ihr Betrieb der einzige materielle und vor allem auch moralische Halt war.

An dieser Entwicklung darf die Rechtsordnung nicht achtlos vorübergehen. Es kann dem Staat nicht gleichgültig sein, ob seine Bürger eine ungegliederte, innerlich unzufriedene, bindungslose Masse sind, leicht zu beeinflussen durch demagogische Schlagworte und extrem-radikale Ideen, oder Menschen, die sich als nützliche und geachtete Mitglieder der verschiedenen sozialen Zellen fühlen und daher die bestehende Ordnung nicht vernichten, sondern sie durch eine gute Regierung und weise Gesetze in steter Entwicklung verbessern wollen.

Mit Recht hat deshalb das Bonner Grundgesetz Ehe und Familie unter den besonderen Schutz der staatlichen Ordnung gestellt. Aus dem gleichen Grunde hat die Allgemeinheit ein dringendes Interesse daran, das Unternehmen als eine der heute wichtigsten sozialen Ordnungszellen zu erhalten und zu stärken und zu diesem Zweck die innerhalb dieser Ordnungszelle bestehenden Spannungen zu beseitigen. Damit würde ein wichtiger Beitrag zur Überwindung des Kollektivismus und der Vermassung geleistet.

---

[31] Ebenso Ballerstedt, JZ 1951, 481.

Nur sollte man die Möglichkeiten des Gesetzgebers nicht überschätzen. Wir hatten bereits gesehen, daß die Krise der Beziehungen zwischen Unternehmern und Arbeitnehmern zahlreiche Ursachen hat. Es gibt daher kein Wunderheilmittel, sondern viele Maßnahmen organisatorischer, technischer und rechtlicher Art, verbunden mit einer gewandelten menschlichen Haltung auf beiden Seiten, sind erforderlich, um einen wirklichen Erfolg zu erzielen. Die durch ein Gesetz geschafffenen Pflichten des Unternehmers bzw. Rechte der Arbeitnehmer können stets nur ein Minimum geben und nur ein Wegweiser sein auf dem Wege zu einer Änderung der menschlichen Beziehungen in den Betrieben. Die entscheidende Lösung läßt sich nicht durch Gesetze erzielen, sondern nur durch eine gewandelte menschliche Haltung auf beiden Seiten.

C. Ergebnis

Die von der experimentellen Soziologie ermittelten Wünsche der Arbeitnehmer sind mit geringen Abweichungen schutzwürdig, weil sie als gemeinsames Ziel haben, den Arbeitnehmern die freie Entfaltung ihrer Persönlichkeit zu ermöglichen. Unsere Rechtsordnung war jedoch hinter der wirtschaftlichen, technischen und gesellschaftlichen Entwicklung zurückgeblieben und trug den berechtigten Wünschen der Arbeitnehmer nicht hinreichend Rechnung. Zu ihrer Anpassung an die veränderten Verhältnisse sind daher entsprechende Gebote an die Unternehmer in die Rechtsordnung aufzunehmen[32]. Auf diese Weise lassen sich auch die schweren sozialen Spannungen verringern, an deren Bereinigung besonders die Allgemeinheit ein dringendes Interesse hat.

ZWEITER TEIL:

DIE NOTWENDIGEN GEBOTE DER RECHTSORDNUNG AN DIE UNTERNEHMER

ERSTER ABSCHNITT:

DIE AUS DEN SCHUTZWÜRDIGEN INTERESSEN DER ARBEITNEHMER FOLGENDEN UNTERNEHMERPFLICHTEN

Die Gebote der Rechtsordnung an die Unternehmer sollen der Sicherung der soeben entwickelten schutzwürdigen Interessen der Arbeitnehmer dienen. Umfang und Inhalt der Pflichten, denen der Unternehmer nachkommen muß, werden daher einerseits durch diese berechtigten Interessen der Arbeitnehmer bestimmt, andererseits durch die berechtigten und schutzwürdigen

[32] Ob dies durch das MGBE und das BVG in ausreichender Weise geschehen ist, wird im dritten Teil erörtert.

Interessen des Unternehmers. Auch dem Unternehmer steht das Recht auf freie Entfaltung seiner Persönlichkeit zu. Die Rechtsordnung darf in seine Eigentumsrechte und in seine Handlungsfreiheit nur so weit eingreifen, wie bei Abwägung der beiderseitigen Interessen der Schutz der Arbeitnehmer es erfordert. Besonders ist darauf zu achten, daß dem Unternehmer genügend Spielraum für seine unternehmerische Initiative und die Möglichkeit verbleibt, sich veränderten wirtschaftlichen oder technischen Bedingungen mit der gebotenen Schnelligkeit anzupassen.

I. Sicherheit des Arbeitsplatzes und Maximum sozialer Sicherheit

Die wirtschaftliche Sicherheit der Arbeitnehmer wird bedroht
durch zeitweilige oder dauernde Arbeitsunfähigkeit,
durch Verlust des Arbeitsplatzes.

A. Arbeitsunfähigkeit

Für den Fall, daß ein Arbeitnehmer durch Unfall oder Krankheit zeitweilig nicht arbeiten kann oder infolge Unfalls, Krankheit oder Alters dauernd arbeitsunfähig wird, haben wir in Deutschland eine Sozialversicherung, die wohl noch in manchen Punkten verbesserungsbedürftig ist,[1], aber den betroffenen Arbeitnehmer und seine Familie vor Not bewahrt. Die deutsche Sozialversicherung gibt einen stärkeren Schutz als in vielen anderen Ländern und hat zahlreichen anderen Staaten als Vorbild gedient. Die Leistungen der Unfallversicherung bringen die Unternehmer allein auf, zur Kranken-, Invaliden- und Angestelltenversicherung ihrer Arbeitnehmer bezahlen sie die Hälfte der Beiträge.

Unter diesen Umständen wird man ein Bedürfnis nach neuen Pflichten der Unternehmer verneinen dürfen, um so mehr, als die Unternehmer freiwillig in ständiger Übung erhebliche Summen aus dem Ertrage der gemeinsamen Arbeit dazu verwenden, durch Pensionskassen, Zahlung des Unterschiedes zwischen Krankengeld und Lohn u. a. die Leistungen der Sozialversicherung zu ergänzen.

B. Sicherheit des Arbeitsplatzes

a: Unterlassen sozialwidriger Kündigungen

Die wirtschaftliche und soziale Sicherheit der Arbeitnehmer wird aber vor allem bedroht durch den Verlust des Arbeitsplatzes. Es wird dem Arbeitnehmer zwar häufig gelingen, in kurzer Zeit eine neue Beschäftigung zu er-

---

[1] Die größte Schwierigkeit ist zur Zeit die Anpassung der Renten an die gestiegenen Lebenshaltungskosten.

halten, aber selbst dann bedeutet der Verlust des alten Arbeitsplatzes für den Arbeitnehmer eine sehr große Belastung. Eine Zeit lang lebt er in der quälenden Ungewißheit, ob er eine neue Stellung finden wird; er muß in der Zwischenzeit einen Lohnausfall hinnehmen und zahlreiche Wege zu Behörden und Dienststellen machen; jeder Arbeitsplatzwechsel erfordert eine Anpassung an neue Verhältnisse, das Lösen bestehender sozialer Bindungen und die Eingliederung in eine neue soziale Gruppe. Bei einer längeren Arbeitslosigkeit sind die wirtschaftlichen und sozialen Folgen noch erheblich schwerer.

Die Arbeitnehmer haben daher ein dringendes Interesse daran, ihren Arbeitsplatz nicht gegen ihren Willen zu verlieren. Dieses Interesse muß auch die Rechtsordnung anerkennen und nach Möglichkeit berücksichtigen.

Es besteht daher ein Bedürfnis nach einer Rechtspflicht des Unternehmers, willkürliche Kündigungen zu unterlassen und bei etwa notwendigen Kündigungen auch die sozialen Verhältnisse der Arbeitnehmer wie Alter, Dauer der Betriebszugehörigkeit, Familienstand usw. zu berücksichtigen. Als willkürlich wird man Kündigungen ansehen müssen, die weder durch die Verhältnisse des Betriebes bedingt sind noch durch in der Person oder im Verhalten des Arbeitnehmers liegende Gründe veranlaßt werden.

b: Sicherung der technischen und wirtschaftlichen Voraussetzungen für die Weiterbeschäftigung

Eine Kündigung ist aber grundsätzlich stets betriebsbedingt und gerechtfertigt bei Wegfall der technischen oder wirtschaftlichen Voraussetzungen der Weiterbeschäftigung, z. B. bei Ausbleiben der Rohstoffe oder der Energie, bei fehlendem Absatz, bei Fortfall der Rentabilität. Die Pflicht zur Rentabilität ist dem Unternehmen immanent; sie ist eine Art „Geschäftsgrundlage" des Arbeitsverhältnisses. Das gilt auch grundsätzlich für Unternehmen, die vom Staat oder in gemeinwirtschaftlichen Formen betrieben werden. Es gibt keine Pflicht, ein dauernd unrentabeles Unternehmen fortzuführen, nur um den Arbeitnehmern ihre Arbeitsplätze zu erhalten.

Eine solche die Kündigung rechtfertigende Lage kann durch Umstände eintreten, die außerhalb des Unternehmens liegen, auf die der Unternehmer keinen Einfluß hat und deren nachteilige Auswirkungen der Unternehmer mit den ihm zur Verfügung stehenden Mitteln auch nicht verhindern kann. Die durch solche Umstände verursachte Gefährdung der sozialen Sicherheit der Arbeitnehmer läßt sich, wenn überhaupt, nur durch die staatliche Wirtschaftspolitik ausgleichen, indem sie entweder durch ihre Maßnahmen den Arbeitnehmern ihren alten Arbeitsplatz erhält oder neue Arbeitsplätze schafft. Das ist einer der Hauptgründe für die Forderung der Arbeitnehmer nach Einfluß auf die staatliche Wirtschaftspolitik; diesen Einfluß können sie nur, wie wir gesehen haben[2], nicht durch die betriebliche Mitbestimmung, sondern allenfalls durch die überbetriebliche Mitbestimmung gewinnen.

Ob eine die Kündigung grundsätzlich rechtfertigende Lage eintritt, hängt aber in mindestens dem gleichen Umfange von Faktoren ab, die die Unter-

---

[2] S. 32 ff.

nehmensleitung beeinflussen kann. Diese Möglichkeit hatte bisher allein der Unternehmer. Daher ist der Wunsch der Arbeitnehmer verständlich, nicht völlig dem Geschick oder Ungeschick des Unternehmers und den nach seinen Interessen bestimmten wirtschaftlichen Entscheidungen ausgeliefert zu sein, sondern selbst Einfluß darauf zu nehmen, daß nach Möglichkeit die Voraussetzungen für ihre Weiterbeschäftigung erhalten bleiben und daß bei wirtschaftlichen Entscheidungen ihre Interessen berücksichtigt werden.

Daraus ergibt sich die Frage, ob ein Bedürfnis nach einer der folgenden Rechtspflichten des Unternehmers besteht:

1. Pflicht, den Arbeitnehmern in allen oder in bestimmten einzeln aufgezählten wichtigen wirtschaftlichen und technischen Fragen das Recht gleichberechtigter Mitentscheidung zu gewähren
   oder
2. Pflicht, bei grundsätzlich alleinigem Entscheidungsrecht des Unternehmers dafür zu sorgen, daß die wirtschaftlichen und technischen Voraussetzungen für die Weiterbeschäftigung der Arbeitnehmer erhalten bleiben (Pflicht zur Erhaltung und Fortführung des Unternehmens)
   oder
3. Pflicht, den Arbeitnehmern ein Recht auf Unterrichtung und Mitberatung in allen oder in bestimmten wichtigen wirtschaftlichen und technischen Fragen einzuräumen
   oder
4. Pflicht, die Arbeitnehmer bei der Auswahl und Überwachung der Manager zu beteiligen, die als Vertrauenspersonen der wirtschaftlichen Eigentümer die Unternehmertätigkeit weitgehend selbständig ausüben.

1. Pflicht, den Arbeitnehmern gleichberechtigte Mitentscheidung in allen oder einzelnen wichtigen wirtschaftlichen Fragen zu gewähren

Eine Pflicht des Unternehmers, die Arbeitnehmer in allen oder in bestimmten wichtigen technischen und wirtschaftlichen Fragen gleichberechtigt mitentscheiden zu lassen, würde eine paritätische Beteiligung der Arbeitnehmer an der Entscheidungsgewalt des Unternehmers bedeuten. Das muß zwangsläufig dazu führen, die betriebliche Willensbildung mehr oder minder schwerfällig zu machen und sie zu verzögern. Personelle und grundsätzliche wirtschaftliche Fragen wie Änderung des Betriebszwecks, Einführung neuer Erzeugungsmethoden oder neue Investitionen werden in der Regel eine gewisse Überlegungsfrist erfordern und vertragen. Bei den laufenden wirtschaftlichen Geschäften kommt es aber auf eine schnelle Entscheidung an; eine Verzögerung würde schwere Nachteile für beide Sozialpartner bringen. Offenbar aus dieser Überzeugung heraus ist man sich allgemein einig, daß sich das wirtschaftliche Mitbestimmungsrecht der Arbeitnehmer nicht auf die Geschäfte der laufenden Verwaltung und solche Handlungen erstrecken soll, die der Betrieb gewöhnlich mit sich bringt.

Die Arbeitnehmer fordern nur eine gleichberechtigte Mitbestimmung in den grundlegenden wirtschaftlichen und technischen Fragen. Dagegen wird häufig der Einwand erhoben, auf diese Art werde die betriebliche Willensbildung zu zeitraubend. Dazu ist zu sagen, daß derartige grundsätzliche Entscheidungen fast stets eine gewisse Überlegungsfrist vertragen und sich die Beteiligten häufig innerhalb dieser Frist einigen werden. Andererseits besteht die Gefahr, daß in manchen Fällen sich der beiderseitige Wille infolge gegensätzlicher Interessen aufhebt, also gar nichts geschieht oder ein Kompromiß erst nach zu langer Zeit erzielt wird. In beiden Fällen kann leicht erheblicher Schaden entstehen.

Das Gewicht dieses Einwandes hängt also von dem Willen und der Fähigkeit beider Sozialpartner zur Zusammenarbeit ab; eine zutreffende Bewertung dieses Einwandes ist nur schwer möglich.

Das ist aber nicht so schlimm; denn entscheidend ist eine andere Überlegung:

Eine Pflicht des Unternehmers, die Arbeitnehmer in wichtigen technischen und wirtschaftlichen Fragen gleichberechtigt mitentscheiden zu lassen, würde eine paritätische Beteiligung der Arbeitnehmer an der Entscheidungsgewalt bedeuten, ohne daß die Arbeitnehmer auch die Hälfte des wirtschaftlichen Risikos übernähmen. Die Arbeitnehmer würden also das Recht zur Entscheidung auf fremdes Risiko erhalten.

Es wurde aber bereits eingehend dargelegt[3], daß in unserer Rechtsordordnung Entscheidungsgewalt und Risiko eine untrennbare Einheit bilden. Die Entscheidungsgewalt steht immer dem Träger des Risikos zu. Damit ist nicht gesagt, daß die Rechtsordnung nicht im Interesse anderer Rechtsgenossen für die Ausübung dieser Entscheidungsgewalt Regeln aufstellen kann, die diese Gewalt u. U. sehr weitgehend beschränken. Ein Auseinanderreißen von Entscheidungsgewalt und Risiko stellt aber stets einen Verstoß gegen elementare tragende Gedanken unserer Rechtsordnung dar.

In besonders augenscheinlicher Weise werden Entscheidungsgewalt und Risiko getrennt, wenn man dem Unternehmer und den Arbeitnehmern im entscheidenden Organ gleiches Stimmrecht gewährt, aber zusätzlich eine neutrale Persönlichkeit in das Organ beruft, um das Organ auch bei gegensätzlichen Interessen handlungsfähig zu machen. Dann verlagert sich die Entscheidungsgewalt auf einen außerhalb des Unternehmens stehenden Dritten, der bei einer falschen Entscheidung weder den Verlust wirtschaftlicher Substanz noch Gefährdung oder Verlust seines Arbeitsplatzes zu gewärtigen hat.

Gegen den Grundsatz der Einheit von Entscheidungsgewalt und Risiko verstößt es dagegen nicht, wenn die Rechtsordnung der Entscheidungsfreiheit des Unternehmers gewisse Grenzen setzt und die Arbeitnehmer das Recht erhalten, im Streitfalle eine unabhängige sachverständige Spruchinstanz anzurufen. Dann bleiben Entscheidungsgewalt und Risiko in der Person des Unternehmers vereint; die Spruchinstanz prüft nur, ob der Unternehmer seine Entscheidungsgewalt mißbrauchen will. Falls dies der Fall ist, treten die von der Rechtsordnung vorgesehenen Sanktionen in Kraft.

Eine Pflicht des Unternehmers, den Arbeitnehmern in allen oder in wichtigen technischen und wirtschaftlichen Fragen das Recht gleichberechtigter Mitentscheidung einzuräumen, ist daher abzulehnen. Wie bereits angedeutet wurde und in den folgenden Ausführungen noch eingehend gezeigt werden

[3] S. 40 ff.

wird, kann man den berechtigten Wunsch der Arbeitnehmer, nicht völlig hilflos rücksichtslosen oder unzweckmäßigen wirtschaftlichen Entscheidungen des Unternehmers ausgeliefert zu sein, auch in anderer Weise erfüllen.

2. Pflicht des Unternehmers zur Erhaltung und Fortführung des Unternehmens

Wir haben dem Unternehmer als Träger des Risikos grundsätzlich auch die Entscheidungsgewalt in den wichtigen technischen und wirtschaftlichen Fragen zugebilligt. In unserer industriellen Zivilisation darf aber niemand seine rechtliche oder wirtschaftliche Macht nach Belieben gebrauchen, sondern muß die von der Rechtsordnung gesetzten Schranken beachten. Aufgabe der Rechtsordnung ist es, die Richtlinien und Schranken für den Machtgebrauch des Einzelnen ständig der Entwicklung der Verhältnisse und der sittlichen Wertungen anzupassen.

Wer als Unternehmer tätig wird und Arbeitnehmer einstellt, übernimmt damit eine große soziale Verantwortung für eine oft beträchtliche Anzahl von Arbeitnehmern und deren Familien. Wenn der Unternehmer als Träger des Risikos mit Recht das alleinige Entscheidungsrecht in wirtschaftlichen Fragen für sich in Anspruch nimmt, darf er bei seinen Entscheidungen nicht willkürlich verfahren und sich nur von seinen eigenen Interessen leiten lassen, sondern er muß bei seiner Tätigkeit auch die berechtigten Interessen der Arbeitnehmer, hier insbesondere ihren Wunsch nach Erhaltung und Sicherheit des Arbeitsplatzes angemessen berücksichtigen.

Die Rechtsordnung muß daher die Entscheidungs- und Handlungsfreiheit des Unternehmers entsprechend begrenzen. Dem alleinigen Entscheidungsrecht entspricht die Pflicht, dafür zu sorgen, daß die wirtschaftlichen und technischen Voraussetzungen für die Weiterbeschäftigung der Arbeitnehmer nach Möglichkeit erhalten bleiben. Eine Pflicht zur Erhaltung und Fortführung des Unternehmens ist zu bejahen, soweit dies bei Abwägung der beiderseitigen Interessen vom Unternehmer zu verlangen ist.

Inhalt und Bedeutung dieser bisher nur allgemein ausgedrückten Pflicht sollen nunmehr an einzelnen wichtigen Tatbeständen erläutert werden.

aa: Darf der Unternehmer das Unternehmen stillegen oder an einen anderen Ort verlegen?

Eine solche Maßnahme des Unternehmers kann zahlreiche Gründe haben. Es mag sein, daß der Unternehmer wegen Alters, Krankheit, fehlenden Interesses oder wegen ungenügender beruflicher Kenntnisse das Unternehmen nicht mehr fortführen kann oder will. Er scheut vielleicht das wirtschaftliche Wagnis, das mit jeder Unternehmertätigkeit verbunden ist, und will sein Geld lieber in festverzinslichen Wertpapieren anlegen. Er kann der Ansicht sein, daß das Unternehmen unrentabel geworden ist bzw. es in der nächsten Zeit werden wird oder daß trotz bestehender Rentabilität in einem anderen Geschäftszweig mehr zu verdienen ist. Oft wird ein Betrieb an einen anderen Ort verlegt, weil dort die Erzeugungs- oder Absatzbedingungen günstiger sind, oder die Fertigung zweier Betriebe, die bisher die gleichen Güter herstellten, wird zwecks Rationalisierung in einem Betriebe vereinigt.

Dabei hat die Verlegung eines Betriebes an einen anderen Ort, selbst wenn dort die Erzeugung in gleichem Umfange fortgeführt wird, für die Arbeitnehmer meist die gleichen nachteiligen Folgen wie die Stillegung. Jeder Wohnsitzwechsel zwingt die Arbeitnehmer, zahlreiche persönliche Bindungen aufzugeben und sich in neue Verhältnisse einzuleben. Sie werden daher oft aus verständlichen Gründen einen Umzug ablehnen; selbst wenn sie aber dazu bereit sind, wird ein Umzug heute häufig an der Wohnungsfrage scheitern.

Für die Stillegung oder Verlegung eines Unternehmens kann es also eine große Anzahl berechtigter Gründe geben. Insbesondere steht jedes Unternehmen unter der Pflicht zur Rentabilität. Es gibt keine Pflicht, ein dauernd unrentabeles Unternehmen fortzuführen nur zu dem Zweck, den Arbeitnehmern ihren Arbeitsplatz zu erhalten.

Die dem Unternehmer obliegende Pflicht zur Erhaltung und Fortführung des Unternehmens kommt aber darin zum Ausdruck, daß er bei der Entscheidung, ob der Betrieb stillgelegt oder verlegt werden soll, auch die Belange der Arbeitnehmer in Rechnung zu stellen hat und er den Betrieb nur dann stillegen oder verlegen darf, wenn dies bei Abwägung der beiderseitigen Interessen durch überwiegende schutzwürdige eigene Interessen des Unternehmers oder der Gesamtwirtschaft gerechtfertigt wird.

bb: Pflicht des Unternehmers, übermäßig hohe Entnahmen zu unterlassen und efficiency und Wettbewerbsfähigkeit des Unternehmens durch Ersatz- und Neuinvestitionen zu sichern

Der Einzelunternehmer ist in seinen Entnahmen nach geltendem Recht frei. Aus der Fürsorgepflicht auf Grund des Arbeitsverhältnisses wird man nicht eine Beschränkung ableiten dürfen, daß Entnahmen, die den Bestand des Unternehmens gefährden, unzulässig sind.

Ein Gesellschafter einer OHG darf, falls nicht eine abweichende Regelung im Gesellschaftsvertrag getroffen ist, zur Sicherung seines Unterhalts Geld bis zum Betrage von 4 v. H. seines für das letzte Geschäftsjahr festgestellten Kapitalanteils entnehmen; er kann auch die Auszahlung seines etwaigen höheren Gewinnanteils verlangen, soweit es nicht zum offenbaren Schaden der Gesellschaft gereicht. Höhere Entnahmen sind von der Zustimmung der anderen Gesellschafter abhängig[4].

Bei der AG darf den Aktionären ihre Einlage nicht zurückgewährt werden; die Gesellschaft darf eigene Aktien nur in beschränktem Umfang unter besonderen Voraussetzungen erwerben; falls Vorstand und Aufsichtsrat den Jahresabschluß ohne die Hauptversammlung feststellen, müssen sie die Sorgfalt eines ordentlichen und gewissenhaften Geschäftsleiters anwenden und

[4] § 122 HGB.

daher für angemessene Abschreibungen sorgen[5]. Auch bei der GmbH darf das zur Erhaltung des Stammkapitals erforderliche Vermögen der Gesellschaft an die Gesellschafter nicht ausgezahlt werden; eigene Geschäftsanteile soll die Gesellschaft nicht erwerben, sofern nicht der Erwerb aus dem das Stammkapital übersteigenden Vermögen geschehen kann[6].

Eine Verpflichtung, zur Sicherung der efficiency und der Wettbewerbsfähigkeit des Unternehmens Ersatz- und Neuinvestitionen vorzunehmen, ergibt sich gegenwärtig bei der OHG, GmbH und AG als Ausfluß der Pflicht zur gewissenhaften und ordentlichen Geschäftsführung, während für den Einzelunternehmer eine solche Pflicht nicht besteht.

Soweit also eine Investitionspflicht und Bindungen hinsichtlich der Entnahmen bestehen, dienen sie dem Schutz der Mitgesellschafter, wirtschaftlichen Eigentümer oder Gesellschaftsläubiger[7]; bei der OHG können sie aber durch Einverständnis der Gesellschafter verhältnismäßig leicht wieder beseitigt werden.

Infolge der meist gegebenen Gleichheit der Interessen werden sich die Investitionspflicht und die genannten Bindungen allerdings praktisch auch zu Gunsten der Arbeitnehmer auswirken. Ein zuverlässiger Schutz der Arbeitnehmerinteressen ist jedoch bei der gegenwärtigen Regelung nicht gesichert, insbesondere nicht beim Einzelunternehmer und der OHG.

In die schon jetzt zu Gunsten von Mitgesellschaftern, wirtschaftlichen Eigentümern oder Gläubigern bestehenden Bestimmungen sind daher auch die Arbeitnehmer als ebenso schutzwürdig einzubeziehen. Als Teil der Pflicht zur Erhaltung und Fortführung des Unternehmens muß der Unternehmer die erforderlichen Ersatz- und Neuinvestitionen vornehmen, um die efficiency und Wettbewerbsfähigkeit des Unternehmens zu erhalten. Falls die aus dem Betriebe gewonnenen Mittel dazu nicht ausreichen, muß er auch andere eigene Mittel einsetzen, soweit nicht schutzwürdige Interessen entgegenstehen, oder einen Kredit aufnehmen, wenn dies den Grundsätzen ordentlicher und gewissenhafter Geschäftsführung entspricht. Geld darf der Unternehmer nur in einem solchen Umfange entnehmen, daß dem Unternehmen die erforderlichen Betriebsmittel verbleiben. Höhere Entnahmen bzw. das Unterlassen von Investitionen können aber durch überwiegende schutzwürdige eigene Interessen des Unternehmers gerechtfertigt sein, z. B. erhöhter Geldbedarf durch Krankheit, Unrentabilität von Ersatz- oder Neuinvestitionen.

cc: Pflicht zur Erhaltung des Unternehmens in der bisherigen Form

Eine Umstellung des Betriebes kann erfolgen:
durch Einführung neuer Arbeitsmethoden,
durch Veränderung des Herstellungsprogramms, die bis zur völligen Änderung des Betriebszwecks gehen kann.

---

[5] § 52, 65, 84, 99 AktGes.

[6] § 30, 33 GmbHGes.

[7] Falls man bei der AG aus § 70 AktGes. folgern will, daß sie auch zu Gunsten der Arbeitnehmer bestehen, können die Arbeitnehmer sie jedenfalls nicht durchsetzen.

Aus der Umstellung können sich in dreifacher Weise Folgen für die Arbeitnehmer ergeben:

1. Sie können dadurch ihren Arbeitsplatz verlieren,
2. Ihr Lohn kann geringer werden, aber trotzdem noch ein angemessener Anteil am Ertrage der gemeinsamen Arbeit sein.
3. Ihre allgemeinen Arbeitsbedingungen können sich verschlechtern, aber trotzdem mit Rücksicht auf die neue Fertigung angemessen sein.

Wie wir gesehen haben, soll die Pflicht zur Erhaltung und Fortführung des Unternehmens als Korrelat des alleinigen Entscheidungsrechts des Unternehmers mithelfen, den Wunsch der Arbeitnehmer nach Sicherheit des Arbeitsplatzes zu erfüllen. Ein Arbeitnehmer wird unter „Sicherheit des Arbeitsplatzes" aber nicht nur verstehen, daß ihm der Arbeitsplatz als solcher erhalten bleibt, sondern daß auch sein Lohn und seine Arbeitsbedingungen sich nicht plötzlich wesentlich verschlechtern.

Zur Pflicht zur Erhaltung und Fortführung des Unternehmens gehört demnach auch, daß der Unternehmer eine Umstellung seines Betriebes, bei der Arbeitnehmer in der geschilderten Weise benachteiligt werden, nur vornimmt, falls die Umstellung wegen überwiegender eigener schutzwürdiger Interessen des Unternehmens oder der Gesamtwirtschaft notwendig wird.

dd: Pflicht zur Umstellung des Unternehmens

Unter dem Blickpunkt „Sicherheit des Arbeitsplatzes" könnte sich eine Pflicht des Unternehmers zur Umstellung des Betriebes ergeben, wenn die Arbeitnehmer bei Fortdauer des alten Zustandes ihren Arbeitsplatz verlieren würden, weil entweder für die bisher erzeugten Gegenstände keine Nachfrage mehr besteht oder infolge rückständiger Herstellungsmethoden der Preis der Güter zu hoch ist.

Abgesehen vom Aufhören der Rüstungsproduktion am Ende eines Krieges verändern sich die Marktverhältnisse in der Regel nicht derart grundlegend von einem Tage zum anderen. Bei einiger Aufmerksamkeit wird der Unternehmer daher nur in seltenen Fällen vor die Frage gestellt sein, ob er seinen Betrieb stillegen oder umstellen soll. Er muß sich nur ständig überlegen, ob sein Herstellungsprogramm noch der Marktlage entspricht und ob nicht eine Verbesserung der Herstellungsmethoden möglich ist. Ein Unternehmen, das sich auf dem Markte behaupten will, befindet sich in einem dauernden Umstellungsprozeß. Es ist die ureigenste Aufgabe des Unternehmers, für die ständige Anpassung seines Betriebes an die Forderungen des Marktes zu sorgen. Eine Pflicht zur Umstellung geht bereits vom Markte aus und wird vom Markt sehr wirksam durchgesetzt; die Rechtsordnung braucht also eine solche Pflicht für den Regelfall nicht mehr zu schaffen. Es ist richtig, daß ein etwaiger Fehler des Unternehmers bei der dauernden Umstellung seines Betriebes u. U. zur Entlassung einiger Arbeitnehmer führen kann. Es ist jedoch nicht möglich, eine Rechtspflicht zum unternehmerischen Erfolg zu schaffen, um so den Wunsch der Arbeitnehmer nach Sicherheit des Arbeitsplatzes zu erfüllen.

Für eine von der Rechtsordnung geschaffene Pflicht zur Umstellung als Teil der Unternehmerpflicht zur Erhaltung und Fortführung des Unternehmens wäre also nur Raum und Bedürfnis in Krisenfällen, z. B. am Ende eines Krieges, bei plötzlichen Marktveränderungen durch neue Erfindungen, Fortfall von Zöllen pp. oder bei einer Krisenlage, die dadurch entstanden ist, daß der Unternehmer die vom Markt ausgehende Pflicht zur Umstellung mißachtet hat. Dann kann sich ein echter scharfer Interessengegensatz zwischen dem Unternehmer und allen oder doch einer größeren Anzahl Arbeitnehmer ergeben. Die Aufnahme einer neuen Fertigung oder die Veränderung der Produktionsmethoden wird meistens auch neue Investitionen erfordern. Der Unternehmer wird deshalb u. U. aus persönlichen Gründen oder wirtschaftlichen Überlegungen die Umstellung ablehnen.

Wir haben hier die gleiche Lage wie bei der Stillegung und kommen daher auch zur gleichen Entscheidung: Im Rahmen seiner Pflicht zur Erhaltung und Fortführung des Unternehmens muß der Unternehmer bei seinem Entschluß, ob er den Betrieb auf neue Erzeugnisse bzw. auf neue Herstellungsmethoden umstellen oder seine Arbeitnehmer entlassen will, auch die Interessen der Arbeitnehmer berücksichtigen, und darf eine Umstellung nur unterlassen, wenn dies durch überwiegende eigene schutzwürdige Interessen gerechtfertigt ist.

ee: Darf der Unternehmer mit Unternehmensgegenständen beliebig verfahren?

Unsere Rechtsordnung kennt nur ein einheitliches Eigentum und macht keinen Unterschied wegen seiner sozialen Bedeutung, z. B. danach, ob es sich um ein privates Luxus-Reitpferd oder die Kraftzentrale eines großen Industriewerks handelt[8].

[8] Im Rahmen der Sozialgebundenheit des Eigentums wird allerdings der Eigentümer der Kraftzentrale des Industriewerks stärkeren Einschränkungen seiner Verfügungsgewalt zu unterwerfen sein als der Eigentümer des Reitpferdes. Insoweit ist die soziale Funktion des Eigentums zu berücksichtigen. Es besteht aber m. E. kein Anlaß, deswegen den einheitlichen Eigentumsbegriff aufzugeben und im Wege der „Institutionalisierung" des Eigentums an seine Stelle zahlreiche Eigentumsbegriffe je nach der sozialen Funktion der betreffenden Sache zu setzen. Mir scheint die Gefahr recht groß zu sein, daß dann die Begriffe unscharf werden; denn man wird kaum jeden der verschiedenen Eigentumsbegriffe nach Entstehung, Umfang und Untergang gesetzlich umreißen können. Man kommt ohne die Nachteile dieser Lösung sachlich zum gleichen Ergebnis, wenn man den einheitlichen Eigentumsbegriff beibehält und dem Eigentümer seine Befugnisse beläßt, jedoch denjenigen, deren Interessen durch rücksichtslose Ausübung der Befugnisse gefährdet werden, durch Einzelgesetz oder durch Generalklauseln Gegenrechte und Einreden gewährt, mit denen sie den Eigentümer am Mißbrauch seiner Macht hindern können. Da m. E. beide Wege sachlich zum gleichen Ergebnis führen und die hier vertretene Ansicht dem geltenden Rechtssystem entspricht, muß ein näheres Eingehen auf diese grundsätzliche dogmatische und gesetzestechnische Frage hier leider unterbleiben. Siehe hierzu neuestens Ballerstedt, JZ 1951, 481 ff. und die Erwiderung von Müller-Erzbach, JZ 1952, 194 (198).

Nach dem BGB darf der Eigentümer mit seiner Sache nach Belieben verfahren, soweit nicht das Gesetz oder Rechte Dritter entgegenstehen. Aus Art. 14 Abs. II GG, der sagt. „Eigentum verpflichtet. Sein Gebrauch soll zugleich dem Wohle der Allgemeinheit dienen", läßt sich für Umfang und Ausübung der Rechte im Verhältnis der Rechtsgenossen zueinander nur eine allgemeine Richtlinie entnehmen, der Schwerpunkt dieser Bestimmung liegt auf dem Gebiete des Verfassungsrechts[9]. Ob und in welchem Umfange aus der Fürsorgepflicht des Unternehmers auf Grund des Arbeitsverhältnisses eine Einschränkung seiner Verfügungsfreiheit über Unternehmensgegenstände sich heute schon ergibt, ist äußerst zweifelhaft.

Eine gewisse Bindung besteht bei den juristischen Personen und den Handelsgesellschaften. Bei den juristischen Personen steht die rechtliche Verfügungsgewalt über die Unternehmensgegenstände den Managern zu, die als Vertrauenspersonen der wirtschaftlichen Eigentümer die Unternehmerfunktion ausüben. Sie sind aus ihrem Innenverhältnis zur juristischen Person verpflichtet, die Sorgfalt eines ordentlichen und gewissenhaften Geschäftsleiters anzuwenden[10]. Aus der Fassung des § 70 AktGes. wird man folgern dürfen, daß es bei der AG zur Sorgfalt eines gewissenhaften Geschäftsleiters gehört, bei Verfügungen über die Unternehmensgegenstände auch die Interessen der Arbeitnehmer zu berücksichtigen[11]. Das nützt den Arbeitnehmern jedoch nur sehr wenig, da sie nicht Vertragspartner des Managers sind und kein Recht haben, Ansprüche gegen den Manager wegen Verletzung seiner vertraglichen Sorgfaltspflicht geltend zu machen. Die dazu Berechtigten werden aber wegen Kollision ihrer eigenen Interessen mit denen der Arbeitnehmer u. U. nichts gegen den Manager unternehmen.

Ähnlich ist die Lage bei den Handelsgesellschaften. Eine willkürliche Verfügung über Unternehmensgegenstände durch die vertretungsberechtigten Gesellschafter würde gegen die gesellschaftliche Treupflicht verstoßen. Die Treupflicht geht aber nicht soweit, daß bei Verfügungen über Unternehmensgegenstände auch die Interessen der Arbeitnehmer zu berücksichtigen sind.

Die bestehenden Bindungen dienen also entweder nur dem Schutz der Mitgesellschafter bzw. der wirtschaftlichen Eigentümer oder, wenn sie wie bei der AG auch den Schutz der Arbeitnehmer bezwecken, sind sie im Ernstfalle nicht durchsetzbar.

Praktisch werden die Interessen des Unternehmers und der Arbeitnehmer sich fast immer decken, so daß der Einzelunternehmer keine den Arbeitnehmern nachteilige Verfügungen über Unternehmensgegenstände treffen wird, vertretungsberechtigte Gesellschafter und Manager solche Verfügungen ebenfalls aus eigenem Interesse oder auf Grund ihrer vertraglichen Pflicht unterlassen werden. Immerhin sind bei einer Interessenkollision rücksichts-

---

[9] Vgl. das Referat von Ipsen „Enteignung und Sozialisierung" auf dem Staatsrechtslehrertag 1951, Heft 10 der Veröff. d. Vereinigg. d. Staatsrechtslehrer, S. 84 ff.

[10] § 84 AktGes.; § 43 GmbHGes.

[11] So Gadow-Schmidt, § 70, 11; Schlegelberger-Quassowski, 3. Aufl., § 70, 6; Godin-Wilhelmi, 2. Aufl., § 70, 3.

lose Verfügungen über Unternehmensgegenstände entgegen den Interessen der Arbeitnehmer vorstellbar.

Die bisher nur gegenüber Mitgesellschaftern oder den wirtschaftlichen Eigentümern bestehenden Bindungen sind daher zu Gunsten der Arbeitnehmer zu erweitern. Als Teil der Pflicht zur Erhaltung und Fortführung des Unternehmens, die dem Unternehmer als Korrelat seiner alleinigen Entscheidungsgewalt obliegt, darf er Verfügungen über Unternehmensgegenstände außerhalb des gewöhnlichen Geschäftsbetriebs, die wesentliche Nachteile für die Arbeitnehmer zur Folge haben können, nur insoweit vornehmen, als sein Handeln bei Abwägung der beiderseitigen Interessen durch überwiegende eigene schutzwürdige Interessen gerechtfertigt ist.

ff: Veräußerung des Unternehmens — Verschmelzung und Umwandlung

Der Unternehmer darf das Unternehmen als Wirtschaftseinheit, als Organismus, nicht durch willkürliche Verfügungen über Einzelgegenstände zerstören. Ob er das Unternehmen als Ganzes beliebig veräußern darf, hängt von der arbeitsrechtlichen Beurteilung dieses Vorganges ab. Wenn man annimmt, daß der Erwerber in die bestehenden Arbeitsverhältnisse ohne besondere — ausdrückliche oder stillschweigende — Vereinbarungen eintritt[12], bestehen dagegen keine Bedenken; denn der Erwerber erhält alle Voraussetzungen für eine Fortführung des Unternehmens und die Weiterbeschäftigung der Arbeitnehmer. Ihn trifft nunmehr die Pflicht zur Erhaltung und Fortführung des Unternehmens, so daß er das Unternehmen nicht stillegen, verlegen oder in anderer Weise verändern darf, ohne dabei die Interessen der Arbeitnehmer gebührend zu berücksichtigen[13].

Wenn man für den Eintritt des Erwerbers in die Arbeitsverhältnisse eine ausdrückliche oder stillschweigende Vereinbarung verlangt[14], bestehen aus den gleichen Gründen gegen eine Veräußerung des Unternehmens als Ganzes dann keine Bedenken, wenn der Erwerber zu dieser Vereinbarung bereit ist[15]. Falls der Erwerber jedoch ablehnt, mit allen oder dem überwiegenden Teil der Arbeitnehmer eine derartige Vereinbarung zu treffen, wird

---

[12] So Nikisch, Arbeitsrecht, S. 193 und dort Angeführte; Dietz, § 1, 69 mit Schrifttumsübersicht.

[13] Durch die Veräußerung verändern sich allerdings die Elemente der in solchen Fällen erforderlichen Interessenabwägung. Das kann sich zu Ungunsten, aber auch ebenso zu Gunsten der Arbeitnehmer auswirken. Eine zu starke Berücksichtigung der Interessen des Erwerbers zum Nachteil der Arbeitnehmer läßt sich mit der Begründung vermeiden, daß der Erwerber diese Interessenkollision freiwillig herbeigeführt hat und daher nicht so schutzwürdig ist.

[14] Nachweise bei Nikisch, S. 192; Galperin, BB 1952, 322 u. BVG § 1, 55.

[15] Auf keinen Fall ist es möglich, Bedenken der Arbeitnehmer gegen die persönlichen oder sachlichen Fähigkeiten des Erwerbers bei der Veräußerung eines Unternehmens zu berücksichtigen. Das würde auf eine Prüfung der „Wirtschaftsfähigkeit" des Erwerbers hinauslaufen, die weder mit dem Grundgesetz vereinbar noch praktisch durchführbar wäre.

die Veräußerung des Unternehmens an einen solchen Erwerber zur Kündigung der gesamten Belegschaft oder eines großen Teils der Arbeitnehmer durch den veräußernden Unternehmer führen.

Die heute noch überwiegende Lehre und Rechtsprechung lehnen einen automatischen Eintritt des Erwerbers in die bestehenden Arbeitsverhältnisse ab. Wenn daher der Erwerber nicht bereit ist, durch ausdrückliche oder stillschweigende Vereinbarung mit allen oder dem überwiegenden Teil der Arbeitnehmer in die bestehenden Arbeitsverhältnisse einzutreten, darf der Unternehmer das Unternehmen als Ganzes nur dann veräußern, wenn dies durch seine überwiegenden eigenen schutzwürdigen Interessen gerechtfertigt ist.

Bei Kapitalgesellschaften kann dagegen eine Verschmelzung des Unternehmens mit anderen Unternehmen nach freiem Ermessen erfolgen, da sie zur Gesamtrechtsnachfolge auch hinsichtlich der Arbeitsverhältnisse führt[16], die Arbeitnehmer also nicht benachteiligt werden. Auch gegen eine Umwandlung des Unternehmens in eine andere Kapitalgesellschaft nach den Vorschriften des AktGes oder in eine Personalgesellschaft gemäß dem Umwandelungsgesetz v. 5. 7. 1934 bestehen keine Bedenken, da sie den Bestand der Arbeitsverhältnisse nicht berührt[17].

gg Schlußbemerkung

Pflichten, die die Rechtsordnung dem Unternehmer zum Schutze der Arbeitnehmer als Ausgleich für sein alleiniges Entscheidungsrecht und als Richtlinie für die Ausübung dieser Entscheidungsgewalt auferlegt, haben nur Sinn, wenn sie auch in irgendeiner Form durchgesetzt werden können — wie das am zweckmäßigsten geschieht, wird später zu erörtern sein —. Wenn hier eine Pflicht zur Erhaltung und Fortführung des Unternehmens bejaht wurde, so bedeutet das nicht eine Pflicht zum unternehmerischen Erfolg schlechthin mit der Folge, daß die Arbeitnehmer den Unternehmer für jeden Ermessensfehler, der nach bisherigem Recht einem oder mehreren Arbeitnehmern den Arbeitsplatz kosten würde, verantwortlich machen und Weiterbeschäftigung verlangen können.

Dem Unternehmer als Risikoträger steht das Entscheidungsrecht zu. Zum Schutze der Arbeitnehmer muß die Rechtsordnung aber für das Ermessen des Unternehmers Richtlinien aufstellen und durchsetzen, um groben Fehlern des Unternehmers vorzubeugen oder jedenfalls zu verhindern, daß er ihre Folgen rücksichtslos auf die Arbeitnehmer abwälzt. Es liegt jedoch im Wesen der abhängigen Arbeit begründet, daß der Arbeitnehmer sich dem wirtschaftlichen Geschick oder Ungeschick des Unternehmers anvertrauen muß und

---

[16] Nikisch, S. 191; Denecke, BB 1950, 679.

[17] Eine Umwandlung in eine KommanditAG im Bereich des MGBE oder in eine Personalgesellschaft im Bereich des BVG ohne wirtschaftliche Berechtigung nur zu dem Zweck, sich auf diese Weise der Beteiligung der Arbeitnehmer im Aufsichtsrat zu entziehen, dürfte aus rechtlichen und tatsächlichen Gründen kaum zu erwarten sein. Vgl. hierzu Köhler, BB 1953, 776.

durch Fehler des Unternehmers trotz der Vorsorge der Rechtsordnung u. U. seinen Arbeitsplatz verlieren kann. Dieses Risiko der abhängigen Arbeit läßt sich zwar mindern, aber nicht völlig beseitigen. Hier kann man nicht dadurch helfen, daß man die Arbeitnehmer an der Unternehmerfunktion beteiligt und damit ein Grundgesetz unserer Rechtsordnung, die Relation Verantwortung — Risiko, verletzt, sondern nur dadurch, daß man dem Arbeitnehmer so rasch wie möglich einen neuen Arbeitsplatz zur Verfügung stellt oder, falls dies nicht gelingt, ihn während der Zeit der Arbeitslosigkeit vor wirtschaftlicher Not bewahrt.

Wenn die Rechtsordnung dem Unternehmer eine Pflicht zur Erhaltung und Fortführung des Unternehmens auferlegt, stellt sie sich selbst damit zugleich eine schwere Aufgabe; denn meist wird es sehr schwierig sein, festzustellen, ob und welche Maßnahmen sich aus der Pflicht zur Erhaltung und Fortführung des Unternehmens ergeben.

In jedem Falle hängt die Entscheidung weitgehend von der Beurteilung zukünftiger Chancen und Risiken ab und das ist eine typisch unternehmerische Entscheidung, die von einem zur Entscheidung etwaigen Streites angerufenen Dritten nur schwer gefällt werden kann, besonders dann, wenn der Dritte die Entscheidung nicht für die Zukunft, sondern im Wege der Prognose ex ante für die Vergangenheit fällen soll.

Bei der Abwägung der Chancen und Risiken ist auch stets eine erwartete Mindestrentabilität für den Unternehmer einzusetzen, die Höhe dieser einzusetzenden Mindestrentabilität hängt aber ab von der Beurteilung der Wirtschaftslage, des Risikos bei dem betreffenden Geschäftsvorgang und von allgemeinen Vorstellungen über die Höhe des gerechtfertigten Unternehmergewinns; die Höhe der einzusetzenden Mindestrentabilität wird deshalb oft der Hauptstreitpunkt sein.

Es ist ferner zu berücksichtigen, daß man den Unternehmer nicht gegen seinen Willen zur Fortführung der Unternehmertätigkeit oder zur dauernden Übernahme von ihm abgelehnter Risiken zwingen kann. Das würde eine unzulässige Beschränkung der Freiheit der Persönlichkeit und des Eigentums sein.

Trotz der großen Schwierigkeiten, die Maßnahmen zu ermitteln, die durch die Pflicht zur Erhaltung und Fortführung des Unternehmens geboten oder verboten sind, und der fast noch größeren Schwierigkeit, die Erfüllung dieser Pflicht durchzusetzen, muß man aber die Pflicht zur Erhaltung und Fortführung des Unternehmens bejahen.

Bei der Aufgabe, den Unternehmer zur Erfüllung dieser Pflicht anzuhalten, wird die Rechtsordnung einen wertvollen Bundesgenossen im Markt und dem eigenen Interesse des Unternehmers finden, die den Unternehmer häufig zu den gleichen Maßnahmen veranlassen werden, wie sie sich aus dem Interesse der Arbeitnehmer an der Erhaltung ihres Arbeitsplatzes ergeben. Die Pflicht zur Erhaltung und Fortführung des Unternehmens wird zum Schutze der Arbeitnehmer daher vor allem dann praktisch werden, wenn der Unternehmer den Geboten des Marktes gehorchen oder sich Strafen des Marktes für eigene Fehler in der Weise entziehen will, daß er die Interessen der Arbeitnehmer rücksichtslos opfert.

3. Unterrichtung der Arbeitnehmer und Mitberatung

Wenn der Unternehmer seine Pflicht zur Erhaltung und Fortführung des Unternehmens erfüllt oder notfalls die Arbeitnehmer ihn dazu anhalten, so werden damit in der Regel die wirtschaftlichen und technischen Voraussetzungen für eine Weiterbeschäftigung der Arbeitnehmer und die von den Arbeitnehmern erstrebte Sicherheit des Arbeitsplatzes schon weitgehend gesichert sein. Daneben werden die Unterrichtung der Arbeitnehmer durch den Unternehmer und das Heranziehen der Arbeitnehmer zur Mitberatung eine wertvolle Ergänzung und Hilfe sein, dieses Ziel zu erreichen. Häufig stimmen die Interessen des Unternehmers und der Arbeitnehmer überein und man wird daher annehmen dürfen, daß der Unternehmer zweckmäßige Ratschläge der Arbeitnehmervertreter befolgen wird. Die Arbeitnehmer erhalten so Gelegenheit, bereits am Beginn einer ihnen möglicherweise nachteiligen Entwicklung ihren Standpunkt darzulegen. Oft wird es dem Unternehmer zu diesem frühen Zeitpunkt noch möglich sein, aus eigener Initiative oder auf Vorschlag der Arbeitnehmer durch Gegenmaßnahmen die Nachteile von den Arbeitnehmern abzuwenden oder sie zu mildern. Falls das nicht möglich ist, bekommen die Arbeitnehmer jedenfalls rechtzeitig Kenntnis von der möglichen Gefährdung ihres Arbeitsplatzes und können sich entsprechend einrichten, z. B. sich in Ruhe um einen neuen Arbeitsplatz bemühen. Durch ein Recht der Arbeitnehmer auf Unterrichtung und Mitberatung wird auch nicht die Einheit von Entscheidungsgewalt und Risiko zerschlagen, an der alle Mitwirkungsrechte der Arbeitnehmer ihre Grenze finden müssen; denn die Entscheidung bleibt dem Unternehmer als Risikoträger.

Neben der Wirkung, die Sicherheit des Arbeitsplatzes und die soziale Sicherheit der Arbeitnehmer zu erhöhen, dient die Unterrichtung der Arbeitnehmer durch den Unternehmer und ihr Heranziehen zur Mitberatung noch einem weiteren Zweck. Sie erfüllt den aus den Forschungen der Soziologen bekannten Wunsch der Arbeitnehmer nach Unterrichtung über alle Vorkommnisse.

Durch die moderne Arbeitsteilung, bei der ein Arbeitnehmer oft nur noch einige Handgriffe in ständiger monotoner Wiederholung auszuführen hat und den gesamten Herstellungsprozeß gar nicht mehr übersieht, entsteht beim Arbeitnehmer, besonders wenn er noch dazu in einem Großbetrieb tätig ist, leicht das Gefühl, nur noch ein jederzeit auswechselbares Zahnrad zu sein, das bedauerlicherweise nur noch nicht durch eine Maschine ersetzt werden konnte. Wenn der Unternehmer die Arbeitnehmer regelmäßig über die Lage des Betriebes und das betriebliche Geschehen unterrichtet, wird das wesentlich dazu beitragen, dem Arbeitnehmer das Gefühl der Verlorenheit zu nehmen, das Empfinden, eine beliebig austauschbare Nummer zu sein. Der Arbeitnehmer erkennt dann, wie seine Tätigkeit in den gesamten Betrieb eingeordnet ist, und gewinnt so die Überzeugung, notwendige, sinnvolle und nützliche Arbeit zu leisten.

Durch die Mitberatung werden die Kenntnisse und Erfahrungen der Arbeitnehmer dem Betriebe nutzbar gemacht und ihrem Wunsche nach Entfaltung der Persönlichkeit entsprochen. Die Arbeitnehmer lernen so die Sorgen und Schwierigkeiten kennen, mit denen der Unternehmer zu kämpfen hat, und werden daher auch für sein Verhalten mehr Verständnis aufbringen. Es ist eine alte Erfahrung, daß eine Arbeit, deren Sinn und Notwendigkeit der Ausführende begreift, besser und schneller getan wird und daß Anordnungen williger befolgt werden, wenn sie nach gemeinsamer Beratung erlassen sind, als wenn sie autoritär gegeben werden. Auf diesem Wege lassen sich daher Spannungen und Reibungen im Unternehmen beseitigen und eine größere Produktivität erreichen.

In zahlreichen Betrieben wird es allerdings Vorgänge geben, an deren Geheimhaltung ein berechtigtes Interesse besteht. Viele derartige Tatsachen werden aber für die Arbeitnehmer in ihrer Gesamtheit ohne Interesse sein und sie werden daher auch nicht das Bedürfnis empfinden, über sie unterrichtet zu werden, z. B. geheime Herstellungsverfahren, Namen von Kunden oder Lieferanten, Sondervereinbarungen über Preise mit einzelnen Geschäftsfreunden u. a. m. Auch vorzeitiges Bekanntwerden geschäftlicher Absichten, z. B. von Investitions-, Produktions- und Absatzplänen kann jedoch die Wettbewerbslage eines Unternehmens erheblich verschlechtern. Andererseits besteht ein echtes und berechtigtes Interesse der Arbeitnehmer an Mitberatung über diese Fragen. Zum Schutze des Unternehmers dürfte es jedoch genügen, wenn man den Arbeitnehmervertretern im Beratungsorgan eine Schweigepflicht auferlegt und ihre Verletzung sowie die Verwertung von in unzulässiger Weise erlangten Kenntnissen durch Dritte mit empfindlichen Strafen bedroht.

Man wird sich darüber klar sein müssen, daß Art und Umfang der Unterrichtung und Mitberatung der Arbeitnehmer weitgehend bestimmt werden vom Grade des gegenseitigen Vertrauens. Vertrauen kann man aber nicht befehlen oder durch Gesetze erzwingen. Eine Unterrichtung und Mitberatung der Arbeitnehmer in höchstmöglichem Ausmaß ist anzustreben. Der Unternehmer wird jedoch die Auskunft verweigern dürfen, wenn entweder die Arbeitnehmer auch ohne Kenntnis der betreffenden Tatsachen ihre Belange hinreichend wahrnehmen können oder bei Abwägung der beiderseitigen Interessen überwiegende Gründe die Verweigerung der Auskunft rechtfertigen.

Um die Sicherheit des Arbeitsplatzes und die soziale Sicherheit der Arbeitnehmer zu erhöhen und zugleich den Wunsch der Arbeitnehmer nach Unterrichtung über alle Vorkommnisse zu erfüllen, besteht also ein Bedürfnis nach einer neuen Rechtspflicht des Unternehmers, den Arbeitnehmern das Recht auf Unterrichtung und Mitberatung in allen Fragen einzuräumen.

4. Beteiligung der Arbeitnehmer bei der Auswahl und Überwachung der Manager

Die rechtlichen oder wirtschaftlichen Eigentümer des Kapitals und der Produktionsmittel üben die Unternehmerfunktion, die ihnen als Träger des Risikos zusteht, heute vielfach nicht mehr selbst aus, sondern haben sie auf Vertrauenspersonen übertragen. Diese Vertrauenspersonen der Eigentümer, die sog. Manager, haben allmählich eine so große Selbständigkeit erlangt, daß sie häufig ebenfalls als Unternehmer bezeichnet werden.

Zu dieser Entwicklung hat wohl am meisten beigetragen, daß Einzelpersonen die großen Beträge, die zum Ankauf der Produktionsmittel und als Betriebsvermögen erforderlich sind, heute nur noch selten aufbringen können und daher die Form der AG mit weiter Streuung des Aktienkapitals gewählt werden muß. Die Rechtsform der AG, insbesondere nach der Neufassung des Aktiengesetzes im Jahre 1937, begünstigt aber ihrer Natur nach das Entstehen einer sehr selbständigen Managerschicht. Eine weitere Ursache ist die zunehmende Schwierigkeit der unternehmerischen Tätigkeit; da die Eigentümer des Kapitals die heute notwendigen beträchtlichen wirtschaftlichen und technischen Spezialkenntnisse oft nicht besitzen, übertragen sie ihre Entscheidungsgewalt weitgehend auf von ihnen angestellte Spezialisten oder andere Personen ihres Vertrauens, z. B. ihren Bankier. In den Personalgesellschaften erscheinen die Manager als leitende Angestellte, in der GmbH. als Geschäftsführer; in der AG zerfallen sie noch einmal in zwei Gruppen, den Vorstand und den Aufsichtsrat. Im Aufsichtsrat sitzen allerdings häufig auch Großaktionäre, so daß die Einheit von Eigentum und Unternehmertätigkeit noch teilweise besteht.

Die Besetzung der Aufsichtsräte in den AG ist einer der größten Streitpunkte zwischen den Sozialpartnern. Die Gewerkschaften fordern eine paritätische Verteilung der Sitze auf Vertreter des Kapitals und der Arbeit. Wenn auch das neue Betriebsverfassungsgesetz die Frage zunächst zu Ungunsten der Gewerkschaften entschieden hat, so müssen wir uns doch darüber klar werden, ob die Forderung der Gewerkschaften berechtigt ist; denn in der Proklamation des DGB zur Verabschiedung des BVG[18] wurde schon angekündigt, daß die Gewerkschaften eine Änderung des BVG mit allen demokratischen Mitteln erstreben werden.

Wenn eine paritätische Besetzung der Aufsichtsräte nur gefordert würde, um so gesellschaftliche Machtpositionen als Ausgangsbasen für den weiteren Klassenkampf zu gewinnen, so wäre das eine reine Maßnahme der Klassenkampftaktik. Das Bemühen, mit wissenschaftlichen Argumenten nachzuweisen, daß ein solcher Anspruch nicht gerechtfertigt ist, wäre ebenso zwecklos wie undurchführbar. So leicht kann man aber die Forderung der Gewerkschaften nicht abtun.

Sie wird meist mit „Wirtschaftsdemokratie" und „Gleichberechtigung von Kapital und Arbeit" begründet. Die Mitglieder des Aufsichtsrats sind jedoch Organe der AG und haben Aufgaben zu erfüllen, die von der Gesamtheit der Aktionäre aus technischen Gründen nicht wahrgenommen werden können. Sie sind neben dem Vorstand die eigentlichen Träger der Unternehmertätigkeit. Mit dem Verlangen nach paritätischer Besetzung der Aufsichtsräte fordern die Gewerkschaften also eine Beteiligung an der Unternehmerfunktion.

Es wurde aber bereits oben[19] gezeigt, daß mit der Wirtschaftsdemokratie und der Gleichberechtigung von Kapital und Arbeit eine Beteiligung der Arbeitnehmer an der Unternehmerfunktion nicht zu rechtfertigen ist. Wirt-

---

[18] Abgedruckt z. B. in „Bergbau und Wirtschaft", Informationsblatt der IG Bergbau, 1952, 357.

[19] S. 36 ff.

schaftsdemokratie und Gleichberechtigung von Kapital und Arbeit sind nur sehr einprägsame Formulierungen für die berechtigte Forderung der Arbeitnehmer, daß der Unternehmer sich bei seinen Entscheidungen nicht nur von seinen eigenen Interessen leiten läßt, sondern auch die Interessen der Arbeitnehmer in gleicher Weise gerecht berücksichtigt. Die Legitimation zur Unternehmerfunktion ergibt sich aus der Übernahme des wirtschaftlichen Risikos. Dieses Risiko tragen bei der AG die Aktionäre. Soweit die Aktionäre die ihnen zustehende Entscheidungsgewalt nicht als Aufsichtsratsmitglieder persönlich ausüben, muß die Auswahl der Vertrauenspersonen, denen sie ihre unternehmerische Entscheidungsgewalt übertragen wollen, allein ihrem Ermessen überlassen bleiben. Es scheint zweckmäßig, einem oder mehreren Arbeitnehmervertretern Sitz und Stimme im Aufsichtsrat zu geben, um so sicherzustellen, daß die Unternehmerpflichten gegenüber den Arbeitnehmern erfüllt werden. Eine paritätische Besetzung des Aufsichtsrats mit Arbeitnehmervertretern, die ohne oder gegen den Willen der Aktionäre berufen worden sind, würde dagegen den bereits mehrfach dargelegten Grundsatz der Einheit von Entscheidungsgewalt und Risiko verletzen und ist abzulehnen[20].

Gegen das aus der Übernahme des wirtschaftlichen Risikos abgeleitete Recht der Aktionäre, die Aufsichtsratsmitglieder zu wählen, hört man häufig den Einwand, die in Form einer AG geführten Großbetriebe hätten heute eine derartige wirtschaftliche und soziale Bedeutung erlangt, daß die Allgemeinheit ihren Untergang nicht zulassen könne und daher bei wirtschaftlichen Schwierigkeiten diese AG's mit öffentlichen Mitteln saniere. Die Betriebe seien zur Institution geworden, die auf jeden Fall erhalten werde, das Risiko sei dem Aktionär weitgehend abgenommen und vergesellschaftet.

Daran ist so viel richtig, daß Großbetriebe heute in der Tat weitgehend zur Institution geworden sind und im Notfalle auch durch Hilfe aus öffentlichen Mitteln am Leben gehalten werden. Diese Hilfe vollzieht sich aber stets entweder in Form eines Kredits, der zurückgezahlt werden muß, zum Teil verbunden mit der Übernahme von Aktien zu einem der Notlage des Unternehmens entsprechenden niedrigen Kurse, oder in Form einer Bürgschaft für einen von privater Seite gewährten Kredit. Daß bei Notlagen eines Großbetriebes, wenn auf dem üblichen Wege Kredite nicht mehr zu erhalten sind, die öffentliche Hand vielfach Kredithilfe gewährt, mindert allerdings das Risiko der Aktionäre in einem gewissen Umfange; denn sie erhalten so die Chance, daß es dem Unternehmen überhaupt oder jedenfalls schneller gelingt, den Verlust aus zukünftigen Gewinnen abzudecken, so daß ihre Aktien dann wieder einen höheren Wert bekommen. Das ändert aber nichts daran, daß den eingetretenen Verlust das Unternehmen und seine Aktionäre tragen müssen; dem Aktionär verbleibt also doch noch ein so großer Teil des Risikos, daß man nicht von einer Vergesellschaftung des Risikos sprechen kann.

Außer Wirtschaftsdemokratie und Gleichberechtigung von Kapital und Arbeit wird für die Forderung nach paritätischer Besetzung der Aufsichtsräte

---

[20] Darauf, daß mit Rücksicht auf den sozialen Frieden eine Aufhebung oder Änderung des MGBE nicht in Frage kommt, wurde schon S. 13 hingewiesen.

aber noch eine andere Begründung gegeben, die viel schwerer wiegt. Die Aktionäre seien weder gewillt noch in der Lage, ihre Wahl- und Aufsichtsrechte wirklich auszuüben. Ihre Vertrauensleute, die Banken, beschränkten sich auf eine mehr oder minder sorgfältige Überwachung des Unternehmens im finanziellen Bereich mit dem Ergebnis, daß eine wirkliche Kontrolle über die Manager tatsächlich nicht mehr bestehe, sondern Aufsichtsrat und Vorstand in der Praxis völlige Selbständigkeit erlangt hätten. Es sei also ein Hohlraum entstanden, der durch ein neues wirksames Kontrollorgan ausgefüllt werden müsse. Die durch die wirtschaftlichen und sozialen Gegebenheiten designierten Mitglieder dieses Kontrollorgans seien Vertreter von Kapital und Arbeit als Repräsentanten der im Unternehmen tätigen Kräfte und zwar entsprechend der gleichen Wichtigkeit beider Faktoren für das Unternehmen in gleicher Stärke.

Diese Begründung stellt ausschließlich auf die soziologischen Tatsachen ab. Zunächst trifft ihr Ausgangspunkt, die völlige Interesselosigkeit der Aktionäre, nur sehr begrenzt zu. Großaktionäre nehmen ihre Wahl- und Aufsichtsrechte in der Regel wahr. Das tritt nach außen nur nicht so in Erscheinung, weil Wahlvorschläge von Großaktionären gewöhnlich die Unterstützung der anderen Hauptaktionäre finden und durch die Anwesenheit von Vertrauensleuten der Großaktionäre im Aufsichtsrat die Entscheidungen auf ihre Wünsche abgestimmt werden, so daß es kaum zu Kampfabstimmungen oder Protesten in der Hauptversammlung kommt. Kleinaktionäre sind wegen der Entfernung des Ortes der HV von ihrem Wohnsitz sehr häufig gar nicht in der Lage, an der Hauptversammlung persönlich teilzunehmen. Wenn sie sich daher in der Hauptversammlung durch ihren Bankier vertreten lassen, so ist das meist der einzige Weg, ihre Rechte überhaupt auszuüben. Eine derartige Ausübung des Stimmrechts ergibt sich zwangsläufig aus dem Wesen der AG, die dazu dienen soll, auf möglichst breiter Grundlage für ein unternehmerisches Vorhaben Mittel zu beschaffen. Die Depotbanken befolgen bei Stimmabgabe die Weisungen ihrer Kunden und erbitten ausdrücklich Weisungen, falls ihnen bereits vor der Hauptversammlung die Absicht einer Opposition bekannt wird. Man kann also auch das durch Wesen und Organisation der AG bedingte Verhalten der Kleinaktionäre nicht schlechthin als Interesselosigkeit bezeichnen. Außerdem hat die Wirtschaftspresse gerade in letzter Zeit wiederholt von Meinungsverschiedenheiten zwischen Kleinaktionären und Verwaltung berichtet.

Vor allem ist es in unserer Rechtsordnung abgesehen von seltenen Ausnahmefällen nicht verboten, Rechte zur Ausübung auf einen Vertrauensmann zu übertragen. Zwischen Staatsbürger und Bundestagsabgeordneten oder zwischen zahlreichen Arbeitnehmern und einem Spitzenfunktionär der Gewerkschaften ist die soziologische Entfernung mindestens ebenso groß und die tatsächliche Überwachung und Einflußnahme mindestens ebenso gering wie zwischen Aktionär und Aufsichtsratsmitglied. Das ist eine Begleiterscheinung unseres Massenzeitalters. Es ist daher nicht gerechtfertigt, aus dem bei der AG sicherlich bis zu einem gewissen Grade vorhandenen Hohlraum zu folgern, die Aktionäre hätten ihre Rechte verwirkt, es müsse ein neues wirksames Kontrollorgan geschaffen werden. Wenn die Übertragung der Wahl- und Aufsichtsrechte der Aktionäre auf Vertrauenspersonen wirklich manchmal dahin führt, daß eine wirksame Überwachung von Vorstand und Aufsichtsrat nicht mehr stattfindet, so gehen die wirtschaftlichen Folgen dieses Versagens ihrer Vertrauenspersonen zu Lasten der Aktionäre.

Die Auswahl und Überwachung der Manager muß demnach grundsätzlich den Aktionären bzw. den Gesellschaftern einer GmbH. oder Personalgesellschaft als den Trägern des wirtschaftlichen Risikos vorbehalten bleiben. Der Wunsch der Arbeitnehmer nach Sicherheit des Arbeitsplatzes rechtfertigt nicht eine paritätische Beteiligung der Arbeitnehmer an der Unternehmerfunktion durch Mitwirkung bei Auswahl und Überwachung der Manager.

Für eine solche paritätische Mitwirkung besteht auch kein Bedürfnis. Der berechtigte Wunsch der Arbeitnehmer nach einem Maximum sozialer Sicherheit und nach Sicherheit des Arbeitsplatzes sowie andere berechtigte Wünsche der Arbeitnehmer sind dadurch zu erfüllen, daß dem Unternehmer bestimmte Pflichten auferlegt werden. Falls Eigentümer und Träger der Unternehmerfunktion auseinanderfallen, hat auch der Vertrauensmann des Eigentümers, der Manager, diese Pflichten zu beachten. Wenn Manager sich über diese Pflichten hinwegsetzen sollten, muß man allerdings den Arbeitnehmern die Möglichkeit geben, die Manager zum Einhalten ihrer Pflichten zu zwingen. Nur insoweit kann man von einer Beteiligung der Arbeitnehmer an der Überwachung der Manager sprechen[21]. Auf diese Weise werden die berechtigten Interessen der Arbeitnehmer hinreichend gewahrt, ohne daß die Einheit von Entscheidungsgewalt und Risiko zerschlagen wird.

Wie sich die Pflichten der Unternehmer am besten verwirklichen lassen und auf welche Weise man es den Arbeitnehmern ermöglicht, Eigentümer-Unternehmer bzw. Manager notfalls zu zwingen, die ihnen obliegenden Pflichten zu erfüllen, ist eine reine Zweckmäßigkeitsfrage. Man kann der Ansicht sein, daß ein oder mehrere Arbeitnehmervertreter im Aufsichtsrat die zweckmäßigste Lösung sind. Auf diese Frage ist später einzugehen.

c: Zusammenfassung

Aus dem schutzwürdigen Wunsch der Arbeitnehmer nach höchstmöglicher sozialer Sicherheit und Sicherheit des Arbeitsplatzes ergibt sich demnach das Bedürfnis, die folgenden Pflichten des Unternehmers in der Rechtsordnung zu verankern:

1. Willkürliche Kündigungen von Arbeitnehmern zu unterlassen und bei etwa notwendigen Kündigungen die Auswahl der davon betroffenen Arbeitnehmer nach sozialen Gesichtspunkten zu treffen.

[21] Folgerichtig müßte man den Arbeitnehmern auch ein Vetorecht bei der Auswahl der Manager einräumen, wenn mit Sicherheit anzunehmen ist, daß der vorgesehene Manager die Pflichten des Unternehmers gegenüber den Arbeitnehmern nicht beachten wird. Für ein solches Vetorecht besteht jedoch kein Bedürfnis. Es ist kaum anzunehmen, daß die Eigentümer sich eine solche Vertrauensperson auswählen werden. Falls sie es doch tun sollten, können die Arbeitnehmer einen solchen Manager zwingen, seine Pflichten zu erfüllen.

2. Sich bei seiner Unternehmertätigkeit so zu verhalten, daß die wirtschaftlichen und technischen Voraussetzungen einer Weiterbeschäftigung der Arbeitnehmer nach Möglichkeit erhalten bleiben und eine Kündigung nicht notwendig wird (Pflicht zur Erhaltung und Fortführung des Unternehmens mit dargelegtem Inhalt).
3. Den Arbeitnehmern das Recht auf Unterrichtung und Mitberatung in allen Fragen einzuräumen.

II. Angemessener Anteil am Ertrage der gemeinsamen Arbeit

Neben der sozialen Sicherheit ist gute Bezahlung der wichtigste Wunsch der Arbeitnehmer und als Wunsch nach angemessener Bezahlung auch von der Rechtsordnung anzuerkennen. Daraus folgt das Bedürfnis nach einer Pflicht des Unternehmers, den Arbeitnehmern einen angemessenen Anteil am Ertrage der gemeinsamen Arbeit zu gewähren.

Wie die Forschungen der Soziologen gezeigt haben, sind die Arbeitnehmer aber nicht nur an einem angemessenen Ertragsanteil im Verhältnis zum Unternehmer interessiert, sondern mindestens ebenso sehr an einem angemessenen Anteil im Verhältnis zu ihren Mitarbeitern. Nichts verursacht mehr böses Blut in einem Betriebe, als wenn einzelne Arbeitnehmer besser bezahlt werden als andere Arbeitnehmer mit gleicher oder vergleichbarer Tätigkeit oder wenn einzelne Arbeitnehmer oder Gruppen von Arbeitnehmern einen Lohn erhalten, der im Verhältnis zu ihrem Beitrag zur Gesamtleistung des Betriebes zu hoch ist.

Die Rechtsprechung hat aus dem Arbeitsvertrage eine Pflicht des Unternehmers entwickelt, Arbeitnehmern, bei denen die gleichen Verhältnisse vorliegen, auch gleich zu behandeln und insoweit dem Wunsche der Arbeitnehmer bereits entsprochen. Die Pflicht des Unternehmers, einen angemessenen Anteil am Ertrage der gemeinsamen Arbeit zu gewähren, bedeutet aber auch, daß der Unternehmer die verschiedenen Arbeitsvorgänge im Verhältnis zueinander lohnmäßig gerecht einstufen muß.

Die Ansichten darüber, welcher Betrag einen angemessenen Ertragsanteil darstellt, werden allerdings häufig zwischen Unternehmer und Arbeitnehmern auseinandergehen. Die Meinungen über diese Frage haben sich im Laufe der Zeit sehr stark gewandelt und werden weitgehend auch von sozialen, politischen und wirtschaftspolitischen Überzeugungen beeinflußt. Bei Streit über diese Frage sind die Gerichte nach ihrer Besetzung und ihrem Verfahren zur Entscheidung regelmäßig ungeeignet. Wer entscheiden soll und ob es überhaupt zweckmäßig ist, eine zur Entscheidung berufene Stelle zu schaffen, anstatt die Frage der Vereinbarung und notfalls dem Kampf der Beteiligten zu überlassen, ist gleichfalls sehr umstritten. Darauf wird später einzugehen sein.

Die Schwierigkeiten, diese Pflicht im Streitfalle zu verwirklichen, rechtfertigen es aber nicht, sie überhaupt abzulehnen. Allein ihr Vorhandensein und ihre Anerkennung durch die Rechtsordnung wird eine beträchtliche Wirkung haben und zum Ausgleich der sozialen Spannungen beitragen; denn die Unternehmer werden sich in der Regel bemühen, diese Pflicht zu erfüllen. Aber auch wenn man eine Lohnfestsetzung durch den Staat mit oder ohne Planwirtschaft ablehnt, ist diese Pflicht von erheblicher rechtlicher Bedeutung und wird sich in den meisten Fällen durchsetzen lassen.

III. Angemessene Arbeitsbedingungen

Das Verlangen der Arbeitnehmer, möglichst gute Arbeitsbedingungen zu erhalten, ist als Wunsch nach angemessenen Arbeitsbedingungen schutzwürdig und führt zur Pflicht des Unternehmers, den Arbeitnehmern angemessene Arbeitsbedingungen zu gewähren.

Anstatt die folgenden Wünsche der Arbeitnehmer selbständig zu behandeln, könnte man sie auch als Erläuterungen des Wunsches nach guten Arbeitsbedingungen ansehen und die aus ihnen abgeleiteten Pflichten als nähere Beschreibung der Pflicht des Unternehmers, seinen Arbeitnehmern angemessene Arbeitsbedingungen zu gewähren.

IV. Aufstiegsmöglichkeit

Der Unternehmer muß den berechtigten und schutzwürdigen Wunsch der Arbeitnehmer, Aufstiegsmöglichkeiten im Betriebe zu haben, im Rahmen des Möglichen berücksichtigen. Damit wahrt er gleichzeitig seinen eigenen Vorteil; denn er steigert so das Interesse und die Freude an der Arbeit und zieht sich eine mit dem Betrieb verbundene und mit seinen Verhältnissen vertraute Belegschaft heran.

Um diesen Wunsch der Arbeitnehmer möglichst zu erfüllen, wird man dem Unternehmer die Pflicht auferlegen müssen, keine betriebsfremden Personen einzustellen, falls er den betreffenden Arbeitsplatz durch Beförderung eines in gleicher Weise qualifizierten Betriebsangehörigen besetzen kann. Die Entscheidung darüber, ob der Betriebsangehörige ebenso befähigt ist wie der betriebsfremde Bewerber, muß allerdings dem Unternehmer verbleiben. Wenn der Unternehmer als Risikoträger die Auswahl der Rohstoffe und die technische Ausrüstung des Betriebes bestimmt, muß er erst recht über die mindestens ebenso wichtige Frage der Befähigung seiner Mitarbeiter allein entscheiden dürfen; denn er allein trägt die wirtschaftliche Gefahr einer Fehlentscheidung in Personalfragen. Nur darf er auch hier sein Recht nicht mißbrauchen und sich bei seiner Entscheidung von sachfremden Erwägungen, z. B. Rücksicht auf die Rasse, Herkunft oder politische Überzeugung des Bewerbers um die Beförderungsstelle leiten lassen. Bevor der Unternehmer einen Betriebsfremden einstellt, muß er daher prüfen, ob nicht ein in gleicher Weise befähigter betriebsangehöriger Bewerber vorhanden ist.

Das berechtigte Interesse der Arbeitnehmer an Aufstiegsmöglichkeit würde aber auch dann verletzt, wenn der Unternehmer bei Beförderungen innerhalb des Betriebes einzelne Arbeitnehmer trotz höherer Befähigung für die zu besetzende Stelle aus sachfremden Gründen übergeht. Aus der heute allgemein anerkannten Pflicht des Unternehmers, alle seine Arbeitnehmer gleichmäßig zu behandeln, ergibt sich die Teilpflicht, sich bei der Auswahl von betriebsangehörigen Bewerbern um eine Beförderungsstelle nicht von sachfremden Erwägungen beeinflussen zu lassen. Die Entscheidung über die sachliche Eignung der Bewerber steht allerdings aus den oben dargelegten Gründen dem Unternehmer zu.

V. Unterrichtung über alle Vorkommnisse

Aus dem berechtigten und schutzwürdigen Wunsch der Arbeitnehmer nach Unterrichtung über alle Vorkommnisse ergibt sich das Bedürfnis nach einer entsprechenden Pflicht des Unternehmers. Wie bereits gezeigt wurde, dient diese Pflicht gleichzeitig dazu, den Wunsch der Arbeitnehmer nach Sicherheit des Arbeitsplatzes zu erfüllen. Die Grenzen dieser Mitteilungspflicht, die sich aus dem berechtigten Interesse des Unternehmers zur Geheimhaltung bestimmter betrieblicher Vorgänge ergeben, sind bereits oben[22] dargelegt.

VI. Eingliederung in soziale Gruppe

Eines der wichtigsten Arbeitsergebnisse der modernen Soziologie ist die Erkenntnis, daß der Mensch nicht nur ein Individuum, sondern auch ein Gemeinschaftswesen ist und sein Verhalten sehr weitgehend durch Rücksicht auf die Anschauungen der sozialen Gruppen bestimmt wird, denen er angehört. Jeder Mensch strebt danach, ein oder mehreren sozialen Gruppen als anerkanntes und geschätztes Mitglied anzugehören, und wird auch wirtschaftlich unzweckmäßig handeln, um dieses Ziel zu erreichen. Diese Tatsachen werden von den Unternehmern noch viel zu wenig beachtet[23]. In zahlreichen Betriebsuntersuchungen stellte man daher immer wieder den Wunsch der Arbeitnehmer nach Eingliederung in eine Arbeitsgruppe, nach guten Mitarbeitern und Vorgesetzten fest.

Für diesen Wunsch der Arbeitnehmer gibt es noch einen weiteren sehr nüchternen Grund. Die heute übliche Arbeitsteilung erfordert eine weit engere Zusammenarbeit aller Beteiligten als früher; die eigene Arbeitsleistung und das eigene Arbeitsentgelt hängen häufig weitgehend von Sorgfalt, Fleiß und Geschick der Mitarbeiter ab.

Es liegt aber auch im eigensten Interesse des Unternehmers, den Wunsch der Arbeitnehmer nach Eingliederung in eine Gruppe, nach guten Mitarbeitern und Vorgesetzten, zu erfüllen. Auf diese Weise lassen sich u. U. „Blau-Machen" und Arbeitsplatzwechsel erheblich verringern[24]. Die

[22] S. 66.

[23] Darauf weist mit Recht neuestens Potthoff hin, Bergbau und Wirtschaft 1952, 375 (376).

[24] Das wird durch die experimentelle Betriebssoziologie bestätigt. Vgl. z. B. Mayo, Social Problems of an Industrial Civilisation, S. 166, 197; Mayo-Lombard, Teamwork and Labor Turnover in the Aircraft Industry of Southern California. Harvard Business Research Studies Nr. 32/1944.

seelischen Belastungen, das Gefühl des Unbefriedigt-Seins und das Empfinden, eine namenlose verlorene Nummer zu sein, die sich aus der Entwicklung zum Großbetrieb und der ständig zunehmenden Arbeitsteilung ergeben, lassen sich durch erfolgreiche Einordnung in eine Arbeitsgruppe in hohem Maße auffangen. Das wird sich auch auf die Arbeitsleistung günstig auswirken.

Eine funktionsfähige, harmonische und gut zusammenarbeitende Arbeitsgruppe ist also sowohl für den Unternehmer wie für die Arbeitnehmer von großer Wichtigkeit. Daraus ergeben sich als schutzwürdige Wünsche der Arbeitnehmer:

1. nicht durch eine Entscheidung des Unternehmers Mitarbeiter zu erhalten, die sachlich unfähig sind oder durch ihr Verhalten den Arbeitsfrieden stören werden[25];
2. nicht ohne überwiegende betriebliche Erfordernisse gegen ihren Willen an einen anderen Arbeitsplatz versetzt und damit aus ihrer bisherigen Arbeitsgruppe herausgerissen zu werden.

Diesen berechtigten Interessen der Arbeitnehmer entsprechen als Pflichten des Unternehmers:

1. Keine Arbeitnehmer einzustellen, die sachlich unfähig sind oder die den Arbeitsfrieden stören werden.
   Den Arbeitnehmern bzw. dem Betriebsrat ist deshalb Gelegenheit zu geben, Einwendungen gegen neue Mitarbeiter vor der Einstellung vorzubringen. Bei Streit über die sachliche Befähigung verbleibt jedoch die Entscheidung dem Unternehmer[26].
2. Bei Versetzungen innerhalb des Betriebes die berechtigten Wünsche und Interessen der Arbeitnehmer zu berücksichtigen.

Dabei handelt es sich sowohl um ein Gruppeninteresse, nicht durch eine Entscheidung des Unternehmers Gruppenmitglieder zu erhalten, die sachlich unfähig sind oder den Gruppenfrieden stören werden, wie um das Individualinteresse der einzelnen Arbeitnehmer, gegen ihren Willen nur dann versetzt zu werden, wenn dies aus überwiegenden betrieblichen Gründen geboten ist.

Diese Pflicht ließe sich auch aus dem Wunsch der Arbeitnehmer nach Sicherheit des Arbeitsplatzes ableiten, da bei einer Versetzung ihre Stellung in der inoffiziellen Rangordnung des Betriebes oder ihr Lohn oder ihre Arbeitsbedingungen — obwohl dem neuen Arbeitsplatz angemessen — sich

---

[25] Rasse oder Herkunft eines Arbeitnehmers sind kein solches Verhalten, ebenso nicht politische Überzeugung oder die Ablehnung, einer Gewerkschaft beizutreten. Anderenfalls würde indirekt die „negative Koalitionsfreiheit", das Recht der freien Meinungsäußerung und das Recht auf Entfaltung der Persönlichkeit beeinträchtigt. Vom Arbeitnehmer ist nur zu verlangen, daß er innerhalb des Betriebes Propaganda für seine politischen Ansichten unterläßt, wenn dies den Arbeitsfrieden oder die Ordnung des Betriebes stört.

[26] Es gilt hier das gleiche, was S. 72 zur Entscheidung des Streits über die sachliche Eignung betriebsfremder und betriebsangehöriger Bewerber um eine Aufstiegsstelle gesagt wurde.

verschlechtern können. Sie dient ferner dazu, den Arbeitnehmerwunsch nach Achtung vor der Würde und Anerkennung als Mensch zu erfüllen, indem die Arbeitnehmer nicht wie eine beliebig auswechselbare Nummer oder ein lebloses Werkzeug rücksichtslos hin und her geschoben werden.

Der Wunsch der Arbeitnehmer nach guten Vorgesetzten läßt sich nur begrenzt durch Pflichten des Unternehmers erfüllen. Eine gewisse Sicherung gibt die Pflicht des Unternehmers, keine Mitarbeiter einzustellen, die sachlich unfähig sind oder den Arbeitsfrieden stören. Für den Alltag im Betrieb ist es aber weit wichtiger, das Aufsichtspersonal für seine Aufgabe zu schulen, es insbesondere mit den Forschungsergebnissen der modernen Soziologie, Psychologie und Betriebspsychologie bekannt zu machen und ein geeignetes Verfahren zur schnellen und gerechten Erledigung von Beschwerden zu schaffen.

Letzten Endes wird für die menschlichen Beziehungen und die Zusammenarbeit im Betriebe — oft mit dem häßlichen Wort „Betriebsklima" bezeichnet — immer die eigene Haltung und das Vorbild des Unternehmers selbst entscheidend sein.

VII. Behandlung als Mensch und Achtung vor der Menschenwürde

Über die Berechtigung dieses Wunsches der Arbeitnehmer gibt es keinen Zweifel. Man wird sagen dürfen, daß keine Notwendigkeit mehr besteht, eine neue Rechtspflicht zu schaffen, um ihm zu entsprechen; denn nach heutiger Anschauung ist die Pflicht, die Arbeitnehmer als Menschen zu behandeln und ihre Menschenwürde zu achten, Bestandteil eines jeden Arbeitsverhältnisses.

Dieser Wunsch der Arbeitnehmer ist aber durch Rechtspflichten kaum zu fassen. Wenn die Arbeitnehmer Grund zur Klage haben, handelt es sich fast immer um Verstöße, die sich nicht mit Hilfe der Rechtsordnung abstellen lassen, sondern um ein Versagen im Bereich der menschlichen Beziehungen oder eine unzeitgemäße Grundeinstellung des Unternehmers. Hier läßt sich nur durch Aufklärung, Erziehung sowie Wandel der menschlichen Einstellung und durch guten Willen auf beiden Seiten Abhilfe schaffen.

Man kann darüber streiten, ob es zweckmäßig ist, in Gesetze derartig allgemeine ethisch betonte Rechtspflichten aufzunehmen. Man sollte es aber doch ruhig tun. Auch wenn sich daraus nur im begrenzten Maße konkrete durchsetzbare Ansprüche ergeben, so schafft man damit, daß man die Menschenwürde des arbeitenden Menschen ausdrücklich betont und anerkennt, doch eine allgemeine Richtlinie für die Gestaltung des Arbeitsverhältnisses mit erzieherischer und psychologischer Wirkung.

VIII. Zusammenfassung

Berechtigte Interessen der Arbeitnehmer sind nicht immer ausreichend berücksichtigt worden. Es ist deshalb notwendig, die Rechtsordnung an die veränderten wirtschaftlichen, technischen und gesellschaftlichen Verhältnisse anzupassen. Auf diese Weise werden sich auch die gegenwärtigen schweren sozialen Spannungen verringern lassen, an deren Beseitigung besonders die Allgemeinheit ein großes Interesse hat. Der Schutz der berechtigten Interessen der Arbeitnehmer läßt sich nur durch Gebote der Rechtsordnung an die Unternehmer erreichen. Die Rechtsordnung muß die bisherige Handlungsfreiheit der Unternehmer einschränken und ihnen rechtlich anerkannte und durchsetzbare Pflichten auferlegen. Ohne die Einheit von Risiko und Entscheidungsgewalt zu zerstören, muß sichergestellt werden, daß die Unternehmer die ihnen mit Recht zugebilligte Entscheidungsmacht nicht mißbrauchen und die Interessen der Arbeitnehmer gerecht berücksichtigen. Inhalt und Umfang der Gebote an die Unternehmer ergeben sich aus der Abwägung der beiderseitigen berechtigten Interessen. Wir haben so festgestellt, daß ein Bedürfnis nach folgenden Pflichten der Unternehmer besteht:

1. willkürliche Kündigungen von Arbeitnehmern zu unterlassen und bei etwa notwendigen Kündigungen die Auswahl der davon betroffenen Arbeitnehmer nach sozialen Gesichtspunkten vorzunehmen,

2. sich bei der Unternehmertätigkeit so zu verhalten, daß die wirtschaftlichen und technischen Voraussetzungen einer Weiterbeschäftigung der Arbeitnehmer nach Möglichkeit erhalten bleiben und eine Kündigung nicht notwendig wird (Pflicht zur Erhaltung und Fortführung des Unternehmens mit dargelegtem Inhalt),

3. den Arbeitnehmern das Recht auf Unterrichtung und Mitberatung in allen Fragen einzuräumen,

4. den Arbeitnehmern einen angemessenen Anteil am Ertrage der gemeinsamen Arbeit zu gewähren, und zwar nicht nur im Verhältnis zum Unternehmeranteil, sondern auch im Verhältnis zum Anteil der anderen Arbeitnehmer,

5. den Arbeitnehmern angemessene Arbeitsbedingungen zu gewähren,

6. keine betriebsfremden Personen in Beförderungsstellen einzustellen, falls gleichqualifizierte Betriebsangehörige vorhanden sind, und bei der Besetzung von Beförderungsstellen durch Betriebsangehörige nicht besser geeignete Betriebsangehörige aus sachfremden Gründen zu übergehen,

7. keine Arbeitnehmer einzustellen, die sachlich unfähig sind oder durch ihr Verhalten den Arbeitsfrieden stören werden,

8. bei Versetzungen die berechtigten Wünsche und Interessen der Arbeitnehmer zu berücksichtigen und Arbeitnehmer gegen ihren Willen nur dann zu versetzen, wenn dies aus überwiegenden betrieblichen Gründen geboten ist,

9. allgemein die Arbeitnehmer als Menschen zu behandeln und ihre Menschenwürde zu achten.

ZWEITER ABSCHNITT:

DIE STELLUNGNAHME DER CHRISTLICHEN GESELLSCHAFTS-LEHRE

Die christliche Gesellschaftslehre, die ihrer Natur nach an den ganzen Fragenkreis stärker unter religiösen und ethischen Aspekten herangeht, bejaht aus ihrer Sicht im wesentlichen die gleichen Pflichten des Unternehmers und befürwortet in Erkenntnis der menschlichen Unzulänglichkeiten ihre Übernahme als durchsetzbare Pflichten in die Rechtsordnung. Die Pflichten werden nur — anders als in dieser Arbeit — vorwiegend aus der religiösen und ethischen Verpflichtung des Unternehmers und aus den Lehren des Christentums in Anpassung an die heutigen wirtschaftlichen und sozialen Verhältnisse abgeleitet[27].

DRITTER ABSCHNITT:

DIE VEREINBARKEIT DER NOTWENDIGEN UNTERNEHMER-PFLICHTEN MIT DEM GRUNDGESETZ

Die Pflicht, über betriebsnotwendige Unternehmengegenstände nicht willkürlich zu verfügen, übermäßige Entnahmen zu unterlassen, notwendige Investitionen vorzunehmen, das Unternehmen nur unter bestimmten Voraussetzungen zu schließen oder es an einen anderen Ort zu verlegen, sowie die Pflicht, u. U. den Betriebszweck zu ändern oder eine solche Änderung zu unterlassen, verletzen möglicherweise das in Art. 14 GG garantierte Grundrecht „Eigentum" oder sind mindestens eine entschädigungspflichtige Enteignung. Die weiter als notwendig erkannten Pflichten des Unternehmers, den Arbeitnehmern das Recht auf Unterrichtung und Mitberatung einzuräumen, ihnen einen angemessenen Anteil am Ertrage der gemeinsamen Arbeit und angemessene Arbeitsbedingungen zu gewähren, bei Einstellungen, Beförderungen und Versetzungen gewisse Grundsätze zu beachten und sozialwidrige Kündigungen zu unterlassen, beschränken die allgemeine Handlungsfreiheit des Unternehmers und könnten somit das durch Art. 2 GG geschützte Recht auf freie Entfaltung der Persönlichkeit beeinträchtigen.

I. Verletzung des Grundrechts Eigentum?

Das Grundgesetz gewährt dem Eigentum einen doppelten Schutz. Zunächst wird durch Art. 19 Abs. II in Verbindung mit Art. 14 das Privateigentum als Institution zum unantastbaren Teil unserer verfassungsmäßigen Ordnung erklärt. Alle Maßnahmen, die darauf abzielen oder zum Ergebnis

---

[27] Vgl. im einzelnen die Enzykliken Papst Leo XIII. „Rerum Novarum", insbes. Ziff. 29—31, 52—58, 64, und Papst Pius XI. „Quadragesimo Anno", insbes. Ziff. 49, 54, 57, 61, 71 ff.; die Stellungnahmen der katholischen Gesellschaftslehre "Verantwortung und Mitverantwortung in der Wirtschaft", hrsg. von Kardinal Frings, und der evangelischen Kirche: Eberhard Müller, Recht und Gerechtigkeit in der Mitbestimmung.

haben, das Privateigentum allgemein abzuschaffen oder es in seinem Wesensgehalt anzutasten, würden demnach verfassungswidrig sein. Ferner sind nach Art. 14 GG Eingriffe des Staates in das Individualeigentum, soweit sie über die allgemeine Sozialbindung des Eigentums hinausgehen, nur unter den dort genannten Voraussetzungen zulässig; insbesondere darf eine Enteignung nur gegen angemessene Entschädigung erfolgen.

Die Garantie des Privateigentums als Institution folgt aus unserer geistigen und geschichtlichen Überlieferung und den allgemeinen Anschauungen über die anzustrebende Rechts- und Wirtschaftsordnung. Der Einzelne braucht, um unter seinesgleichen frei und selbstverantwortlich leben zu können und nicht zum bloßen Objekt einer übermächtigen Staatsgewalt zu werden, also um seiner Freiheit und Würde willen, eine rechtlich streng gesicherte Sphäre des Eigentums[28].

Wenn man dem Unternehmer die hier als notwendig erkannten Pflichten auferlegt, so wird dadurch das Privateigentum als Institution nicht beseitigt. Es wird aber auch nicht in seinem Wesensgehalt angetastet und damit der Zweck dieser institutionellen Garantie gefährdet; denn die Rechtspflichten des Unternehmers schwächen weder unmittelbar noch mittelbar seine Rechtsstellung gegenüber dem Staat und bringen dem Staat keinen Machtzuwachs, sondern beschränken nur die Handlungsfreiheit des Unternehmers zu Gunsten seiner Nächsten, der Arbeitnehmer. Trotz dieser Beschränkung bleibt dem Unternehmer noch Spielraum genug, um frei und selbstverantwortlich leben und seine Persönlichkeit entfalten zu können.

Die hier entwickelten Rechtspflichten des Unternehmers verstoßen also nicht gegen die im Grundgesetz verankerte Garantie des Privateigentums als Teil unserer verfassungsmäßigen Ordnung. Sie beschränken aber ohne Zweifel Inhalt und Verwendungsmöglichkeit gewisser Gruppen von Individualeigentum. Wir müssen daher fragen, ob durch diese Rechtspflichten nur Inhalt und Schranken des Eigentums der Unternehmer bestimmt werden, wie es Art. 14 Abs. II GG ausdrücklich vorsieht, oder ob diese neuen Rechtspflichten eine entschädigungspflichtige Enteignung gemäß Art. 14 Abs. III GG darstellen. Da dann die Unternehmer einen Anspruch auf angemessene Entschädigung hätten, dürfte es bei der gegenwärtigen Finanzlage des Bundes kaum möglich sein, diese Pflichten den Unternehmern aufzuerlegen.

Es ist eine alte und auch heute noch nicht einhellig gelöste Streitfrage, wann ein Gesetz lediglich Inhalt und Schranken des Eigentums bestimmt, also die allgemeine Sozialbindung des Eigentums präzisiert, bzw. wann ein Verwaltungsakt, der Rechte des Einzelnen beeinträchtigt, sich noch im Rahmen dieser allgemeinen Sozialbindung hält, und wann das Gesetz bzw. der Verwaltungsakt eine entschädigungspflichtige Enteignung darstellen. Einigkeit besteht wohl heute nur darüber, daß im Gegensatz zur „klassischen Enteignung" nicht nur das Eigentum, sondern auch sonstige vermögenswerte Rechte enteignungsfähig sind, daß nicht nur die Entziehung, sondern schon die Beschränkung oder Belastung eines Rechts eine Enteignung sein und daß der entschädigungspflichtige Eingriff auch durch ein Gesetz erfolgen kann.

---

[28] So BGH, Gr. Senat f. Zivilsachen, NJW. 1952, 972; OVG Hamburg, MDR 1950, 504.

Die herrschende Rechtsprechung und Lehre nimmt eine Enteignung dann an, wenn es sich um einen nach Dauer und Stärke wesentlichen hoheitlichen Eingriff handelt und damit von Einzelnen oder Gruppen ein ungleich treffendes, den übrigen nicht zugemutetes Sonderopfer für die Allgemeinheit verlangt wird[29]. Zum Teil wird als weiteres Merkmal der entschädigungspflichtigen Enteignung noch gefordert, daß auch bei Berücksichtigung der Sozialgebundenheit aller privaten Vermögensrechte eine entschädigungslose Entziehung oder Beschränkung ihrer Rechte den Betrofenen nicht zugemutet werden kann[30].

Ob ein ungleich treffendes, über die allgemeine Gemeinschaftsverpflichtung hinausgehendes Sonderopfer eines Einzelnen oder einer Gruppe vorliegt, läßt sich nur durch Vergleichen feststellen. Man muß sich also zunächst über das Maß der Sozialgebundenheit privater Vermögensrechte klar werden. Dabei ist zu beachten, daß das allgemeine Rechtsbewußtsein in der Frage der Eigentumsbindung einer ständigen Wandlung unterliegt und insbesondere in Not- und Krisenzeiten eine stärkere Gebundenheit als in normalen Zeiten als gerechtfertigt anerkennt. Ferner ist zu berücksichtigen, daß das Maß der sozialen Verpflichtung nicht für alle privaten Vermögensrechte unterschiedslos gleich ist, sondern beeinflußt wird von der Stellung des Rechtes und seines Inhabers und ihrer Einordnung in das Leben der Gesamtheit. Vielfache Abstufungen sind für ein geordnetes Zusammenleben notwendig und zulässig, insbesondere darf man einzelnen Gruppen von Eigentümern stärkere Bindungen auferlegen[31], ohne damit bereits gegen den Gleichheitsgrundsatz zu verstoßen und von den Betroffenen schon ein Sonderopfer zu verlangen.

Falls der Eingriff sich nur gegen einen Einzelnen richtet, läßt sich durch Vergleichen verhältnismäßig leicht ermitteln, ob von ihm mehr verlangt wird als von anderen Angehörigen seiner Gruppe, ob also ein Einzelakt, ein ungleich treffendes Sonderopfer vorliegt und der Betroffene daher zur Wiederherstellung der gestörten Gleichheit eine Entschädigung beanspruchen kann. Oft wird allerdings in solchen Fällen streitig werden, ob es sich wirklich um ein Sonderopfer handelt oder ob sich die Sozialgebundenheit der ganzen Gruppe inzwischen derart gesteigert hat, daß kein Sonderopfer mehr vorliegt. Um über den Entschädigungsanspruch des Einzelnen urteilen zu können, muß man dann über Art und Umfang der Sozialgebundenheit der

---

[29] Anschütz, Komm. z. Reichsverfassung, Art. 153, Anm. 7; Bonner Kommentar, Art. 14 II 7; v. Mangoldt, Bonner Grundgesetz Art. 14 Anm. 5, 6; Staatsgerichtshof f. d. Deutsche Reich, RG 124, Anh. S. 53; RG in ständiger Rspr. z. B. 135, 311; 136, 124; 150, 13; OHG 1, 99; Dt. Obergericht, NJW 1950, 540; BGH Gr. ZS NJW 1952, 972. Vgl. zur Problematik der Enteignung ferner das Referat von Ipsen auf der Staatsrechtslehrertagung 1951, Heft 10 d. Veröff. d. Vereinigg. d. Staatsrechtslehrer, S. 74 ff.; Forsthoff, Lehrbuch des Verwaltungsrechts. 2. Aufl., Bd. I, 254 ff.; Hamann, NJW 1952, 401 und Rechtsstaat und Wirtschaftslenkung, S. 83 ff.

[30] Dt. Obergericht, NJW 1950, 540; OVG Hamburg, MDR 1950, 180 und 758; DVBl. 1952, 246; OLG Hamburg, MDR 1951, 178; gegen dieses weitere Merkmal der BGH, Gr. ZS NJW 1952, 972 mit überzeugenden Gründen.

[31] So OGH 1, 99.

ganzen Gruppe entscheiden. Vor der gleichen Aufgabe steht die Rechtsprechung, wenn die streitige Maßnahme sich von Anfang an nicht gegen einen Einzelnen, sondern gegen eine ganze Gruppe von Eigentümern richtete.

Wann dienen ein Gesetz oder ein Verwaltungsakt nur dazu, im Rahmen der vielfachen Abstufung der Sozialgebundenheit privater Vermögensrechte Inhalt und Schranken von Gruppeneigentum zu bestimmen, wann sind sie ein ungleich treffender entschädigungspflichtiger Eingriff in das Eigentum einer Gruppe von Eigentümern?

Die Entschädigung soll ein Ausgleich für die Benachteiligung der Betroffenen sein und den durch den Eingriff gestörten Gleichheitszustand wiederherstellen. Es kommt daher entscheidend auf die Auswahl der Gruppe an, innerhalb derer der Gleichheitsgrundsatz verwirklicht werden soll. Je nach der Grenzziehung ergibt sich eine entschädigungslose allgemeine Bestimmung von Inhalt und Schranken des (Gruppen)-Eigentums oder eine entschädigungspflichtige Enteignung, ein ungleich treffender Eingriff in das Eigentum einer Gruppe von Eigentümern. Wenn z. B. an alle Grundstückseigentümer eines völlig kriegszerstörten Stadtteils ein Bauverbot auf zehn Jahre ergeht, um in Ruhe im Rahmen einer großzügigen Stadtplanung einen neuen Bebauungsplan aufstellen zu können, so würde dieses Bauverbot ein ungleich treffendes Sonderopfer sein, wenn man als Vergleichsmaßstab alle Grundstückseigentümer der ganzen Stadt nimmt, dagegen kein Sonderopfer, wenn man den Vergleich auf alle Grundstückseigentümer dieses Stadtteils beschränkt.

Die Auswahl der Gruppe, die als Vergleichsmaßstab zu dienen hat, wird von den allgemeinen Anschauungen und den Umständen des einzelnen Falles abhängen. Man wird nur so viel sagen dürfen: Je stärker der Eingriff nach Dauer und Intensität und je größer das Opfer, das noch mit der allgemeinen Sozialbindung der Gruppe gerechtfertigt werden soll, um so größer muß die Gruppe sein, die als Vergleichsmaßstab dient, deren Angehörige also den gleichen Beschränkungen ihrer Rechte unterworfen sind.

Wenn man die hier entwickelten Pflichten des Unternehmers unter diesen Gesichtspunkten prüft, so zeigt sich, daß den Unternehmern bei der Verwendung ihres Eigentums noch ein sehr großer Spielraum bleibt. Praktisch wird von ihnen nur verlangt, bei einer Interessenkollision die Interessen der Arbeitnehmer nicht rücksichtslos zu übergehen, sondern bei ihrer Entscheidung die Interessen der Arbeitnehmer in gleicher Weise wie ihre eigenen gerecht zu berücksichtigen. Wenn man ferner bedenkt, daß heute nach den allgemein herrschenden Anschauungen die Sozialgebundenheit aller privaten Vermögensrechte weit größer ist als etwa um die Jahrhundertwende und jeder Rechtsgenosse bei seinem Handeln auf seinen Nächsten viel mehr Rücksicht nehmen muß, erscheint das von den Unternehmern zum Wohle der Allgemeinheit verlangte Opfer nicht zu groß. Außerdem erhalten die Unternehmer noch einen gewissen Gegenwert für ihren Rechtsverlust; denn durch den Ausgleich der sozialen Spannungen und die größere Zufriedenheit der Arbeitnehmer wird sich die Produktivität der Betriebe erhöhen. Von der Beschränkung ihres Eigentumsrechts werden alle Unternehmer gleichmäßig betroffen, also eine sehr zahlreiche Gruppe der Bevölkerung.

Bei dieser Sachlage wird man die Gruppe „Unternehmer" als ausreichenden und gerechten Maßstab für die Gleichbehandlung ansehen dürfen. Denn Art und Stärke des Eingriffs sowie die Größe des verlangten Opfers stehen in angemessenem Verhältnis zum Umfang der als Vergleichsmaßstab gewählten Gruppe, innerhalb derer eine Gleichbehandlung erfolgt. Durch die als notwendig erkannten Rechtspflichten wird also nicht einer Gruppe von Eigentümern ein ungleich treffendes Sonderopfer auferlegt, sondern es wird in zulässiger Weise Inhalt und Schranken des unternehmerisch genutzten Eigentums bestimmt und damit das Bekenntnis des GG zum Sozialstaat (Art. 20, 28, 79 GG) aus einer unverbindlichen Formel in die Verfassungswirklichkeit überführt.

Auch wenn man der sog. Schutzwürdigkeitstheorie folgt, gelangt man zum gleichen Ergebnis; denn im Hinblick auf die Sozialgebundenheit allen Eigentums sind diese Beschränkungen nach den heutigen allgemeinen Anschauungen und Wertauffassungen den Unternehmern auch ohne Entschädigung zuzumuten.

II. Verletzung des Grundrechts auf Entfaltung der Persönlichkeit?

Durch die notwendigen Pflichten wird nicht nur das Eigentum, sondern auch die allgemeine Handlungsfreiheit der Unternehmer beschränkt. Manche Unternehmer werden geneigt sein, diese Pflichten als unvereinbar mit der notwendigen Freiheit eines Unternehmers abzulehnen, und werden sich auf das in Art. 2 Abs. I GG gewährleistete Grundrecht der freien Entfaltung der Persönlichkeit berufen.

Art. 2 Abs. I GG spricht den Leitgedanken aus, unter den die folgenden Grundrechte gestellt sind und den sie für die einzelnen Lebensgebiete dann schärfer umreißen. Durch Art. 2 Abs. I GG soll der Gegensatz zu den Auffassungen der Zeit von 1933—1945 betont werden. Er enthält das Gebot an die öffentliche Gewalt, der Einzelpersönlichkeit Raum zum Leben und Wirken zu lassen und auf ein übermäßiges Zurückdrängen des Einzelnen zu Gunsten des Staates zu verzichten, nicht aus dem Einzelnen einen willen- und einflußlosen Teil einer uniformen, von einer kleinen Gruppe von Funktionären gelenkten Masse zu machen. Art. 2 Abs. I GG garantiert aber dem Einzelnen nicht schrankenlose Handlungsfreiheit, sondern beschränkt den dem Einzelnen zustehenden Handlungsraum durch die „verfassungsmäßige Ordnung", das heißt die tragenden Prinzipien der staatlichen Ordnung[82], durch das Sittengesetz und die „Rechte anderer". Der öffentlichen Gewalt steht es also frei — und im Interesse eines geordneten Zusammenlebens wird sie von diesem Recht Gebrauch machen müssen —, die

---

[82] Wernicke, in Bonner Komm., Art. 2 II 1 b, Art. 9 II 2 c; Krüger, Grundgesetz und Kartellgesetzgebung, S. 22 ff.; Hamann, Rechtsstaat und Wirtschaftslenkung, S. 64; zu weitgehend v. Mangoldt, Bonner Grundgesetz, Art. 2 Anm. 2.

allgemeine Handlungsfreiheit in gewissem Umfange zu beschränken, indem sie „die Rechte anderer" durch Gesetz oder Verwaltungsakt näher bestimmt und sie entsprechend der allgemeinen Entwicklung notfalls auch erweitert. Nur darf sie dabei den Grundgedanken des Art. 2 Abs. I sowie die folgenden Grundrechte nicht verletzen[34].

Mit den hier als notwendig erkannten Pflichten des Unternehmers werden lediglich im Zuge der Entwicklung zum „demokratischen und sozialen Bundesstaat" (Art. 20 GG) „die Rechte anderer", nämlich der Arbeitnehmer, in zulässiger Weise näher umschrieben. Die Einheit von Entscheidungsgewalt und Risiko wird nicht zerschlagen. Den Unternehmern verbleibt für ihre Tätigkeit und Initiative noch ein derart großer Bereich, daß man nicht gut von einer ernsten Gefährdung des Rechts auf freie Entfaltung der Persönkeit sprechen kann. Auch die in den folgenden Artikeln genannten Grundrechte, insbesondere das Eigentum[35] werden nicht verletzt.

Die hier befürworteten Pflichten der Unternehmer sind demnach mit dem Bonner Grundgesetz vereinbar.

DRITTER TEIL:

DIE DURCHSETZUNG DER UNTERNEHMERPFLICHTEN

Es genügt nicht, die Pflichten des Unternehmers nur als ethische Gebote aufzustellen. Zu glauben, daß sie schon dann in der harten Wirklichkeit der Wirtschaft allgemein beachtet werden würden, wäre lebensfremd. Das Streben nach dem eigenen Vorteil und nach Gewinn ist einer der Urtriebe des Menschen; deshalb wird die Versuchung immer sehr groß sein, diese Gebote zu mißachten. Es muß daher die Möglichkeit bestehen, die hier als erforderlich erkannten Pflichten des Unternehmers notfalls auch zwangsweise mit Mitteln der Rechtsordnung durchzusetzen. Nur dann können sie ihre Aufgabe erfüllen, die berechtigten Interessen der Arbeitnehmer wirksam zu schützen und zugleich einen wesentlichen Beitrag zum Ausgleich der sozialen Spannungen zu leisten; denn die Arbeitnehmer lehnen es heute allgemein ab, das Objekt einer — möglicherweise äußerst umfassenden — patriarchalischen Fürsorge des Unternehmers zu sein, und verlangen zum Schutze ihrer Interessen klare durchsetzbare Rechte.

Zwei Wege sind möglich. Entweder übernimmt es der Staat, darüber zu wachen, daß der Unternehmer die ihm obliegenden Pflichten erfüllt, oder die Arbeitnehmer selbst erhalten die Möglichkeit, ihre Interessen wirksam zu vertreten. Daß der zweite Weg den Vorzug verdient, bedarf keiner weiteren Ausführungen.

---

[34] Ebenso Wernicke, a.a.O.

[35] Siehe S. 77 ff.

Zu diesem Zweck müssen die Arbeitnehmer das Recht erhalten, auf die Entscheidungen des Unternehmers Einfluß zu nehmen. Das kann durch Mitwirken bei der Entscheidung selbst oder durch nachträgliche Anfechtungs- oder Nichtigkeitsklage geschehen. Für die Teilnahme an der Entscheidung sind wieder zahlreiche Grade vom einfachen Recht auf Gehör über Mitberatung, Vetorecht bis zur gleichberechtigten Mitentscheidung möglich. Alle diese Formen der Einflußnahme der Arbeitnehmer auf die Entscheidungen des Unternehmers sollen hier unter dem Begriff „Mitbestimmung" zusammengefaßt werden[1].

Wir werden jetzt zu prüfen haben, ob und in welcher Form unsere Rechtsordnung den Arbeitnehmern die Möglichkeit gibt, durchzusetzen, daß die Unternehmer die ihnen obliegenden Pflichten erfüllen. Durch die Zuordnung der insbesondere durch das MGBE und das BVG den Arbeitnehmern gewährten Rechte zu bestimmten Unternehmerpflichten wird es möglich sein, Klarheit über die Berechtigung, Aufgabe und Tragweite dieser Rechte zu gewinnen. Dann wird sich auch zeigen, ob besonders das neue BVG in zahlreichen Punkten so unbefriedigend ist, daß die Gewerkschaften mit Recht seine Änderung mit allen demokratischen Mitteln anstreben. Vorab sind jedoch noch einige Grundfragen allgemeiner Art zu klären.

ERSTER ABSCHNITT: GRUNDFRAGEN

I. Mitbestimmung und Wirtschaftsverfassung

Neben der Mitbestimmung sind heute Fragen der Wirtschaftsverfassung wie Planwirtschaft oder freie Marktwirtschaft, Sozialisierung der Grundstoffindustrien oder private Unternehmen Gegenstand einer heftigen öffentlichen Auseinandersetzung. Man hat dabei manchmal den Eindruck, daß Möglichkeiten und Ziele der Mitbestimmung einerseits, der Wirtschaftsverfassung andererseits nicht immer ganz scharf auseinandergehalten werden und sich daraus vermeidbare Unklarheiten und Schärfen im Meinungskampf ergeben. Es erscheint daher zweckmäßig, hier auch auf das Verhältnis zwischen Mitbestimmung und Wirtschaftsverfassung einzugehen.

Die sog. „Freiburger Schule" in der Volkswirtschaftslehre, Walter Eucken und seine Schüler, vertreten die Ansicht, daß jedes Volk in seiner Verfassung oder durch andere grundlegende Gesetze eine bestimmte Entscheidung über Form und Ablauf seines wirtschaftlichen Lebens zu Gunsten einer bestimmten, von Eucken und seinen Schülern typisierten Wirtschaftsdoktrin trifft. Wenn sich Gesetzgeber, Verwaltung und Rechtsprechung nicht dem Vorwurf aussetzen wollen, ihre Aufgaben und Pflichten zu verkennen, müssen sie sich nach dieser Lehre bei Erlaß, Anwendung und Auslegung der Gesetze an diese Wirtschaftsordnung halten und sind zum Eingreifen

[1] Zur Rechtfertigung dieses Sprachgebrauchs siehe S. 14 Anm. 6.

verpflichtet, wenn die Wirtschaft dem Buchstaben oder dem Geist dieser Ordnung zuwiderhandelt[2].

Ob sich die Staaten regelmäßig neben ihrer politischen Verfassung eine Wirtschaftsverfassung in diesem Sinne geben, wird man mit Recht bezweifeln können[3]. Die modernen Verfassungen sind meist das Ergebnis eines Kompromisses widerstreitender Anschauungen; sie streben daher nach einer gewissen Elastizität und vermeiden es, wirtschaftliche Theorien und Ideologien in die Verfassung einzuzementieren[4].

Das gilt auch für das Bonner Grundgesetz[5]. Es geht zwar von Demokratie, Menschenwürde, freier Entfaltung der Persönlichkeit und Privateigentum als anerkannten Werten der verfassungsmäßigen Ordnung aus, läßt aber in Art. 15 einen weiten Spielraum für die Sozialisierung von Grund und Boden, Naturschätzen und Produktionsmitteln und betont in Art. 14 Abs. II die soziale Verpflichtung allen Eigentums. Der Gesetzgeber kann daher, wenn er nur die in Art. 2 ff. garantierten Grundrechte beachtet, den Tätigkeitsbereich des Einzelnen stark beeinflussen, indem er die „Rechte anderer" (Art. 2 Abs. I) näher umreißt, und kann „Inhalt und Schranken des Eigentums" durch Gesetz bestimmen (Art. 14 Abs. I), solange er nur das Grundrecht Eigentum in seinem Wesensgehalt nicht antastet. Dieser Rahmen ist so weit, daß alle Wirtschaftssysteme von der liberalen Marktwirtschaft bis zur vollen Planwirtschaft mit weitgehender Sozialisierung in ihn hineinpassen[6].

Da das Grundgesetz keine bestimmte Wirtschaftsverfassung im Sinne der „Freiburger Schule" enthält, brauchen wir nicht zu prüfen, ob die in dieser Arbeit entwickelten Pflichten der Unternehmer mit der „Wirtschaftsverfassung" im Sinne Euckens vereinbar sind. Eucken und seinen Schülern

---

[2] Eucken, Die Grundlagen der Nationalökonomie, 5. Aufl., S. 76 ff.; ORDO, Bd. II, S. 1 ff.; Böhm, Die Ordnung der Wirtschaft als geschichtliche Aufgabe und rechtsschöpferische Leistung, Vorwort d. Herausgeber, S. XIX und Böhm, S. 39, 92 ff. und öfter; vgl. ferner Nipperdey, DRZ 1950, 193 ff.; Raiser, Wirtschaftsverfassung als Rechtsproblem, in Festschr. f. Julius v. Gierke, S. 181 ff.

[3] So eingehend Krüger, Grundgesetz und Kartellgesetzgebung, S. 5 ff.; offenbar auch Raiser, 39. Juristentag, S. 57 ff.

[4] Eine Ausnahme bilden nur die Sowjetunion und die DDR, die sich in Art. 4 der Verfassung von 1947 bzw. Art. 19 ff. der Verfassung der DDR vom 7. 10. 1949 auf das sozialistische Wirtschaftssystem und Staatseigentum an den Produktionsmitteln festgelegt haben.

[5] So Krüger, a.a.O., S. 10; Raiser in Festschrift f. v. Gierke, S. 192 und 39. Juristentag, S. 58; Würdinger, Betrieb 1953, 226 u. WuW 1953, 721 ff.; Hamann, Rechtsstaat und Wirtschaftslenkung, S. 31; Huber, Wirtschaftsverwaltungsrecht, 2. Aufl., Bd. 1, S. 30; BVfGer. BB 1954, 653. Ob das GG darüber hinaus als ungeschriebenen Verfassungsgrundsatz eine Pflicht zur wirtschaftspolitischen Neutralität enthält — so Krüger, DVBl 1951, 361 ff.; Hamann, a.a.O.; a. A. BVfGer. a.a.O. —, kann hier dahingestellt bleiben, da die betriebliche Mitbestimmung wirtschaftspolitisch neutral ist.

[6] A. A. anscheinend Huber, a.a.O., S. 31; Nipperdey, WuW 1954, 211, der annimmt, daß die Wirtschaftsverfassung der sozialen Marktwirtschaft im GG festgelegt ist.

ist jedoch zuzugeben, daß es wünschenswert wäre, wenn alle gegenwärtigen und zukünftigen Normen der Rechtsordnung und insbesondere des Wirtschaftsrechts Ausdruck einer einheitlichen wirtschaftspolitischen Schau wären, damit die Regelungen auf den einzelnen Gebieten nicht einander widersprechen und so ihre Ordnungswirkung weitgehend verlorengeht. Es wäre weiter wünschenswert, daß auch Verwaltung und Rechtsprechung bei der Anwendung und Auslegung dieser Normen die gleiche Linie einhielten. Da jedoch in den Demokratien eine bindende Entscheidung in der Verfassung regelmäßig fehlt, wird eine eindeutige Entscheidung des Wirtschaftsrechts zu Gunsten einer bestimmten Doktrin kaum zustandekommen. Sie könnte sich nur aus der einheitlichen Auffassung und Fortentwicklung der bestehenden Gesetze ergeben. Meist sind aber die bestehenden Gesetze schon Ausdruck verschiedener wirtschaftspolitischer Lehren und die Meinungen über Sinn und Tragweite dieser Gesetze sowie über die wünschenswerte zukünftige Entwicklung gehen in der Regel erst recht auseinander.

Unter diesen Umständen wird man den Begriff „Wirtschaftsverfassung" bescheidener auslegen müssen und darunter die Gesamtheit der Normen zu verstehen haben, die Form und Ablauf des wirtschaftlichen Lebens regeln[7]. Soweit es die politischen und wirtschaftlichen Tatsachen zulassen, werden Regierung, Verwaltung und Gerichte sowie die am Wirtschaftsverkehr Beteiligten sich bemühen, diese Normen nach einer ihnen richtig erscheinenden wirtschaftlichen Gesamtentscheidung zu gestalten und auszulegen. Die jeweilige, u. U. recht unterschiedliche wirtschaftspolitische Konzeption der Beteiligten wird sich daher in mehr oder minder großem Maße in den Normen der Wirtschaftsverfassung niederschlagen. Wenn es einer wirtschaftspolitischen Richtung gelingt, ihre Gedanken weitgehend durchzusetzen, kann man diese Gedanken zwar auch als Teil der Wirtschaftsverfassung bezeichnen, darf aber nicht vergessen, daß damit nur ein gegenwärtiger Zustand beschrieben wird, dieser Zustand jedoch keinen Bestandschutz genießt.

Um das Verhältnis zwischen Mitbestimmung und Wirtschaftsverfassung zu klären, ist es aber nicht nötig, sich für eine der verschiedenen Auffassungen über Begriff und Wirkung der Wirtschaftsverfassung zu entscheiden. Wir hatten bereits festgestellt, daß die betriebliche Mitbestimmung nicht das geeignete Mittel ist, um gegenüber den Unternehmern Interessen der Allgemeinheit durchzusetzen. Ebenso wenig kann man mit ihrer Hilfe die allgemeine Wirtschaftspolitik steuern und auf diesem außerparlamentarischen Umwege bestimmte wirtschaftspolitische Ziele durchsetzen. Gerade das kann gar nicht stark genug betont werden. Die betriebliche Mitbestimmung hat nur die Aufgabe, den möglichen Mißbrauch der dem Unternehmer zustehenden Macht zu verhüten und es den Arbeitnehmern zu ermöglichen, ihre Interessen wirksam zu wahren. Um welche Interessen es sich dabei handelt, wurde bereits eingehend dargelegt.

---

[7] Wie hier Raiser, 39. Juristentag, S. 58; eine eingehende Darstellung der verschiedenen Auffassungen und der Versuche einer Systematisierung geben Eichler, Wirtschaftsrecht, 1950 und Huber, Wirtschaftsverwaltungsrecht, 2. Aufl., S. 20 ff.

Diese Interessen der Arbeitnehmer und die Möglichkeit ihrer Gefährdung bleiben aber völlig unverändert, gleichgültig ob die Anhänger einer extrem liberalen Marktwirtschaft oder die Anhänger einer totalen Planwirtschaft die Wirtschaftspolitik bestimmen. In einer totalen Planwirtschaft kann sich die Stellung der Arbeitnehmer sogar leicht verschlechtern, weil sie sich ihnen nachteiligen Entscheidungen des Unternehmers ohne Widerspruch fügen müssen, wenn diese Entscheidungen im Einklang mit dem Plan stehen und seiner Erfüllung dienen. Ob die Arbeitnehmer zum Ausgleich immer die Gelegenheit erhalten, an der Aufstellung des Plans hinreichend mitzuwirken, ist nicht unbedingt gesagt und erscheint nach unseren eigenen Erfahrungen sowie angesichts der Entwicklung jenseits des Eisernen Vorhangs recht zweifelhaft.

Die betriebliche Mitbestimmung bleibt daher unabhängig vom Streit um die zweckmäßige Wirtschaftspolitik notwendig; als Waffe in diesem Streit läßt sie sich nicht verwenden. Anders steht es mit der überbetrieblichen Mitbestimmung. Es ist ihre erklärte Aufgabe, die Gewerkschaften als Organisation der Arbeitnehmer in unsere Verfassung einzubauen, es ihnen zu ermöglichen, zusammen mit den anderen großen ständischen Organisationen ihre Ansichten über die zweckmäßige Wirtschaftspolitik in verfassungsmäßiger Form zur Geltung zu bringen und bei der Durchführung dieser Politik mitzuwirken.

Wie steht es aber mit dem Verhältnis der Mitbestimmung zu einer anderen wichtigen Frage der Wirtschaftsverfassung, der Sozialisierung?

Eine Sozialisierung kann zwei Zwecken dienen, die sich möglicherweise decken, dies aber nicht unbedingt tun müssen.

1. Man will eine möglichst günstige Bedarfsdeckung der Verbraucher und eine Betriebsführung nach gesamtwirtschaftlichen Gesichtspunkten anstatt einer privaten Erwerbswirtschaft mit Streben nach möglichst hohem Gewinn erreichen. Da eine solche Einstellung von privaten Unternehmern nicht zu erwarten und auch nie voll durchzusetzen ist, muß die Allgemeinheit die Unternehmerfunktion übernehmen und sie nach diesen Richtlinien durch Unternehmerfunktionäre ausüben lassen. Das setzt aber die Möglichkeit voraus, über die Produktionsmittel zu verfügen. Deshalb ist das Eigentum an den Produktionsmitteln auf die Allgemeinheit zu übertragen.
2. Man will die gesellschaftliche Machtstellung beseitigen, die sich aus dem Privateigentum an allen oder an bestimmten Produktionsmitteln ergibt. Deshalb müssen die Produktionsmittel in das Eigentum der Allgemeinheit überführt werden. Ihre Nutzung erfolgt durch von der Allgemeinheit bestellte Unternehmerfunktionäre entweder nach den Grundsätzen privater Erwerbswirtschaft oder nach den zu 1. genannten gemeinwirtschaftlichen Prinzipien.

Die Anhänger der Sozialisierung verfolgen beide Zwecke zugleich[8]. Bei dem Streit um die Sozialisierung geht es also einmal um die Frage, wer aus

---

[8] Vgl. z. B. die wirtschaftspolitischen Grundsätze des DGB, Protokoll des Gründungskongresses des DGB, München 1949, S. 318 ff., bestätigt auf dem 2. DGB-Kongreß, Berlin 1952, Bergbau und Wirtschaft 1952, 531.

Gründen zweckmäßiger Machtverteilung in der Gesellschaft das Eigentum an allen oder gewissen Produktionsmitteln haben soll, ferner geht es darum, ob die Allgemeinheit mit von ihr eingesetzten Unternehmerfunktionären oder private Unternehmer — eventuell nach einer gewissen Beschränkung ihrer Handlungsfreiheit — die bessere und billigere Bedarfsdeckung der Verbraucher gewährleisten, ob daher die Allgemeinheit oder private Unternehmer die Unternehmerfunktion ausüben sollen. Zur Klärung der letzten Frage kann die Volkswirtschaftslehre einen großen Beitrag leisten. Die Entscheidung fällt in einer Demokratie aber stets auf der politischen Ebene. Wer eine Sozialisierung ablehnt, wird die Wähler von den Vorzügen einer privaten Unternehmerwirtschaft zu überzeugen haben.

Die Wähler mögen sich für oder gegen eine Sozialisierung entscheiden. Das Bedürfnis nach sozialem Frieden und nach echter Zusammenarbeit im Unternehmen ändert sich dadurch nicht. Die Notwendigkeit, im Interesse der Arbeitnehmer die Handlungsfreiheit des Unternehmers durch neue Pflichten einzuschränken und die Erfüllung dieser Pflichten durch Mitbestimmung zu sichern, bleibt völlig unabhängig von der jeweiligen Lösung der Sozialisierung bestehen. Es ändert sich nur der Träger dieser Pflichten. In einem Falle ist es der private Unternehmer, im anderen Falle die Allgemeinheit in ihrer Eigenschaft als Unternehmer. Es war der große Irrtum der Sozialisten des 19. Jahrhunderts, zu glauben, es genüge, „die Kapitalisten" zu vernichten, um die Lage der Arbeitnehmer entscheidend zu bessern. Das durch unsere technische Zivilisation geschaffene Problem „Mensch im Apparat" bleibt unabhängig von den Eigentumsverhältnissen bestehen.

Es ist eine unzutreffende Grundsatzbehauptung, wenn gesagt wird, im Falle der Sozialisierung seien die Arbeitnehmer ihr eigener Arbeitgeber und der von der Allgemeinheit eingesetzte Unternehmerfunktionär werde — im Gegensatz zum früheren privaten Unternehmer — die Interessen der Arbeitnehmer in vollem Umfange wahren und achten. Die Erfahrungen in den Ländern hinter dem Eisernen Vorhang zeigen das Gegenteil. Die Unrichtigkeit dieser Grundsatzbehauptung auch für westdeutsche Verhältnisse erweisen die zahlreichen Urteile der Arbeitsgerichte zu Ungunsten von Behörden und von Unternehmen im Besitze der öffentlichen Hand. Die Gewerkschaften sind offenbar der gleichen Ansicht; denn sie fordern die Mitbestimmung nicht nur bei Bahn und Post, sondern sogar in der öffentlichen Verwaltung. Folgerichtig ist im MGBE keine Ausnahme zu Gunsten von Unternehmen der öffentlichen Hand gemacht worden. Die Betriebsratsgesetze der Länder bezogen die Betriebe der öffentlichen Hand[9], zum Teil sogar Behörden und Verwaltungen[10] ein und trafen nur insoweit eine gewisse Sonderregelung. Auch das BVG macht nur eine Ausnahme für Betriebe und Ver-

---

[9] § 4 BRG Rhld.-Pfalz; § 1 BRG Bremen; § 2 BRG Hessen; § 6 BRG Bayern; § 2 BRG Baden; § 9 BRG Württ.-Hohz.; § 2 BRG Schl.-Holst.; mit Einschränkungen auch § 3 BRG Württ.-Baden.

[10] § 4 BRG Rhld.-Pfalz; § 1 BRG Bremen; § 2 BRG Hessen; § 6 BRG Bayern; § 27 BRG Baden; § 2 BRG Schl.-Holst.

waltungen des Bundes, der Länder, Gemeinden und sonstigen Körperschaften und Anstalten des öffentlichen Rechts, soweit sie in öffentlich-rechtlicher Form betrieben werden[11]. Für diesen Bereich soll eine den Besonderheiten des öffentlichen Dienstes angepaßte Regelung durch ein besonderes Gesetz erfolgen. In privatwirtschaftlicher Form betriebene Unternehmen der öffentlichen Hand unterliegen dagegen dem BVG.

Eine Sozialisierung würde die Lösung der Mitbestimmung auch nicht erleichtern. In einer sozialisierten Wirtschaft wäre die Auswahl der Funktionäre, die die Unternehmerfunktion für die Allgemeinheit ausüben, eine reine Zweckmäßigkeitsfrage. Es wäre also durchaus denkbar, Arbeitnehmer des betreffenden Unternehmens zu Unternehmerfunktionären der Allgemeinheit in diesem Unternehmen zu bestellen. Da aber auch die Allgemeinheit ihre Unternehmen nach wirtschaftlichen Grundsätzen betreiben muß, kann es sehr leicht dazu kommen, daß die Interessen der Arbeitnehmer und die Interessen der Allgemeinheit in ihrer Eigenschaft als Unternehmer sich widersprechen. Der zum Unternehmerfunktionär der Allgemeinheit bestellte Arbeitnehmer befindet sich dann in einer unklaren Stellung. Es bleibt zweifelhaft, ob er nun als Unternehmerfunktionär der Allgemeinheit deren Interessen wahrnehmen soll oder als Arbeitnehmervertreter die Interessen der Betriebsangehörigen. Eine Beschränkung der Handlungsfreiheit des Unternehmers und eine Sicherung, daß der Unternehmer Pflichten gegenüber den Arbeitnehmern erfüllt, läßt sich also nicht einfach dadurch erreichen, daß Arbeitnehmer zu Unternehmerfunktionären der Allgemeinheit bestellt werden. Das führt nur zu einer unklaren Doppelstellung.

Es wäre allerdings auch denkbar, daß nach einer Sozialisierung Arbeitnehmer lediglich als Interessenvertreter der Betriebsangehörigen in so weitem Maße in die Unternehmerfunktion einbezogen werden, daß gegen den Willen dieser Arbeitnehmervertreter die von der Allgemeinheit bestellten Unternehmerfunktionäre in keiner Frage mehr eine Entscheidung treffen können. Damit wäre zwar eine Beschränkung der Handlungsfreiheit des Unternehmers „Alllgemeinheit" und eine Sicherung, daß er seine Pflichten erfüllt, erreicht. Darüber hinaus wäre aber die gesamte Entscheidungbefugnis und Leitung des Unternehmens zwischen dem Unternehmer — hier die Allgemeinheit — und den Betriebsangehörigen paritätisch aufgeteilt. Damit könnten die Arbeitnehmervertreter über fremdes Eigentum — das der Allgemeinheit — gleichberechtigt verfügen und Entscheidungen auf fremdes Risiko treffen.

Es mag sein, daß eine solche Lösung der Mitbestimmung nach einer Sozialisierung auf geringeren Widerstand stoßen würde, da jetzt nicht mehr Privatpersonen, sondern die Allgemeinheit betroffen würde. Wenn man aber der Ansicht ist, daß die Legitimation zur Ausübung der Unternehmerfunktion aus der Ubernahme des Risikos abzuleiten ist und die Mitwirkungsrechte der Arbeitnehmer nur soweit gehen dürfen, daß dadurch die Wechselbeziehung von Verantwortung und Entscheidung einerseits, Risiko andererseits nicht zerstört wird, dann muß dies auch dann gelten, wenn nicht eine Privatperson, sondern die Allgemeinheit Träger des Risikos ist. Eine so weit-

[11] § 88 BVG. Insoweit gilt das Landesrecht noch fort.

gehende Einbeziehung von Interessenvertretern der Arbeitnehmer zwecks Lösung der Mitbestimmung ist daher auch im Falle einer Sozialisierung abzulehnen.

Die Fragen der Sozialisierung und der Mitbestimmung liegen demnach auf verschiedenen Gebieten und sind unabhängig voneinander zu lösen. Die Sozialisierung macht die Mitbestimmung nicht überflüssig und erleichtert die Lösung der Mitbestimmung nur dann, wenn man die paritätische Mitentscheidung der Arbeitnehmer in allen Fragen anstrebt und damit rechnet, daß der Widerstand gegen diese Lösung nach einer Sozialisierung geringer sein wird, weil dann die Allgemeinheit statt einzelner Privatunternehmer betroffen wird. Ob andererseits die Mitbestimmung in einer radikalen Form dazu geeignet ist, bestimmte Unternehmen reif für die Sozialisierung zu machen, erscheint recht zweifelhaft. Vor allem verkennt eine solche Auffassung Sinn und Aufgabe der Mitbestimmung. Es ist verfehlt, die Mitbestimmung nur als Rammbock auf dem Wege zur Sozialisierung anzusehen, möglicherweise noch in der geheimen Absicht, sie wieder abzuschaffen, nachdem das Ziel „Sozialisierung" erreicht ist. Ebenso falsch ist es, die Mitbestimmung nur als einen vorläufigen schlechten Ersatz für eine zur Zeit nicht durchsetzbare Sozialisierung zu betrachten. Die Mitbestimmung ist ein unumgänglich notwendiger Beitrag zum Ausgleich der sozialen Spannungen und muß allein mit dieser Aufgabe und diesem Ziel in einer zweckmäßigen Form unabhängig von der jeweiligen Wirtschaftsverfassung verwirklicht werden.

II. Das Verhältnis der Mitbestimmung zu Mitunternehmertum und Ertragsbeteiligung

Fortschrittliche Unternehmer haben sich stets bemüht, in ihrem Bereich die sozialen Spannungen auszugleichen und neue Formen der Zusammenarbeit zwischen Unternehmer und Arbeitnehmern zu entwickeln.

So streben heute mehr und mehr Unternehmer danach, ihren Arbeitnehmern einen wirklich gerechten Lohn zu zahlen und sie am Ergebnis der gemeinsamen Arbeit angemessen zu beteiligen. Schon früher war es in vielen Betrieben üblich, den Arbeitnehmern einen Anteil am Gewinn in Form von Weihnachtsgratifikationen oder Jahresabschlußprämien zukommen zu lassen. Die Arbeitnehmer hatten aber in der Regel darauf keinen Rechtsanspruch. Ob und in welcher Höhe ein Gewinnanteil ausgeschüttet wurde und wie er unter die Arbeitnehmer verteilt wurde, war der freien Entscheidung des Unternehmers überlassen.

Die Arbeitnehmer wollen jedoch einen solchen Gewinnanteil nicht als ein vom Ermessen des Unternehmers abhängiges „Geschenk" als Ausdruck patriarchalischer Fürsorge erhalten, sondern wünschen einen klaren rechtlichen Anspruch in Anerkennung ihrer Stellung als gleichberechtigte Mitarbeiter und ihres Rechts auf einen gerechten Anteil am Ertrage der gemeinsamen Arbeit. Der Tariflohn allein wird von den Arbeitnehmern nicht als ein solcher gerechter Anteil angesehen, da er heute für alle Betriebe eines Gebiets vereinbart wird und sich daher nach den leistungsschwächsten Betrieben richten muß.

Immer mehr Unternehmer gehen daher dazu über, den Lohn in zwei Teile, den festen Tariflohn und einen von Leistung und Ertrag abhängigen Anteil aufzuspalten und der Belegschaft einen Rechtsanspruch auch auf diesen veränderlichen Teil einzuräumen. Zum Teil wird die Höhe des Belegschaftsanteils zwar noch durch die freie Entscheidung des Unternehmers bestimmt; immer häufiger wird dieser Anteil jedoch rechtsverbindlich festgelegt, entweder in Prozenten des Gewinns, teilweise auch in gleicher Höhe wie die an die Aktionäre ausgeschüttete Dividende oder durch eine Verhältniszahl zwischen Lohnkosten und Wert der hergestellten Erzeugnisse, so daß ein die festgelegte Verhältniszahl übersteigender Verarbeitungswert oder Ersparnisse durch unter dieser Verhältniszahl liegende Lohnkosten der Belegschaft zufallen. Die Verteilung des Belegschaftsanteiles unter die einzelnen Arbeitnehmer erfolgt nach einem vorher festgelegten Schlüssel, wobei entweder die Lohnhöhe oder nach verschiedenen Gesichtspunkten aufgebaute Punktbewertungssysteme als Grundlage dienen[12]. Die Gefahr, daß Unternehmer eine mögliche Preissenkung unterlassen und die zu Lasten der Verbraucher erzielten überhöhten Gewinne mit ihren Arbeitnehmern teilen, dürfte nicht allzu groß sein, solange die Rechtsordnung den Wettbewerb sichert und den Mißbrauch von Marktmacht verhindert.

Mit einer richtig durchgeführten Ertragsbeteiligung erfüllt der Unternehmer eine seiner Rechtspflichten, nämlich seinen Arbeitnehmern einen angemessenen Anteil am Ertrage der gemeinsamen Arbeit zu geben. Damit die Belegschaft das System als gerecht empfindet, ist eine intensive Aufklärung über Arbeitsweise und Lage des Unternehmens nötig, und es ist zweckmäßig, die Arbeitnehmer bei der Gestaltung und Durchführung des Systems heranzuziehen. Daraus kann sich zwanglos eine weitgehende Unterrichtung der Arbeitnehmer, eine Mitwirkung am betrieblichen Geschehen[13] und eine veränderte Einstellung der Arbeitnehmer, das Gefühl von Partnerschaft und Mitverantwortung entwickeln.

Einige Unternehmer gehen noch einen Schritt weiter und geben ihren Arbeitnehmern die Möglichkeit, Mitunternehmer zu werden, entweder durch Zuteilung oder erleichterten Erwerb von Aktien oder dadurch, daß die Ar-

---

[12] Es ist hier weder möglich noch nötig, auf Einzelheiten einzugehen. Vgl. Arno Heinz, Ein neuer Weg (mit Nachw. d. älteren Literatur); Kuss, Mitbestimmung und gerechter Lohn als Elemente einer Neuordnung der Wirtschaft; Cartellieri, BB 1950, 295; Debatin, BB 1951, 450; Spindler, Mitunternehmertum; Rucker- u. Scanlon-Plan, Mitteilungen d. Arbeitsgemeinsch. f. Partnerschaft i. d. Wirtschaft, Hilden/Rhld. (AGP) v. 31. 5. 1951; Kampschulte, Wertpapier 1953, 175; Gewinnbeteiligung d. Arbeitnehmer, Sonderh. d. Ztschr. f. Betriebswirtschaft, 1951; P. S. Narasimhan, Intern. Labour Review 1950, 469 ff.; Profit Sharing Manual, hrsg. v. Council of Profit Sharing Industries, Columbus 12, Ohio, USA.

[13] Wie z. B. bei der Duisburger Kupferhütte.

beitnehmer aus eigenen Mitteln oder in Form nicht ausgezahlter Ertragsanteile eine Einlage leisten[14].

Es ist der große Vorzug dieser letzten Lösungen, daß sie in der Mitbestimmungsfrage die Einheit von Risiko und Entscheidungsgewalt wahren und die Arbeitnehmer am Risiko der von ihnen getroffenen Entscheidung beteiligen. Hinsichtlich des Gewinns haben die Arbeitnehmer eine Doppelstellung. Sie erhalten einen Anteil aus ihrem Mitgliedschaftsrecht, einen weiteren als den veränderlichen Teil des Arbeitslohns zur Erfüllung ihres Anspruches auf den gerechten Lohn.

Die Unternehmer, die Systeme der Ertragsbeteiligung oder des Mitunternehmertums in seinen verschiedenen Formen in ihren Unternehmen einführen, leisten damit soziale Pionierarbeit. Eine befriedigende Lösung der Mitbestimmungsfrage für alle Unternehmen ist aber damit nicht zu erreichen. Durch die Ertragsbeteiligung wird nur einer der berechtigten Ansprüche der Arbeitnehmer, nämlich der Anspruch auf gerechten Lohn, erfüllt. Kleinaktien sind den Arbeitnehmern zu fremd und werden freiwillig nur von wenigen Arbeitnehmern erworben. Wenn der Unternehmer sie als Ertragsanteil ausgibt, neigen die Arbeitnehmer oft zum alsbaldigen Verkauf, wie die Erfahrungen bei Siemens gezeigt haben. Ein „Mitunternehmertum" wie bei Spindler läßt sich bei Kapitalgesellschaften nach dem geltenden Gesellschaftsrecht nicht durchführen. Bei Personalgesellschaften wäre es möglich, wegen der Risiken und Verpflichtungen für beide Seiten wird man es aber der freien Entscheidung der Beteiligten überlassen müssen, ob sie diesen Weg gehen wollen. Hinzu kommt, daß sowohl Kleinaktionäre als auch „Mitunternehmer" ihre überwiegende Eigenschaft als abhängige Arbeitnehmer behalten und nicht genügend Einfluß haben, um z. B. im Bereich der sog. personellen und sozialen Mitbestimmung ihre Interessen hinreichend durchsetzen zu können.

Es mag zwar zweckmäßig sein, Mitbestimmung und Ertragsbeteiligung als Ausdruck einer Partnerschaft sowohl in der Planung als auch im Ertrage miteinander zu verkoppeln, notwendig und gedanklich zwingend ist das aber nicht, wie auch zahlreiche Beispiele aus der Praxis zeigen[15]. Auf keinen Fall kann eine Ertragsbeteiligung die Mitbestimmung der Arbeitnehmer ersetzen.

Eine umfassende gesetzliche Regelung der betrieblichen Mitbestimmung blieb daher erforderlichen. Ihre Aufgabe ist es, die Arbeitnehmer vor einem möglichen Machtmißbrauch der Unternehmer zu schützen und es den Arbeitnehmern zu ermöglichen, die Unternehmer notfalls zu zwingen, die ihnen gegenüber den Arbeitnehmern obliegenden Pflichten zu erfüllen. Daneben

---

[14] Am bekanntesten ist der „Mitunternehmer-Vertrag" der Paul Spindler Werke KG, Hilden/Rhld., veröff. i. Spindler, Mitunternehmertum, S. 107 ff. u. BB 1951, 138. In gleicher Richtung liegen die Firmensatzung der Tonwaren-Fabriken Stützel-Sachs, Aalen/Württ. und das Statut der Union-Werke AG, Nachf. Hermann Naegele, Aalen/Württ.; vgl. auch das Referat v. Reinhardt auf dem 39. Juristentag, Verhdlg. S. 16 ff.; ferner die Grundsatzforderungen der Sozialausschüsse der CDU (Köln, März 1953), Bergbau und Wirtschaft 1953, 177.

[15] Wie hier Dietz, RdA 1952, 41 ff.; a. A. Kuss, a.a.O., S. 14.

bleibt es die vornehmste Pflicht der Unternehmer, durch ihr Verhalten auf allen Gebieten des betrieblichen Lebens ihre Belegschaft zu wirklichen Mit-Arbeitern zu machen und, soweit die Arbeitnehmer das damit verbundene Risiko übernehmen wollen, ihnen die Stellung als echte Mitunternehmer einzuräumen.

III. Die Parteien der Mitbestimmung

Die betriebliche Mitbestimmung soll dem Schutze der Arbeitnehmer gegen möglichen Mißbrauch der gesellschaftlichen Machtstellung dienen, die auf der Verfügung über Kapital und Produktionsmittel beruht[16]. Inhaber dieser Machtstellung ist der Unternehmer, der zwar meist, aber nicht notwendig zugleich der rechtliche oder wirtschaftliche Eigentümer ist. Die eine Partei der Mitbestimmung ist also der Unternehmer, sobald er durch das Arbeitsverhältnis in Beziehungen zum Arbeitnehmer getreten, zum Arbeitgeber geworden ist.

Die sog. „Manager“ sind zwar häufig tatsächlich, aber niemals rechtlich Partei. Sie üben zwar — oft mit sehr großer Selbständigkeit — die Unternehmerfunktion aus, aber nicht aus eigenem Recht, sondern immer als Beauftragte. Partei der Mitbestimmung ist daher die natürliche Person oder Personengemeinschaft, die den Manager eingesetzt hat, oder die juristische Person, die sich des Managers als Organ bedient, um als Unternehmer tätig zu sein[17].

Daß der Manager nicht Partei der Mitbestimmung und Träger der hier entwickelten Pflichten ist, gefährdet die Interessen der Arbeitnehmer nicht. Aus dem Innenverhältnis zwischen Geschäftsherr und Manager ist der Manager verpflichtet, die seinem Geschäftsherrn als Unternehmer obliegenden Pflichten bei seiner eigenen Tätigkeit zu beachten, und man wird annehmen dürfen, daß die Manager trotz ihrer weitgehenden Selbständigkeit dies auch tun werden.

Wer ist die andere Partei der Mitbestimmung? Die Arbeitnehmer als Einzelne sind dazu aus ersichtlichen Gründen nicht geeignet. Als andere Partei kommen daher nur in Frage die Belegschaft als Verband, der von der Rechtsordnung mit einer beschränkten Rechtsfähigkeit ausgestattet wird

---

[36] Ob und welche Maßnahmen zum Schutze der Arbeitnehmer oder aller Rechtsgenossen auf überbetrieblicher Ebene nötig und zweckmäßig sind, ist hier nicht zu erörtern.

[37] Diese Auffassung, daß der Unternehmer sich des „Managers“ als Erfüllungsgehilfen zur Erfüllung seiner Pflichten bedient bzw. der Unternehmer durch den „Manager“ als Organ handelt, entspricht der Beurteilung des Managers bei allen anderen Rechtsbeziehungen. Es ist eine Überbetonung der Natur des Arbeitsverhältnisses als personenrechtliches Gemeinschaftsverhältnis, wenn man diese Auffassung für unvereinbar mit der Natur des Arbeitsverhältnisses hält. Die Arbeitnehmer erwarten z. B. die Erfüllung der Fürsorgepflicht nicht von dem Direktor X persönlich, sondern von der Firma Y AG und empfinden den Direktor durchaus nur als handelndes Organ der Firma. A. A. wohl Nikisch, S. 166.

und durch den Betriebsrat als gesetzlichen Vertreter oder Organ handelt, oder die einzelnen Arbeitnehmer in ihrem Zusammenschluß zu einer Rechtsgemeinschaft, die kraft gesetzlicher Vorschrift ausschließlich durch den Betriebsrat handeln kann, der ihr gesetzlicher Vertreter ist und dessen Befugnisse durch das Gesetz festgelegt worden sind[18].

Wenn man die betrieblichen Mitbestimmungsrechte der Arbeitnehmer als Teil der Staatsverfassung und als die unterste Stufe einer Beteiligung der Arbeitnehmerschaft an der Wirtschaftspolitik und Führung der Volkswirtschaft betrachtet, kann Träger der Mitbestimmungsrechte und Partei der Mitbestimmung nur die Belegschaft als teilrechtsfähiger Verband sein. Eine solche Betrachtungsweise trifft aber jedenfalls heute nicht mehr zu. Nach dem ersten Weltkrieg mag es mit Rücksicht auf Art. 165 Weimarer Verfassung und auf die Entstehungsgeschichte des BRG 1920 nahegelegen haben, die Mitbestimmung als unterste Stufe einer Beteiligung der Arbeitnehmer an der Wirtschaftspolitik und Lenkung der Volkswirtschaft anzusehen. Im Bonner Grundgesetz, im MGBE und im BVG findet diese Ansicht aber keine Stütze. Man wird im Gegenteil sagen dürfen, daß das BVG sich in seiner Zielsetzung bewußt auf den innerbetrieblichen Bereich beschränkt und nur die Voraussetzungen und den Rahmen für eine vertrauensvolle innerbetriebliche Zusammenarbeit von Unternehmer und Arbeitnehmer schaffen will. Die in dieser Arbeit vertretene Ansicht, daß die Mitbestimmung nur dem

---

[18] Die Rechtsnatur der Belegschaft ist stark unstritten. Eingehender Nachweis der älteren Lehre bei Hueck-Nipperdey II, 545 ff. Nach Kaskel, S. 288 ff.; Mansfeld, BRG Vorbem. § 1, 2; Dersch-Volkmar, ArbGG § 10, 5a u. a., neuestens Dietz, § 1, 3 ff. und Vorbem. 4 zum 4. Teil sowie Betrieb 1952, 969 ist sie ein mit beschränkter Rechtsfähigkeit ausgestatteter Verband, eine „juristische Teilperson". Träger der Mitbestimmungsrechte ist der Verband, der sie durch den Betriebsrat als seinen gesetzlichen Vertreter wahrnimmt oder für den der Betriebsrat als sein Repräsentant im eigenen Namen handelt (so Dietz, § 1, 23).

Nach Hueck-Nipperdey II, 545 ff.; Jacobi S. 290 ff. u. a. ist die Belegschaft eine von der Rechtsordnung anerkannte einfache Rechtsgemeinschaft der einzelnen Arbeitnehmer ohne eigene Rechtspersönlichkeit, in der die an sich den einzelnen Arbeitnehmern zustehenden Rechte aus Zweckmäßigkeitsgründen durch den Betriebsrat ausgeübt werden.

Galperin § 1, 70 ff., 80 ff. und Vorbem. § 49, 9 ff. lehnt zwar die Belegschaft als juristische Teilperson ab, hält aber auch die Annahme einer subjektlosen Rechtsgemeinschaft für unbefriedigend und sieht die Belegschaft als rechtlich handlungsfähigen sozialrechtlichen Verband eigener Art an, der die nur in der Gemeinschaft wahrnehmbaren Rechte seiner Mitglieder im eigenen Namen durch seine selbstgewählten Organe vertritt. Ähnlich Siebert, BB 1952, 833; Nikisch S. 406 und BB 1951, 902.

Ballerstedt, JZ 1951, 491 lehnt ein Kollektiv als Träger der Mitbestimmungsrechte ab und betrachtet sie als Individualrechte.

Nach Huber, Wirtschaftsverwaltungsrecht Bd. II, 484 ff. nimmt der Betriebsrat nicht Individualrechte der Arbeitnehmer, sondern Kollektivrechte wahr. Der Betriebsrat ist ein Repräsentativorgan, das die ihm gesetzlich zugewiesenen Mitbestimmungsrechte als eigene Rechte ausübt; sie stehen weder der Belegschaft als Verband noch den einzelnen Arbeitnehmern in ihrer Verbundenheit zu.

Schutze der Interessen der Arbeitnehmer des betreffenden Unternehmens gegenüber dem Unternehmer dient, findet also insoweit im BVG ihre Bestätigung.

Soweit die Meinung, daß Träger der Mitbestimmungsrechte die Belegschaft als teilrechtsfähiger Verband sei, auf § 10 ArbGG vom 23. 12. 1926 und § 15 der 2. Ausf.VO zur Schlichtungs-VO gestützt wurde, entfällt nach Aufhebung dieser Gesetze eine solche Begründugn. § 10 des ArbGG vom 3. 9. 1953 sieht eine Parteifähigkeit der Arbeitnehmerschaft nicht mehr vor. Inhalt und Fassung des MGBE, des BVG und des ArbGG 1953 bieten keinen Anlaß, als Partei der Mitbestimmung die Belegschaft als Verband mit beschränkter Rechtsfähigkeit anzusehen. Sicherlich können die Mitbestimmungsrechte in der Regel nicht von den Arbeitnehmern als Einzelnen, sondern nur von den Arbeitnehmern als Gemeinschaft wirksam wahrgenommen werden. Das zwingt aber nicht zu dem Schluß, das Betriebsverfassungsrecht habe zu diesem Zweck einen selbständigen Rechtsträger mit begrenzter Rechtsfähigkeit, nämlich die Belegschaft, schaffen müssen und geschaffen. Eine solche „juristische Teilperson" würde in unserer Rechtsordnung etwas Außergewöhnliches sein. Die wichtigsten Merkmale der herkömmlichen juristischen Person würden ihr fehlen; sie kann ihre eigenen Verhältnisse nicht durch eine Satzung ordnen, ihrem Organ, dem Betriebsrat, keine bindenden Anweisungen erteilen, haftet für ihr Organ nicht nach § 31 BGB und ist endlich nicht fähig, Träger von Vermögensrechten zu sein. Eine „rechtlich anerkannte Gemeinschaft"[19] mit einheitlicher Willensbildung kann auch ohne die Form der juristischen Person bestehen und am Rechtsverkehr teilnehmen, wie die BGB-Gesellschaft, die OHG und der nicht rechtsfähige Verein zeigen.

Die Mitbestimmungsrechte der Arbeitnehmer sind Individualrechte, die den einzelnen Arbeitnehmern zustehen, die aber ihrer Natur nach überwiegend nur einer gemeinschaftlichen Ausübung fähig sind. In der Regelung des KSchGes. ist ihr Charakter als Individualrecht noch rein erhalten. Ebenso wie die in dieser Arbeit entwickelten Pflichten des Unternehmers gegenüber seinen Arbeitnehmern sich aus dem Arbeitsverhältnis ergeben, entspringen auch die Mitbestimmungsrechte der Arbeitnehmer, die der Durchsetzung dieser Pflichten dienen, aus dem Arbeitsverhältnis. Um den Arbeitnehmern das Ausüben ihrer Mitbestimmungsrechte zu ermöglichen, hat das BVG die Arbeitnehmer zu einer Rechtsgemeinschaft zusammengeschlossen, die durch den Betriebsrat als ihren gesetzlichen Vertreter handelt. Diese Rechtsgemeinschaft kann man zutreffend als sozialrechtlichen Verband eigener Art bezeichnen. Träger der Mitbestimmungsrechte wird aber nicht der Verband als neues Rechtssubjekt, sondern das bleiben die einzelnen Arbeitnehmer. Der Betriebsrat handelt nicht im eigenen Namen oder im Namen des Verbandes als Rechtssubjekt, sondern im Namen der zu einer Gemeinschaft zusammengeschlossenen einzelnen Arbeitnehmer.

Die Tatsache, daß der Betriebsrat Betriebsvereinbarungen abschließen kann, deren Wirkung auf die Einzelarbeitsverhältnisse nicht auf einer Vollmacht der einzelnen Arbeitnehmer, sondern auf einer vom Gesetz angeordneten Normenwirkung beruht, nötigt nicht zur Anerkennung des Beleg-

---

[19] Kaskel, Neue Zeitschrift für Arbeitsrecht 1921, Sp. 14.

schaftsverbandes als Träger der Mitbestimmungsrechte. Es ist durchaus nicht ungewöhnlich, daß der Staat einen nichtrechtsfähigen Verband ermächtigt, durch Vertrag mit einem Außenstehenden rechtsverbindliche Normen für seine Mitglieder zu schaffen, wie das Beispiel des Tarifvertrages zeigt. Auch daß der Betriebsrat u. U. durch sein Mitbestimmungsrecht zum Nachteil des einzelnen Arbeitnehmers in dessen Arbeitsverhältnis eingreifen kann, indem er z. B. seine Zustimmung zu einer Versetzung oder Höhergruppierung verweigert, steht der Annahme des Mitbestimmungsrechtes als eines Individualrechtes der einzelnen Arbeitnehmer nicht entgegen. Jeder Arbeitnehmer, der vom Unternehmer den Schutz seiner Interessen und notfalls die Durchsetzung dieses Schutzes im Wege der Mitbestimmung verlangt, weiß, daß dieser Schutz in bestimmten Fällen nur dadurch gewährt werden kann, daß anderen Arbeitnehmern das Erlangen ungerechtfertigter Vorteile verwehrt wird. Indem er ein Mitbestimmungsrecht hinsichtlich der Gestaltung des Arbeitsverhältnisses seiner Arbeitskameraden in Anspruch nimmt, unterwirft er daher gleichzeitig sein eigenes Arbeitsverhältnis deren Mitbestimmung.

Die Mitbestimmungsrechte der Arbeitnehmer gehören jedenfalls heute nicht mehr zum öffentlichen Recht, sondern in den Bereich des Privatrechts[20]. Das zeigen folgende Überlegungen: Die betriebliche Mitbestimmung nach dem BVG ist nicht die unterste Stufe einer Räteorganisation zwecks Beteiligung der Arbeitnehmerschaft an der Wirtschaftspolitik und Lenkung der Volkswirtschaft und somit Teil der Staatsverfassung. Zur Sicherung und Durchsetzung von Interessen der Allgemeinheit ist die betriebliche Mitbestimmung weder bestimmt noch geeignet, sondern sie will die privaten Interessen der einzelnen Arbeitnehmer gegenüber dem Unternehmer schützen und sichern. Die Mitbestimmungsrechte sind Individualrechte der einzelnen Arbeitnehmer aus dem Arbeitsverhältnis, die allerdings überwiegend nur einer gemeinschaftlichen Ausübung fähig sind. Sicherlich ist das BVG eines der wichtigsten Gesetze für unsere Wirtschaftsordnung und verwirklicht das feierliche Bekenntnis des Grundgesetzes zum Sozialstaat (Art. 20, 28, 79 GG). Das rechtfertigt aber nicht seine Zurechnung zum öffentlichen Recht, ebenso wenig wie die Tatsache, daß das BVG nur als ein Teilstück einer umfassenden Regelung anzusehen ist und man seine Ergänzung durch ein Gesetz betreffend die überbetriebliche Mitbestimmung beabsichtigt. Das Ziel, der Arbeitnehmerschaft die ihr gebührende Stellung in der Wirtschaft einzuräumen, läßt sich durchaus durch zwei aufeinander abgestimmte Formen der Mitbestimmung erreichen, von denen die eine in das Privatrecht und die andere in das öffentliche Recht gehört. Auch daß die Betriebsverfassung vielfach zwingende Vorschriften enthält, Wahl und Tätigkeit des Betriebsrates, des Wirtschaftsausschusses und der anderen Mitbestimmungsorgane

[20] Das Betriebsverfassungsrecht nach dem BRG 1920 rechnete das RAG und der überwiegende Teil der Lehre zum öffentlichen Recht. Eingehender Nachweis von Rechtsprechung und Schrifttum bei Dietz, § 1, 15. Das durch die Ländergesetze geschaffene Betriebsverfassungsrecht wurde schon vielfach dem privaten Recht zugerechnet. Übersicht bei Dietz, § 1, 16. Für die privatrechtliche Natur der Mitbestimmungsrechte nach dem BVG Galperin, Vorbem. § 1, 40 ff. u. Vorbem. § 49, 9; Huber, Bd. II, 488; Neumann-Duesberg, NJW 1954, 617; a. A. Dietz, § 1, 15 ff. u. Betrieb 1952, 969.

gegen Behinderung geschützt werden und bei Streitigkeiten anläßlich der Tätigkeit der Mitbestimmungsorgane das Arbeitsgericht oder andere Vermittlungsstellen angerufen werden können, die verbindlich entscheiden, bietet keinen Anlaß, die betriebliche Mitbestimmung und insbesondere die Tätigkeit des Betriebsrates als eine öffentlich-rechtliche anzusehen. Alle diese Bestimmungen sichern, daß die Arbeitnehmer ihre Mitbestimmungsrechte auch gegenüber einem widerspenstigen Unternehmer wahrnehmen können, aber zwingen nicht die Arbeitnehmer, überhaupt einen Betriebsrat und die übrigen Mitbestimmungsorgane zu wählen. Wenn die betriebliche Mitbestimmung ein Teil der Staatsverfassung wäre, müßte aber auch die Möglichkeit eines solchen Zwanges bestehen.

Aus der hier entwickelten Auffassung der betrieblichen Mitbestimmung — aus dem Arbeitsverhältnis entspringende Individualrechte der einzelnen Arbeitnehmer, kein Belegschaftsverband als selbständiger Rechtsträger — ergibt sich folgerichtig die Ablehnung aller Ansichten, die Unternehmer und Betriebsrat für gemeinsame Organe einer übergeordneten Institution halten, mag sie nun Betrieb, Betriebsgemeinschaft, Betriebsverband oder Unternehmen genannt werden[21]. Als Organ einer solchen übergeordneten Institution kan man sich nur die Belegschaft als selbständigen Rechtsträger vorstellen, aber nicht die einzelnen Arbeitnehmer, selbst wenn sie für das Ausüben ihrer Rechte zu einer Rechtsgemeinschaft zusammengefaßt sind und nur durch den Betriebsrat handeln können.

Man braucht das Unternehmen als Rechtsbegriff und eine Organstellung von Unternehmer und Arbeitnehmervertretern nicht, um daraus eine Pflicht zur Verständigung, Zusammenarbeit und Rücksichtnahme auf das Wohl des Unternehmens beim Ausüben der eigenen Rechte abzuleiten. Diese Pflichten ergeben sich bereits aus dem Arbeitsverhältnis. Die Rechtsordnung hat sie im BVG erneut ausdrücklich hervorgehoben und auch Sanktionen geschaffen, damit diese Pflichten erfüllt werden[22].

Man sollte sich auch nicht darüber täuschen, daß zwischen Unternehmer und Arbeitnehmern stets ein latentes Spannungsverhältnis besteht und ständig Interessengegensätze auftreten, die durch gegenseitige Verständigung ausgeglichen werden müssen. Der Betrieb bzw. das Unternehmen sind zwar der gemeinsame Lebensraum, die Unternehmer und Arbeitnehmer umfassende soziale Einheit, in der sich diese Zusammenarbeit und dieser fortwährende Ausgleich der Interessen durch Verständigung zu vollziehen haben. Es erscheint aber sehr bedenklich, den gemeinsamen Lebensraum, die soziale Einheit Unternehmen, zu einem Rechtsbegriff Unternehmen oder Betriebsverband zu erheben und Unternehmer und Betriebsrat zu Organen dieses neuen Rechtsbegriffs zu machen. Die nun einmal vorhandenen Gegen-

---

[21] Herschel, RdA 1948, 49; Krause, 39 Juristentag, S. 121 und BB 1951, 678; Siebert, BB 1952, 833 und Galperin, Vorbem. § 21, 6 und § 72, 35 sehen Unternehmer und Betriebsrat als Organe des Unternehmens bzw. Betriebsverbandes an. Nachweis der gleichartigen älteren Auffassungen bei Hueck-Nipperdey, II, 546 Anm. 4.

[22] Auch das Rechtsinstitut der Betriebsvereinbarung nötigt nicht zu einer anderen Auffassung, ohne daß dies hier näher begründet werden kann.

sätze würden unter dem dann beide Seite umhüllenden Mantel dieses neuen Rechtsbegriffes bestehen bleiben und würden nur nicht mehr zwischen dem Unternehmer und dem Betriebsrat als gesetzlichem Vertreter der Rechtsgemeinschaft Belegschaft, sondern von den Organen dieses neuen Rechtsbegriffs untereinander ausgetragen werden. Noch weniger ist es angängig, Unternehmer und Betriebsrat zu Organen der Betriebsgemeinschaft zu machen. Die Betriebsgemeinschaft ist eine geistige Haltung und der erstrebenswerte Zustand, eignet sich aber keineswegs zum Rechtsbegriff[23].

Endlich noch eine allgemeine Erwägung: Träger eines Unternehmens sind die darin tätigen Menschen. Sie sind die entscheidenden Triebkräfte und bestimmen seine Entwicklung. Dieser Tatsache sollte auch die Rechtsordnung Rechnung tragen. Der Mensch und seine Persönlichkeit wird heute ohnehin in einem anscheinend unaufhaltsamen Prozeß immer stärker zurückgedrängt durch Institutionen, die sich selbständig machen, ein nach ihren Bedürfnissen ausgerichtetes Eigenleben führen und den Menschen in die Rolle ihres Dieners zwingen. Diese Entwicklung sollte man nicht ohne zwingende Notwendigkeit fördern.

IV. Die Stellung der Gewerkschaften

Die Gewerkschaften sind Vereinigungen der Arbeitnehmer zum Schutze und zur Förderung ihrer Interessen im betrieblichen und überbetrieblichen Bereich. Es würde den Rahmen dieser Arbeit sprengen, hier alle Fragen der zivilrechtlichen Stellung der Gewerkschaften und das heute besonders dringliche Problem ihrer richtigen Eingliederung in die verfassungsmäßige Ordnung zu untersuchen. Nur soviel sei gesagt:

Die Gewerkschaften sind eine der wirklich lebendigen vom Volke anerkannten Ausdrucksformen unseres heutigen sozialen Lebens. Es muß daher ein Weg gefunden werden, sie aus ihrer Stellung außerhalb der geschriebenen Verfassung herauszuführen und ihnen durch die überbetriebliche Mitbestimmung die Möglichkeit unmittelbarer verantwortlicher Mitarbeit zu geben. Man wird nur darauf zu achten haben, daß insbesondere die wirtschaftspolitischen Entscheidungen dadurch nicht in ein nur aus Unternehmern und Arbeitnehmern zusammengesetzes Gremium verlagert und so alle übrigen Schichten des Volkes politisch entrechtet werden.

Starke disziplinierte Gewerkschaften sind ein äußerst wertvoller Ordnungsfaktor und Verhandlungspartner im Unternehmen und im Staat, sie liegen daher im Interesse nicht nur der Arbeitnehmer, sondern auch der Unternehmer und der Allgemeinheit. Je früher man dieses einsieht, die Gewerkschaften als wünschenswerte und notwendige Einrichtung anerkennt und ihnen den Weg zu verantwortlicher Mitarbeit durch die überbetriebliche Mitarbeit eröffnet, desto eher wird es möglich sein, aus der Atmosphäre des Mißtrauens und des Klassenkampfes herauszukommen und zu einer Zu-

---

[23] Wenn man unter Betriebsgemeinschaft nicht eine geistige Haltung, sondern die soziale Einheit versteht, so ist sie nur ein anders Wort für Unternehmen und es gilt das eben Gesagte.

sammenarbeit zu gelangen, bei der die Gewerkschaften dafür sorgen, daß die von ihnen vertretenen Arbeitnehmer ihren gerechten Anteil am Ertrage erhalten, aber auch dem Unternehmer seinen Anteil gönnen. Notfalls enthalten unsere Verfassung und unser Zivil- und Strafrecht schon heute vielfache Wege, den Mißbrauch von Macht zu Lasten anderer Rechtsgenossen zu verhüten und auch eine starke und einflußreiche Minderheit daran zu hindern, bestimmte Forderungen und Doktrinen gegen den Willen der Mehrheit des Volkes durchzusetzen. Falls die vorhandenen Rechtsbehelfe wider Erwarten nicht ausreichen sollten, wird man mit einem Eingreifen des Gesetzgebers rechnen dürfen.

Welche Stellung kommt den Gewerkschaften nun im Rahmen der betrieblichen Mitbestimmung zu?

Wir hatten festgestellt[24], daß die Mitbestimmungsrechte den einzelnen Arbeitnehmern als Individualrechte zustehen, eine persönliche Mitbestimmung aller Arbeitnehmer sich aber meist praktisch nicht durchführen läßt und die Arbeitnehmer daher ihre Rechte durch Repräsentanten ausüben lassen müssen. Es wird eine Aufgabe der Gewerkschaften sein, diesen Repräsentanten der Arbeitnehmer mit ihrem Rat zur Verfügung zu stehen und ihnen die Möglichkeit zu bieten, sich die nötigen Kenntnisse für ihre Tätigkeit zu erwerben. Das dient nicht nur dem Schutze der Arbeitnehmer, sondern liegt auch im Interesse der Unternehmer; denn mit hinreichend unterrichteten und geschulten Betriebsräten läßt sich auf die Dauer besser zusammenarbeiten, ferner wird sich so eine gewisse Einheitlichkeit in der Behandlung der Tagesfragen ergeben. Man muß den Betriebsräten auch gestatten, auf ihren Wunsch Vertreter der Gewerkschaften zu ihren Verhandlungen mit beratender Stimme hinzuziehen, wenn es um schwierige Fragen geht. Daß sie sich bei den Gewerkschaften Rat holen, ist ihr natürliches Recht und nicht zu verhindern. Dann ist es aber besser, daß dieser Rat in Gegenwart aller Arbeitnehmervertreter und möglichst auch des Unternehmers erteilt wird und so der Ratgeber sich mit Gegenargumenten offen auseinandersetzen muß, anstatt daß der Rat nur in kleinem Kreise erteilt wird, ohne daß dabei eine abweichende Ansicht hinreichend zur Geltung kommt. Das BVG hat daher mit Recht die Möglichkeit geschaffen, Gewerkschaftsvertreter zu den Sitzungen des Betriebsrats und zur Betriebsversammlung mit beratender Stimme hinzuzuziehen[25].

Die Repräsentanten der Arbeitnehmer sollen deren Interessen wirksam wahrnehmen und durch ihre Tätigkeit eine möglichst reibungslose und aufrichtige Zusammenarbeit zwischen Unternehmern und Arbeitnehmern fördern. Dazu müssen sie die Verhältnisse des Unternehmens genau kennen und das Vertrauen der Arbeitnehmer, möglichst auch das des Unternehmers besitzen. Sie müssen deshalb in der Regel erfahrene Betriebsangehörige sein. Namentlich wirtschaftliche Entscheidungen in Großbetrieben erfordern aber ein solches Maß an Kenntnis, wirtschaftlicher Übersicht und Erfahrung, daß u. U. geeignete Betriebsangehörige nicht zur Verfügung stehen. Es ist absolut üblich, daß sich die Unternehmerseite durch Berufung in den

---

[24] S. 92 ff.

[25] §§ 31, 45 BVG.

Aufsichtsrat oder durch Beratungsverträge den Rat erfahrener betriebsfremder Persönlichkeiten sichert. Man darf daher den Arbeitnehmern das Gleiche nicht verwehren. Wenn die Unternehmer wirklich eine sachliche Zusammenarbeit wünschen, können sie eine möglichst große Befähigung der Arbeitnehmervertreter nur begrüßen. Ob diese betriebsfremden Arbeitnehmervertreter Gewerkschaftsfunktionäre sind, wird davon abhängen, ob die Gewerkschaften geeignete Persönlichkeiten präsentieren, die das Vertrauen der Arbeitnehmer gewinnen und sich erhalten können.

Durch ihre im Unternehmen beschäftigten Mitglieder sind die Gewerkschaften in der Lage, Einfluß auf die Wahlvorschläge zu nehmen. Bei einigermaßen sorgfältiger Auswahl werden die von den Gewerkschaften unterstützten Kandidaten auch gewählt werden, da der organisierte Teil der Belegschaften meist die aktivere und straffer disziplinierte Gruppe ist. Ein selbständiges Vorschlagsrecht der Gewerkschaften ist deshalb nicht erforderlich[26].

Durch diese indirekte, aber sehr starke Einflußnahme auf die Wahl sowie durch Beratung und fachliche Fortbildung der Arbeitnehmervertreter haben die Gewerkschaften hinreichende Möglichkeiten, im Bereich der betrieblichen Mitbestimmung ihre Aufgabe zu erfüllen. Sie fordern aber noch das Recht, diejenigen Arbeitnehmervertreter, die vor allem zur wirtschaftlichen Mitbestimmung berufen sind, entweder aus eigenem Recht zu ernennen oder den Vorschlag der Arbeitnehmer des Betriebes an ihre Zustimmung zu binden[27]. Im MGBE ist diese Forderung bereits weitgehend Gesetz geworden[28].

Zur Begründung ihrer Forderung, die Arbeitnehmervertreter in den Aufsichtsräten der Großbetriebe unabhängig von der Belegschaft direkt ernennen zu dürfen, verweisen die Gewerkschaften auf die Gefahr des Betriebsegoismus und auf die Notwendigkeit, im Unternehmen die Beachtung gesamtwirtschaftlicher Interessen durchzusetzen. Dabei denkt man offenbar besonders an die Weisungen und Richtlinien einer Regierung, die sich zu einer stärkeren Wirtschaftsplanung und -lenkung bekennt. Bei dieser Forderung mag auch die Hoffnung mitspielen, einen gewissen Einfluß auf die Wirtschaftspolitik zu gewinnen und auf diesem Umwege Gedanken zu verwirklichen, die infolge der Zusammensetzung des Parlaments zur Zeit nicht realisierbar sind.

Wie aber schon zu Beginn dieser Arbeit in eingehenden Darlegungen gezeigt wurde, bestehen gegen die Legitimation der Gewerkschaften als „Vertreter des öffentlichen Interesses“ in den Unternehmen sehr große Bedenken. Interessen der Allgemeinheit sind um der gleichmäßigen Handhabung willen durch Maßnahmen auf einer höheren Ebene als im Unternehmen wahrzunehmen. Die Volkswirtschaft wird vom Markt oder von der Regie-

---

[26] Ebenso schriftlicher Bericht des Ausschusses für Arbeit über den Entwurf zum BVG. B. T. Drucks. 3585 S. 17.

[27] §§ 3, 4, 8, 12 DGB-Entwurf eines Gesetzes zur Neuordnung der deutschen Wirtschaft v. 22. 5. 1950. Entsprechende Anträge sind bei der Beratung des BVG hinsichtlich der Arbeitnehmervertreter im Aufsichtsrat gestellt worden.

[28] § 6 MGBE.

rung, evtl. von beiden gesteuert, aber nicht vom Unternehmen aus. Eine wesentliche Unterstützung von Wirtschaftslenkungsmaßnahmen der Regierung und eine wirkungsvolle Bekämpfung eines etwaigen Betriebsegoismus kann man nicht dadurch erreichen, daß man Gewerkschaftsvertreter in die Aufsichtsräte der Großbetriebe entsendet; es können sich dabei jedoch schwere Belastungen des Vertrauensverhältnisses zwischen Gewerkschaften und Arbeitnehmern ergeben. Auch ein nennenswerter Einfluß auf die Wirtschaftspolitik läßt sich vom Unternehmen aus nicht ausüben; denn die Wirtschaftspolitik wird vom Parlament und der Regierung bestimmt. Auf diese Ausführungen muß hier verwiesen werden. Die von den Gewerkschaften für ihr selbständiges Benennungsrecht angeführten Gründe können also diese Forderung nicht rechtfertigen.

Ein solches selbständiges Benennungsrecht würde auch den Grundsätzen einer gesunden demokratischen Ordnung zuwiderlaufen. Die Gewerkschaften dienen dem Schutze und den Interessen ihrer Mitglieder und nehmen deren Rechte wahr, soweit ein gemeinschaftliches Handeln notwendig und zweckmäßig ist. Sie leiten ihre Legitimation dazu aus dem ihnen erteilten Auftrag ihrer Mitglieder ab, handeln aber nicht aus eigenem originären Recht. Aus dem ihnen erteilten Auftrag könnten sie zwar formell auch das Recht herleiten, selbständig Arbeitnehmervertreter zu benennen. Jede Demokratie muß aber nach einem möglichst engen Verhältnis zwischen den Wählern und ihren Vertretern streben. In einer Massendemokratie kann der einzelne Wähler aus praktischen Gründen nicht an allen Entscheidungen selbst teilnehmen; die Delegation seiner Rechte auf Vertreter ist also zwingend notwendig. Darin liegt aber eine große Gefahr. Sehr leicht kann die Verbindung zwischen dem Wähler und seinem Vertreter abreißen, was dann im Extrem zu einer Lage führt, für die die Ausdrücke „Stimmvieh" und „die Bonzen da oben" kennzeichnend sind.

Diesen Gefahren begegnet man am besten, indem man so viele Entscheidungen wie möglich bei den Wählern persönlich läßt. Das gilt in ganz besonderem Maße für die Wahl ihrer Vertreter. Sie sollte stets unmittelbar erfolgen, anstatt daß die Vertreter von der Organisation bestimmt werden. Das fördert nicht nur das Vertrauensverhältnis zwischen dem Wähler und seinem Vertreter, sondern liegt auch im Interesse der Organisation. Sie wird so ständig dem Urteil ihrer Mitglieder unterworfen und kommt nicht in die Gefahr, sich zu einer in sich abgeschlossenen Funktionärskaste, zur „Parteimaschine", zu entwickeln und die enge lebendige Fühlung mit ihren Mitgliedern zu verlieren.

Aus praktischen Erwägungen mag es noch angängig sein, die Arbeitnehmervertreter im Aufsichtsrat oder Wirtschaftsausschuß nicht unmittelbar durch die Arbeitnehmer, sondern durch von ihnen gewählte Betriebsräte zu bestellen[29]. Es ist jedoch aus den eben dargelegten Gründen nicht gerecht-

---

[29] So unter dem BRG 1920 gemäß § 5 d. Ges. v. 15. 2. 1922 über die Entsendung von Betriebsratsmitgliedern in den Aufsichtsrat, heute das MGBE bei der Auswahl der betriebsangehörigen Arbeitnehmervertreter im Aufsichtsrat (§ 6 I MGBE). Das BVG sieht mit Recht eine unmittelbare Wahl durch die Belegschaft vor (§ 76 BVG).

fertigt, dieses Recht den Betriebsräten zu nehmen oder ihre Entscheidung von der Zustimmung der Gewerkschaften abhängig zu machen. Wenn man auf diese Weise „offenbar ungeeignete Vertreter dem Wirtschaftsausschuß fernhalten" will[30], so läuft das darauf hinaus, daß im Streitfalle die Gewerkschaft und nicht die Betriebsangehörigen darüber entscheiden, wer zur Vertretung ihrer Interessen geeignet ist. Für den wenig wahrscheinlichen Fall, daß der Betriebsrat „offenbar ungeeignete Personen" als Arbeitnehmervertreter benennt, kann man einer Gruppe Arbeitnehmern, etwa einem Viertel der Beschäftigten, das Recht geben, das Arbeitsgericht anzurufen.

Gegen die Forderung der Gewerkschaften, die zur wirtschaftlichen Mitbestimmung berufenen Arbeitervertreter zum Teil selbst zu ernenen, zum Teil auf ihre Auswahl einen entscheidenden Einfluß auszuüben, hat man ferner geltend gemacht, auf diese Weise würde eine übermäßige Konzentration wirtschaftlicher Macht entstehen, die nach den Gesetzen Nr. 56/78/95 der Militärregierung und den Grundgedanken des kommenden deutschen Gesetzes gegen Wettbewerbsbeschränkungen verboten sei.

Die Gesetze der Militärregierung ebenso wie das künftige deutsche Gesetz haben die Aufgabe, die Freiheit des Wettbewerbs als lebensnotwendiges Element der gegenwärtigen Wirtschaftssordnung zu sichern und den Mißbrauch von wirtschaftlicher Macht zu verhindern. So soll erreicht werden, daß die Handlungsfreiheit des Einzelnen nicht unbillig eingeschränkt wird und sich ein gerechter Preis für Güter und Leistungen möglichst ohne Eingriffe der Regierung bilden kann[31]. Es ist kein Grund einzusehen, diese Gesetze der Militärregierung ebenso wie ein künftiges deutsches Gesetz gegen Wettbewerbsbeschränkungen nicht auch gegen die Gewerkschaften anzuwenden, falls sie nach diesen Gesetzen verbotene Handlungen begehen sollten, etwa indem sie an Preisabreden oder Produktionsbeschränkungen für bestimmte Erzeugnisse mitwirkten oder durch Unterstützung diskriminierender Praktiken die Einführung neuzeitlicher billigerer, weil Arbeitskräfte sparender Herstellungsmethoden zu verhindern suchten.

Die Gewerkschaften erheben ihre Forderung auf Ernennung bzw. Mitwirkung bei der Ernennung gewisser Arbeitnehmervertreter jedoch nicht oder jedenfalls nicht in erster Linie, um einen beherrschenden Einfluß auf die Wettbewerbsbedingungen am Markt zu erringen, sondern in der — irrigen — Hoffnung, so einen Einfluß auf die Wirtschaftspolitik ausüben zu können. Nachdem die parlamentarische Demokratie bisher die Hoffnungen der Arbeiterschaft enttäuscht und nur zur „formalen", zur „bürgerlichen Demokratie" geführt hat, wollen sie so den Einfluß der „besitzenden Klassen" schwächen und einen Schritt vorwärts auf dem Wege der gesellschaftlichen Neuordnung tun. Es geht ihnen also nicht um wirtschaftliche Macht, sondern um

---

[30] Begründung z. DGB-Entwurf, § 12, S. 41 unten.

[31] Vgl. Amtliche Begründung zum Entwurf eines Gesetzes gegen Wettbewerbsbeschränkungen, Einleitung. Die Gesetze der Militärregierung in Deutschland nennen zwar als weiteres Ziel den Schutz des Weltfriedens. Nachdem aber die großen Konzerne in den Nürnberger Verfahren von der Anklage der Vorbereitung und Förderung von Angriffskriegen freigesprochen worden sind, dürfte diese zeitbedingte Begründung endgültig erledigt sein.

politischen Einfluß. Damit ist der Bereich der Kartellgesetze verlassen. Es ist denkbar, daß die Gewerkschaften die Möglichkeiten, die ihnen die einheitliche Ernennung der Arbeitnehmervertreter geben würde, auch einmal zu Wettbewerbsbeschränkungen verwenden könnten. Das wäre aber nur eine Art Abfallprodukt ihres Erfolges. Mit den Gedanken der Gesetzgebung gegen Wettbewerbsbeschränkungen kann man dieses Verlangen der Gewerkschaften nicht zurückweisen; es liegt auf einer ganz anderen, der staatsrechtlichen Ebene.

Man mag gegen die Forderungen der Gewerkschaften anführen, auf diese Weise würde das notwendige Gleichgewicht der Kräfte in der staatlichen Ordnung gestört und eine potentielle Gefahr für die verfassungsmäßigen Rechte von Parlament und Regierung geschaffen. Das Urteil hierüber wird stark von der politischen Überzeugung abhängen. Diese staatsrechtliche Frage kann hier offen bleiben, da die anderen angeführten Gründe es bereits rechtfertigen, die Forderung der Gewerkschaften nach eigener Ernennung der Arbeitnehmervertreter abzulehnen.

Das BVG hat also mit Recht die Wahl der für die wirtschaftliche Mitbestimmung wichtigen Arbeitnehmervertreter im Wirtschaftsausschuß und im Aufsichtsrat allein der Belegschaft unmittelbar bzw. durch den Betriebsrat übertragen[32]. Es hätte aber sicherstellen sollen, daß die Arbeitnehmer neben zwei Betriebsangehörigen stets eine erfahrene betriebsfremde Persönlichkeit ihres Vertrauens in den Aufsichtsrat entsenden können und dies nicht durch eine Verkleinerung des Aufsichtsrats verhindert wird. Da die betriebsfremden Arbeitnehmervertreter nicht von den Gewerkschaften ernannt, sondern unmittelbar von der Belegschaft gewählt werden, brauchen die Unternehmer die vielberufene „Fernsteuerung" nicht mehr derart zu fürchten. Eine gewisse „Fernsteuerung" wird durch die natürliche und berechtigte Zusammenarbeit zwischen Arbeitnehmervertretern und Gewerkschaften immer bleiben; sie dürfte aber keine Gefahr bedeuten.

Die Gewerkschaften empfinden die Bestimmungen des BVG als einen Sieg der sozialreaktionären Kräfte und haben einen Kampf gegen dieses Gesetz „mit allen demokratischen Mitteln" angekündigt. Sie sollten aber noch einmal prüfen, ob sie eines ihrer Hauptziele, im Interesse der von ihnen vertretenen Arbeitnehmer Einfluß auf die Wirtschaftspolitik zu gewinen, wirklich durch die von ihnen gewünschte Fassung des BVG erreichen würden. Wer die hier vertretenen Ansichten billigt, muß das als einen Kampf mit falscher Front ansehen; Möglichkeiten und Ziele der betrieblichen und der überbetrieblichen Mitbestimmung werden nicht scharf genug getrennt und so eine befriedigende Lösung der betrieblichen Mitbestimmung unnötig erschwert.

Um Wirkungsbereich und Möglichkeiten der betrieblichen Mitbestimmung richtig zu beurteilen, ist in diesem Zusammenhang noch auf eine weitere Entwicklung hinzuweisen. Aus Zweckmäßigkeitsgründen ist es üblich geworden, Löhne und Arbeitsbedingungen weitgehend einheitlich für alle Arbeitnehmer eines Gebietes auf überbetrieblicher Ebene festzulegen. Der Raum für Vereinbarungen auf der Ebene des Betriebes oder gar nur für das

[32] § 68 Abs. II, § 76 Abs. II BVG.

einzelne Arbeitsverhältnis wird immer kleiner. Infolgedessen können die Arbeitnehmer ihr Mitbestimmungsrecht immer seltener als Einzelne oder durch ihre für den Bereich des Unternehmens gewählten Vertreter ausüben. Diese Aufgabe geht immer stärker auf ihre überbetrieblichen Vertreter, die Gewerkschaften, über. Die im Alltag der Arbeitnehmer wichtigsten Fragen wie Lohn, Urlaub, Kündigungsfristen usw. befinden sich schon heute im überbetrieblichen Bereich. Die hier angedeutete Entwicklung dürfte kaum abgeschlossen sein.

Das BVG hat diese Entwicklung anerkannt und sogar stark gefördert; denn die obligatorische Betriebsvereinbarung über die in § 56 BVG genannten Fragen entfällt, falls eine tarifliche Regelung besteht; Betriebsvereinbarungen über Arbeitsentgelte und Arbeitsbedingungen, soweit sie üblicherweise durch Tarifvertrag vereinbart werden, sollen in Zukunft nur noch zulässig sein, wenn eine ergänzende Betriebsvereinbarung im Tarifvertrag zugelassen ist[33]. Aus der Natur der Sache ergibt sich, daß die Arbeitnehmer in diesen Fragen ihr Mitbestimmungsrecht nicht als Einzelne, sondern gemeinschaftlich geltend machen müssen. Die wichtigste Form der Mitbestimmung ist die Vereinbarung. Da sie im Rahmen des Betriebes nur noch sehr begrenzt zulässig ist, können die Arbeitnehmer ihr Mitbestimmungsrecht in diesen Fragen in seiner wichtigsten Form also nur noch durch die Gewerkschaften ausüben. Man wird daher nicht sagen können, das BVG habe bei der innerbetrieblichen Mitbestimmung den Einfluß und den Tätigkeitsbereich der Gewerkschaften planmäßig in unbilliger Weise beschränkt.

Diese Entwicklung legt andererseits den Gewerkschaften erhöhte Pflichten auf. Praktisch ist jetzt eine wirksame Mitbestimmung der Arbeitnehmer bei der Regelung der Arbeitsentgelte und zahlreicher Arbeitsbedingungen nur noch durch die Gewerkschaften möglich. Die Gewerkschaften üben dieses Mitbestimmungsrecht aber ausschließlich zu Gunsten ihrer Mitglieder aus. Die Tarifverträge, die sie mit den Unternehmern schließen, binden den Unternehmer in der Regel nur gegenüber Gewerkschaftsmitgliedern; ob er Arbeitnehmer, die nicht Gewerkschaftsmitglieder sind, die gleichen Entgelte und Arbeitsbedingungen gewährt, steht in seinem freien Ermessen.

Die Gewerkschaften müssen daher allen Arbeitnehmern zu angemessenen Bedingungen den Beitritt ermöglichen und dürfen die Aufnahme eines Arbeitnehmers nur unter ganz besonderen Umständen ablehnen. Da sie heute nicht mehr nach Berufsgruppen, sondern nach Industriezweigen organisiert sind, also alle in dem betreffenden Industriezweig tätigen Berufsgruppen umfassen, dürfen sie auch nicht einseitig die Interessen einer oder einzelner Berufsgruppen vertreten, sondern müssen darauf achten, daß nicht eine Berufsgruppe im Tarifvertrag bevorzugt wird, sondern Arbeitsentgelt und Arbeitsbedingungen auch im Verhältnis der Berufsgruppen zueinander gerecht sind.

Die Pflicht, keine Gruppe zu bevorzugen, gilt ganz besonders dann, wenn man den Gewerkschaften die Aufgabe stellt, an den betrieblichen Entscheidungen nicht nur aus abgeleitetem Recht als Interessenvertreter der im Unternehmen tätigen Arbeitnehmer, sondern aus eigenem Recht mitzuwir-

---

[33] § 56, 59 BVG.

ken, um Interessen eines größeren Personenkreises, etwa die der Arbeiterschaft, der Verbraucher oder der Allgemeinheit wahrzunehmen. Ansätze einer solchen Entwicklung sind die Rechte der Gewerkschaften bei der Wahl und Abberufung von Betriebsräten nach dem BVG[34] und besonders ihr Recht, in der Montanindustrie die Hälfte der Arbeitnehmervertreter im Aufsichtsrat selbständig zu benennen und gegen die vom Betriebsrat Benannten ihr Veto einzulegen[35].

Zum Abschluß noch eine kurze Bemerkung zu der heute wieder gelegentlich gestellten Frage, ob die Gewerkschaften als solche mit den Gesetzen gegen Wettbewerbsbeschränkungen zu vereinbaren sind. Das ist zu bejahen. Bildung und Bestehung von Gewerkschaften verstößt nicht gegen die Ziele der Kartellgesetze, sondern fördert sie sogar. Erfahrungsgemäß ist im Vergleich zum Arbeitnehmer der Unternehmer der wirtschaftlich Stärkere. Wenn man unter Berufung auf die Kartellgesetze von den Arbeitnehmern verlangern würde, dem Unternehmer als Einzelne gegenüber zu treten, würde der Unternehmer den Arbeitnehmern seine Bedingungen aufzwingen können. Durch das Zusammenfassen der Arbeitnehmer zu Gewerkschaften wird es möglich, ein annäherndes Gleichgewicht der Kräfte herzustellen. Nur so können Löhne und Arbeitsbedingungen nicht als möglicherweise einseitiges Diktat, sondern als Ergebnis eines Aushandelns zwischen Unternehmern und Arbeitnehmern zustande kommen. Der Gesetzgeber wird nur auf zwei Punkte zu achten haben: Erstens, daß keine Seite, weder Unternehmer noch Gewerkschaften, durch Maßnahmen irgendwelcher Art ein solches Übergewicht erlangt, daß sie der anderen Seite die Löhne und Arbeitsbedingungs diktieren kann; zweitens, daß nicht die eine oder andere Seite sich weigert, zunächst ehrlich eine Lösung strittiger Fragen durch Aushandeln zu suchen, und stattdessen sofort zu Arbeitskampfmaßnahmen greift. Für diesen Zweck sind die Kartellgesetze ihrer Natur nach ungeeignet; wegen der besonderen Verhältnisse wäre hierfür notfalls ein Sondergesetz erforderlich.

V. Mitbestimmung im Betrieb oder im Unternehmen?

Unser Zeitalter ist gekennzeichnet durch das Zusammenfassen der meisten Werktätigen zu Einheiten, in denen sie in abhängiger Stellung tätig sind. Es gilt daher, den Einzelnen in diese Arbeitsorganisationen richtig einzuordnen und eine reibungslose Zusammenarbeit innerhalb der Organisation zu erreichen. Die Rechte und Pflichten der Arbeitnehmer bestimmen sich daher heute nach der Zugehörigkeit zu einer bestimmten Arbeitsorganisation. So ist es namentlich im Arbeitsrecht üblich geworden, zwischen „Betrieb“ und „Unternehmen“ zu unterscheiden. Dabei versteht man unter „Betrieb“ den Apparat, der notwendig ist und dazu dient, um einen nur durch Arbeit und durch Arbeit allein zu erreichenden Zweck zu verfolgen. Der „Betrieb“ wird also durch den arbeitstechnischen Zweck bestimmt und da-

[34] §§ 15 Abs. II, 16—18, 23 BVG.
[35] § 6 Abs. II und III MGBE.

mit gegenüber größeren oder kleineren Einheiten abgegrenzt. Auf den „entfernteren Zweck", um dessen Willen die Arbeit geleistet wird, also in der Regel die wirtschaftliche Verwertung des gewollten Arbeitsergebnisses, kommt es nach der h. L. nicht an. Alle damit zusammenhängenden Fragen werden bewußt ausgeschaltet; sie gehören bereits in den Bereich des „Unternehmens", das man als Gegenstand des Handels-, Gesellschafts-, Steuer- und Wirtschaftsrechts ansieht[36].

Über den Begriff des Unternehmens herrscht in der Rechtswissenschaft Streit[37]. Würdinger stellt mit Recht fest, daß das Unternehmen kein Geschöpf der Rechtsordnung ist, sondern ein Tatbestand des Lebens, den die Rechtsordnung vorfindet und an den sie unter verschiedenen Blickpunkten anknüpft, so daß der Unternehmensbegriff in den einzelnen Gesetzen verschieden ist[38].

„Unternehmen" und „Betrieb" können äußerlich zusammenfallen, oft umfaßt ein Unternehmen aber auch mehrere Betriebe[39]. Aus dem Lebenstatbestand Unternehmen ist der Betrieb immer nur ein Ausschnitt, den das Arbeitsrecht als zweckmäßigen Anknüpfungspunkt für seine Normen entwickelt hat. Man ist sich dabei völlig klar, daß zwischen dem Geschehen im Ausschnitt Betrieb und dem Geschehen im Unternehmen eine äußerst enge, unlösbare Verbindung besteht. Das Gleiche gilt für gesetzliche Regelungen im Betrieb oder im Unternehmen.

Es wäre unfruchtbar, darüber zu streiten, ob die Unterscheidung zwischen den Sphären Betrieb und Unternehmen gerechtfertigt und notwendig ist. Im Arbeitsrecht ist sie sicherlich zweckmäßig. Heute haben die Arbeitnehmer aber die starke Wechselwirkung zwischen dem Geschehen in beiden Bereichen erkannt und sind daher nicht mehr damit zufrieden, nur an Entscheidungen über Fragen mitzuwirken, die man bisher zur Sphäre Betrieb zu rechnen pflegte. Sie fordern Einfluß auch im Unternehmen. Die hier dargelegten berechtigten Wünsche der Arbeitnehmer und die aus ihnen abgeleiteten Pflichten der Unternehmer fallen nur zum Teil in den Ausschnitt Betrieb, zum Teil gehören sie in den Bereich Unternehmen.

Man hat schon bisher je nach Zweckmäßigkeit einen bestimmten Ausschnitt aus dem Lebenstatbestand Unternehmen ausgewählt und daran bei den gesetzlichen Regelungen aller Art angeknüpft. Mit Recht ist das BVG bei der Regelung der Mitbestimmung ebenso verfahren und hat einen neuen Bereich geschaffen, der außer dem „Betrieb" auch Fragen umfaßt, die bisher zur Sphäre des „Unternehmens" gerechnet wurden.

Die Mitbestimmung hat ebenso wie die Normen des Arbeitsrechts die Aufgabe, dem Einzelnen den ihm zustehenden Platz in der Arbeitsorganisa-

---

[36] Vgl. z. B. Hueck-Nipperdey I, S. 69 ff.; Nikisch S. 68 ff.; Dietz § 1, 34 ff.

[37] Eingehender Schrifttumsnachweis bei Würdinger, HGB Komm. § 22.

[38] Würdinger, HGB Komm. § 22 Anm. 2.

[39] Entscheidend ist die gemeinschaftliche kaufmännische Organisation und Leitung. Ein organischer Zusammenhang der einzelnen Betriebe ist nicht erforderlich. Würdinger HGB § 13, 1; Galperin § 46, 5 ff.; Dietz § 1, 39; a. A. Kretzschmar BB 1952, 861.

tion zu verschaffen, in die er sich heute zwangsläufig einordnen muß, und die Zusammenarbeit innerhalb dieser Einheit zu erleichtern. Daraus ergeben sich Folgerungen für den Kreis der Mitbestimmungsberechtigten und die Reichweite ihrer Rechte. Falls ein Unternehmer mehrere selbständige Unternehmen betreibt[40], so erstreckt sich die Mitbestimmung der Arbeitnehmer nur auf das Unternehmen, in dem sie beschäftigt sind. Bei der Mitbestimmung innerhalb eines Unternehmens ist seine Struktur zu berücksichtigen. Vielfach gehören zu einem Unternehmen mehrere Betriebe. Sie sind dann meist sehr selbständige soziale Zellen mit starkem Eigenleben, so daß in einem Betriebe auftretende Fragen die anderen Betriebe u. U. gar nicht berühren. Es ist daher mit Recht üblich und entspricht dem BVG, zur Mitbestimmung über Fragen von betrieblich begrenztem Interesse[41] nur die Arbeitnehmer dieses Betriebes heranzuziehen und nur Fragen von allgemeiner Bedeutung auch der Mitbestimmung durch alle Arbeitnehmer des Unternehmens zu unterwerfen[42]. Innerhalb der Einheit, die durch den gemeinsamen arbeitstechnischen Zweck zum Betrieb zusammengefaßt wird, besteht infolge des gemeinsam verfolgten Zwecks andererseits eine starke gegenseitige Abhängigkeit und Verbundenheit der Arbeitnehmer. Falls nicht ausdrücklich etwas anderes bestimmt ist, sind daher alle Arbeitnehmer dieser Einheit zur Mitbestimmung berechtigt. Der Unternehmer darf nicht etwa einen Teil von ihnen von der Mitbestimmung mit der Begründung ausschließen, die betreffende Frage berühre nur eine Abteilung oder eine Gruppe Arbeitnehmer.

Die Frage: „Mitbestimmung im Betrieb oder im Unternehmen" läßt sich also nur dahin beantworten, daß die Gegenstände, auf die sich die Mitbestimmung der Arbeitnehmer erstreckt, zum Teil in die Sphäre des „Betriebs", zum Teil in die Sphäre des „Unternehmens" gehören, man es also mit einem nach den Bedürfnissen und Zielen der Mitbestimmung ausgewählten neuen Ausschnitt aus dem Lebenstatbestand Unternehmen zu tun hat, es aber zweckmäßig ist, an den „Betrieb" anzuknüpfen, um den Kreis der Mitbestimmungsberechtigten und den räumlichen Wirkungsbereich ihrer Rechte zu bestimmen.

VI. Verfahrensfragen

Die Gebote der Rechtsordnung an die Unternehmer sollen bewirken, daß die dargelegten berechtigten Interessen der Arbeitnehmer von den Unternehmern beachtet werden Die Arbeitnehmer müssen also die Unternehmer

---

[40] Vgl. hierzu Würdinger, HGB-Komm. § 13, Anm. 1; Galperin § 46, 10.

[41] Dabei kann es sich sehr wohl um Fragen handeln, die man als wirtschaftliche Fragen zur Sphäre „Unternehmen" zu rechnen pflegt.

[42] In einem Unternehmen, das mehrere Betriebe umfaßt, steht auch die wirtschaftliche Mitbestimmung in den diesen Betrieb betreffenden wirtschaftlichen Fragen dem Betriebsrat dieses Betriebes zu, er wird also in der Sphäre des Unternehmens tätig. Ein gemäß § 46 ff. BVG gebildeter Gesamtbetriebsrat ist nach § 48 BVG nur zuständig für Fragen, die über den Bereich des Betriebes hinausreichen und nicht durch die einzelnen Betriebsräte innerhalb ihrer Betriebe geregelt werden können.

notfalls zwingen können, ihre Pflichten zu erfüllen. Die Gebote der Rechtsordnung an die Unternehmer sollen aber zugleich mithelfen, die gegenwärtigen sozialen Spannungen auszugleichen; das Durchsetzen der Pflichten darf nicht zu einer Verschärfung der Gegensätze führen. Die Rechtsbehelfe der Arbeitnehmer waren deshalb so zu gestalten, daß möglichst eine gütliche Einigung zustande kommt; eine Entscheidung durch Dritte muß der letzte und äußerste Ausweg sein.

Es wäre keine glückliche Lösung, den Arbeitnehmern nur Rechtsbehelfe gegen bereits vollzogene Entscheidungen des Unternehmers zu geben. Jeder Unternehmer wird sich dagegen wehren, eine einmal getroffene Maßnahme wieder rückgängig zu machen. Das verletzt sein Selbstgefühl, belastet sein Ansehen bei den Arbeitnehmern und ist oft auch nur unter wirtschaftlichen Verlusten möglich; er wird deshalb an seiner einmal gefällten Entscheidung möglichst festhalten. Die Arbeitnehmer andererseits werden eher geneigt sein, in einer Handlung des Unternehmers eine Pflichtverletzung zu sehen, wenn sie ihnen als vollendete Tatsache mitgeteilt wird, als wenn sie vorher mit ihnen besprochen und ihre Notwendigkeit trotz der vorgebrachten Bedenken begründet wurde. Endlich ist die Unsicherheit über den rechtlichen Bestand der bereits vollzogenen streitigen Maßnahme für beide Seiten äußerst nachteilig, weil sie nicht disponieren können. Die Rechtsbehelfe der Arbeitnehmer waren daher so zu gestalten, daß die Frage „Pflichtverletzung oder nicht" möglichst vorher geklärt wird.

Es wäre denkbar gewesen, den Pflichten der Unternehmer entsprechende schuldrechtliche Ansprüche der Arbeitnehmer gegen die Unternehmer zu schaffen und es den Arbeitnehmern zu überlassen, vor den Arbeitsgerichten Klage zu erheben, wenn sie der Meinung sind, daß der Unternehmer seinen Pflichten nicht nachkommt. Eine solche Lösung wäre jedoch nicht zweckmäßig. Es wird häufig vorkommen, daß Unternehmer und Arbeitnehmer über die Berechtigung einer Maßnahme zunächst verschiedener Meinung sind und jede Seite für ihre Ansicht verständige Gründe anführen kann. Wenn man den Arbeitnehmern nur diesen Rechtsbehelf gibt, würde die Zahl der bei den Arbeitsgerichten anhängigen Prozesse unvorstellbar anschwellen. Wegen des notwendigerweise formellen Verfahrens wird dann stets eine längere Zeit vergehen, bis das Gericht seine Entscheidung verkünden kann. Bei der Art der streitigen Fragen kann eine Verzögerung seines Handelns dem Unternehmer jedoch erhebliche Nachteile bringen. Weiter ist das ganze Verfahren vor den Arbeitsgerichten kontradiktorisch aufgebaut und statt auf eine Einigung auf eine Entscheidung des Streites durch Urteil abgestellt, das gegebenenfalls durch die Staatsgewalt vollstreckt wird. Das Verfahren verschärft also leicht noch die Gegensätze. Endlich wird es sich oft um betriebstechnische und wirtschaftliche Fragen handeln, deren zutreffende Beurteilung große wirtschaftliche und technische Spezialkenntnisse und Erfahrung auf den verschiedensten Gebieten erfordert. Diese besondere Befähigung werden aber Vorsitzende und Beisitzer der Arbeitsgerichte häufig nicht haben; sie ist auch von ihnen nicht zu verlangen.

Es war daher der beste Weg, und das BVG ist ihn mit Recht gegangen, den Arbeitnehmern eine Einflußmöglichkeit auf das Zustandekommen der betrieblichen Entscheidungen einzuräumen. In vielen Fällen genügt schon

Unterrichtung und Mitberatung der Arbeitnehmer. Der Unternehmer kann dann die Gründe seines beabsichtigten Handelns darlegen und Gegengründe der Arbeitnehmer entkräften, evtl. auch auf Grund der Argumente und Gegenvorschläge der Arbeitnehmer seine Pläne abändern; denn ein verständiger Unternehmer wird heute berechtigte Wünsche und Interessen seiner Arbeitnehmer kaum ohne Not übergehen.

Das Recht auf Unterrichtung ist nicht nur die Erfüllung eines berechtigten Arbeitnehmerwunsches, sondern zugleich die Grundlage aller weiteren Rechtsbehelfe der Arbeitnehmer. Soweit dadurch die Einheit von Entscheidungsrecht und Risiko nicht unzulässig beeinträchtigt wird, kann man die Einflußmöglichkeit der Arbeitnehmer zum Vetorecht oder zur Mitentscheidung erweitern und muß es sogar tun, falls es zum Schutze der Interessen der Arbeitnehmer erforderlich ist. Auf diese Weise wird es bei etwas gutem Willen auf beiden Seiten meist gelingen, eine Lösung der streitigen Frage zu finden, die sowohl dem Interesse des Unternehmers als auch dem der Arbeitnehmer gerecht wird.

Falls die Beteiligten sich nicht einigen können, ist häufig ein formloses Schiedsverfahren der Entscheidung durch die Arbeitsgerichte vorzuziehen. Das hat zahlreiche Vorteile. Einmal kann man die Besetzung des Schiedsgerichts je nach der Art der streitigen Frage verändern und gerade auf diesem Gebiet sachkundige Schiedsrichter auswählen. Durch seine Sachkunde ist das Schiedsgericht weit besser in der Lage, zweckmäßige Vergleichsvorschläge zu machen, und die Parteien werden auch eher geneigt sein, sie anzunehmen, da jeweils ein Schiedsrichter ein Mann ihres Vertrauens zu sein pflegt. Vielfach wird es deshalb gelingen, noch jetzt eine Einigung zu erzielen. Falls doch eine Entscheidung erforderlich ist, kann das Schiedsgericht sie auf Grund seiner besonderen Sachkenntnis meist rascher und mit einer mehr überzeugenden Begründung fällen als das Arbeitsgericht. Das BVG hat deshalb mit Recht in großem Maße Schiedsgerichte vorgesehen.

ZWEITER ABSCHNITT:

DIE EINZELNEN BEREICHE DER MITBESTIMMUNG

Wenn wir jetzt untersuchen, ob und in welcher Form unsere Rechtsordnung heute[43] den Arbeitnehmern die Möglichkeit gibt, ihre berechtigten Interessen zu wahren, folgen wir zweckmäßig der üblich gewordenen Gliederung in personelle Mitbestimmung, soziale Mitbestimmung und wirtschaftliche Mitbestimmung, und ordnen dabei die Pflichten des Unternehmers, die es durchzusetzen gilt, diesen drei Bereichen zu wie folgt:

---

[43] Einen zusammenhängenden Uberblick über die Mitbestimmung nach den Ländergesetzen vor Inkrafttreten des BVG gibt Fitting BArbBl 1952, 157 und 218.

Personelle Mitbestimmung

Pflicht, keine Arbeitnehmer einzustellen, die sachlich unfähig sind oder durch ihr Verhalten den Betriebsfrieden stören werden;

Pflicht, keine betriebsfremden Personen in Beförderungsstellen einzustellen, falls gleichqualifizierte Betriebsangehörige vorhanden sind, und bei der Besetzung von Beförderungsstellen durch Betriebsangehörige nicht besser geeignete Betriebsangehörige aus sachfremden Gründen zu übergehen;

Pflicht, bei Versetzungen die berechtigten Wünsche und Interessen der Arbeitnehmer zu berücksichtigen und Arbeitnehmer gegen ihren Willen nur dann zu versetzen, wenn dies aus überwiegenden betrieblichen Gründen geboten ist;

Pflicht, willkürliche Kündigungen von Arbeitnehmern zu unterlassen und bei etwa notwendigen Kündigungen die Auswahl der davon betroffenen Arbeitnehmer nach sozialen Gesichtspunkten vorzunehmen.

Soziale Mitbestimmung

Pflicht, den Arbeitnehmern einen angemessenen Anteil am Ertrage der gemeinsamen Arbeit zu gewähren, und zwar nicht nur im Verhältnis zum Unternehmeranteil, sondern auch im Verhältnis zum Anteil der anderen Arbeitnehmer;

Pflicht, den Arbeitnehmern angemessene Arbeitsbedingungen zu gewähren.

Wirtschaftliche Mitbestimmung

Pflicht, sich bei der Unternehmertätigkeit so zu verhalten, daß die wirtschaftlichen und technischen Voraussetzungen einer Weiterbeschäftigung der Arbeitnehmer nach Möglichkeit erhalten bleiben und eine Kündigung nicht notwendig wird (Pflicht zur Erhaltung und Fortführung des Unternehmens mit dargelegtem Inhalt).

Pflichten, die alle drei Bereiche umfassen

Pflicht, allgemein die Arbeitnehmer als Menschen zu behandeln und ihre Menschenwürde zu achten;

Pflicht, den Arbeitnehmern das Recht auf Unterrichtung und Mitberatung in allen Fragen einzuräumen.

I. Unternehmerpflichten in allen drei Bereichen

A. Behandlung als Mensch und Achtung vor der Menschenwürde

Die Pflicht des Unternehmers, die Arbeitnehmer als Menschen zu behandeln und ihre Persönlichkeit und Menschenwürde zu achten, beherrscht das Arbeitsverhältnis in allen seinen Bereichen. Diese Pflicht ist zwar nirgends in einer ausdrücklichen Gesetzesbestimmung niedergelegt, ist aber nach heutiger Anschauung selbstverständlicher Bestandteil eines jeden Arbeitsverhältnisses[44] und wird auch von der Rechtsprechung durchgesetzt[45].

Es wurde aber schon darauf hingewiesen[46], daß Verstöße gegen diese Pflicht sich nur in den recht seltenen extremen Fällen mit Hilfe der Rechtsordnung abstellen lassen. Meist wird es sich um ein Versagen im Bereich der menschlichen Beziehungen oder um eine unzeitgemäße Grundeinstellung des Unternehmers handeln. Eine Besserung kann in solchen Fällen nicht die Rechtsordnung, sondern nur Aufklärung, Erziehung sowie Wandel der menschlichen Einstellung und guter Wille auf beiden Seiten bringen. Aus erzieherischen und psychologischen Gründen wäre es aber trotzdem zweckmäßig, in ein kommendes Gesetz über das Arbeitsverhältnis ausdrücklich die Pflicht des Unternehmers aufzunehmen, die Arbeitnehmer als Mitarbeiter zu behandeln und ihre Persönlichkeit und Menschenwürde zu achten[47].

B. Unterrichtung der Arbeitnehmer und Mitberatung

Die Pflicht des Unternehmers, die Arbeitnehmer über alle Vorkommnisse zu unterrichten und ihnen das Recht auf Gehör und Mitberatung in allen Fragen einzuräumen, ist vielleicht der sinnfälligste Ausdruck der Wandlung des Arbeitsverhältnisses von einem rein schuldrechtlichen Austauschvertrag oder einem patriarchalischen Herrschaftsverhältnis zu einem sozialrechtlichen Gemeinschaftsverhältnis des Unternehmers mit seinen mündig gewordenen Mitarbeitern. Durch die Unterrichtung und Mitberatung vollzieht der Unternehmer täglich von neuem in sichtbarer Weise die Anerkennung der Arbeitnehmer als Menschen und Mitarbeiter und gibt ihnen vielfache Möglichkeiten zur Entfaltung ihrer Persönlichkeit. Nachdem durch die technisch bedingte Arbeitsteilung der Sinn und Nutzen seiner Arbeit für den Einzelnen kaum noch erkennbar ist, bringen Unterrichtung und Mitberatung den Arbeitnehmern einen gewissen Ausgleich und berücksichtigen ihren Wunsch, eine nützliche und erkennbar sinnvolle Arbeit zu leisten. Durch die Kenntnis der Beweggründe und Interessen der anderen Seite und die ständige gemeinsame Beratung der auftauchenden Fragen werden viele Spannungen vermieden und der Ausgleich bestehender Meinungsverschiedenheiten erleichtert werden.

Die Pflicht des Unternehmers, die Arbeitnehmer zu unterrichten und ihnen das Recht auf Gehör und Mitberatung einzuräumen, hat daher mit Recht im BVG in zahlreichen Bestimmungen ihren Ausdruck gefunden. Der Unternehmer hat zusammen mit den Vertretern der Belegschaft mindestens

---

[44] Die Denkschrift der Bundesvereinigung der Arbeitgeberverbände „Gedanken zur sozialen Ordnung" (Köln, März 1953) bekennt sich unter Ziff. XIX ausdrücklich zu dieser Pflicht.

[45] Vgl. z. B. Hueck, RdA 1950, 137 ff. sub. III; LAG Stuttgart, RdA 1950, 277; LAG Mannheim, BB 1954, 129.

[46] S. 75.

[47] In ein Betriebsverfassungsgesetz, das seinem Wesen nach Institutionen und Verfahren für die Durchsetzung der Arbeitnehmerrechte regelt, paßt eine solche Bestimmung nicht. Sie ist daher mit Recht nicht in das BVG aufgenommen worden.

einmal in jedem Vierteljahr der Belegschaft Kenntnis von der Lage und der Entwicklung des Unternehmens zu geben (§ 69 Abs. III, 71 BVG)[48]. Da aus ersichtlichen Gründen eine laufende Unterrichtung der ganzen Belegschaft unmöglich ist, muß sich die Unterrichtung im übrigen auf die gewählten Interessenvertreter der Belegschaft, den Betriebsrat und den Wirtschaftsausschuß, beschränken.

Im BVG sind nur an einzelnen Stellen Informationspflichten des Unternehmers ausdrücklich hervorgehoben (§§ 54 Abs. II, 61 Abs. I, 65, 66 Abs. II, 67 Abs. II, 69 Abs. II—IV, 71 BVG). Dem Betriebsrat sind aber vielfach verschiedenartig abgestufte Mitwirkungs- und Mitbestimmungsrechte eingeräumt worden; ganz allgemein haben Arbeitgeber und Betriebsrat vertrauensvoll zum Wohle des Betriebes und seiner Arbeitnehmer zusammenzuarbeiten; sie sollen mindestens einmal im Monat zu einer gemeinschaftlichen Besprechung zusammenkommen, über strittige Fragen mit dem ernsten Willen zur Einigung verhandeln und sich gegenseitig Vorschläge für die Beilegung von Meinungsverschiedenheiten machen (§ 49 BVG). Eine derartige Zusammenarbeit und ganz besonders die Wahrnehmung von Mitwirkungs- und Mitbestimmungsrechten ist jedoch nur möglich bei Kenntnis der Tatsachen, die für die jeweilige Entscheidung von Bedeutung sind. Daraus ergibt sich:

In den Fällen, in denen das BVG ein Mitwirkungs- oder Mitbestimmungsrecht der Arbeitnehmer vorsieht, enthält dies zugleich eine Informationspflicht für den Unternehmer. Und weiter: Da auch die in § 49 BVG vorgesehene Zusammenarbeit zwischen Arbeitgeber und Betriebsrat nur bei Kenntnis der Tatsachen möglich ist, wird man inzidenter aus § 49 eine Informationspflicht des Unternehmers hinsichtlich der für die streitige Frage wichtigen Tatsachen folgern müssen, wenn nur die betreffende Frage noch in den Aufgabenbereich des Betriebsrats fällt[49].

Eine Beratung des Unternehmers mit den Arbeitnehmern ist naturgemäß nicht mit der ganzen Belegschaft, sondern nur mit einer kleinen Gruppe gewählter Belegschaftsvertreter möglich. Die Pflicht des Unternehmers, die Belegschaftsvertreter zur Beratung heranzuziehen, ist im BVG gleichfalls nur in einigen Vorschriften für bestimmte Fragen ausdrücklich ausgesprochen (§§ 54 Abs. I c, 58 II, 66 I und II BVG)[50]. Dabei handelt es sich aber nur um

---

[48] In Betrieben mit weniger als 20 wahlberechtigten Arbeitnehmern werden die Arbeitnehmer diese Kenntnis durch die tägliche Zusammenarbeit mit dem Unternehmer formlos erlangen können.

[49] Wie hier Galperin § 49, 6.

[50] Das Recht auf Gehör enthält sachlich auch das Recht auf Beratung. Der Unternehmer darf sich nicht darauf beschränken, die Bedenken des Betriebsrates entgegenzunehmen, sondern aus der allgemeinen Pflicht zur Zusammenarbeit (§ 49 BVG) folgt, daß er auch zu ihnen Stellung nehmen muß. Wie hier Siebert, BB 1952, 835; Fitting-Kraegeloh § 49, 20, § 66, 1; im Ergebnis auch Dietz, Vorbem. 26 vor § 49 u. § 66, 3; a. A. Galperin, § 66, 7. Man muß daher bezweifeln, ob das Recht auf Gehör unter dem BVG gegenüber dem Recht auf Beratung wirklich das schwächere Recht ist, wie die h. L. annimmt, z. B. Dietz, Vorb. 26 vor § 49 und § 66, 3; Galperin, Vorb. 29 vor § 49 und § 66, 6.

besonders hervorgehobene wichtige Einzelfälle. Soweit dem Betriebsrat stärkere Mitwirkungs- und Mitbestimmungsrechte im BVG eingeräumt sind, enthalten sie auch das schwächere Recht auf Mitberatung in diesen Fragen[51]. Ferner hat Siebert[52] schon mit Recht darauf hingewiesen, daß Informationsrechte des Betriebsrats wenig Sinn haben würden, wenn der Betriebsrat nicht die Möglichkeit hat, etwaige Bedenken dem Unternehmer vorzutragen. Auch Antrags- und Überwachungsrechte wie §§ 51, 54,I b; §§ 54 I a und b, 58 können nur fruchtbar wahrgenommen werden, wenn der Betriebsrat sich nicht auf einen Antrag oder eine Beanstandung beschränken muß, sondern die Frage in gemeinsamer Beratung erörtert wird[53]. Alle Informations-, Antrags- und Überwachungsrechte stehen unter dem in § 49 BVG niedergelegten Leitgedanken der innerbetrieblichen Verständigung und Zusammenarbeit zum Wohle des Betriebes. Daraus ergibt sich ihre Verstärkung zu Rechten auf Gehör und Beratung, soweit der Betriebsrat eine Beratung über diesen Gegenstand wünscht[54]. Man wird aber darüber hinaus aus Sinn und Zweck des § 49 nicht nur eine allgemeine Informationspflicht des Unternehmers, sondern auch eine allgemeine Pflicht des Unternehmers folgern müssen, in allen Fragen, die in das Aufgabengebiet des Betriebsrates fallen, ein Recht auf Gehör und Mitberatung einzuräumen.

Erfahrungsgemäß wird das gesamte betriebliche Geschehen und die Regelung aller etwa auftretenden Meinungsverschiedenheiten entscheidend beeinflußt von der wirtschaftlichen Lage und Entwicklung des Unternehmens. Die Zusammenarbeit zwischen Unternehmer und Arbeitnehmern bzw. Arbeitnehmervertretung wird daher weitgehend von dem Verständnis der Arbeitnehmer für die wirtschaftlichen Zusammenhänge und von ihrer Überzeugung abhängen, daß die wirtschaftlichen Maßnahmen des Unternehmers notwendig und zweckmäßig waren und sind. Während in kleineren Betrieben die Arbeitnehmervertreter noch leidlich mit allgemeiner Lebenserfahrung, gesundem Menschenverstand und verhältnismäßig geringen Spezialkenntnissen auskommen mögen, erfordern die schwierigen und oft verwickelten Zusammenhänge in größeren Betrieben schon recht erhebliches wirtschaftliches Verständnis, geistige Beweglichkeit und Urteilsvermögen in wirtschaftlichen Fragen. Eine derartige besondere Qualifikation wird man von vielen für das Amt des Betriebsrates durchaus geeigneten Arbeitnehmern nicht verlangen können. Wenn man also nicht entweder den Kreis der für den Betriebsrat geeigneten Kandidaten sehr stark beschränken oder die Arbeitnehmervertreter weitgehend zur Einflußlosigkeit mit allen sich daraus für eine vertrauensvolle Zusammenarbeit ergebenden Gefahren verurteilen will, ist es zweckmäßig, für die wirtschaftliche Unterrichtung und Mitberatung in den größeren Unternehmen einen besonderen Sachverständigenausschuß zu schaffen.

---

[51] Ebenso Galperin, Vorb. 31 z. § 49.

[52] BB 1952, 832 ff.; vgl. ferner Dietz, Vorb. 25 zu § 49.

[53] Vgl. Galperin, § 54, 4; Dietz, § 54, 2.

[54] Das bedeutet ein schwächeres Recht als die im Gesetz vorgesehenen Rechte auf Gehör und Beratung, die den Unternehmer verpflichten, von sich aus die Initiative zu ergreifen.

Das BVG ist mit Recht diesen Weg gegangen. Der Wirtschaftsausschuß (§ 67 ff. BVG) ist kein Organ des Unternehmers oder der Belegschaft, sondern ein unabhängiger Ausschuß von Sachverständigen beider Seiten[55] und daher besonders geeignet, eine vertrauensvolle Zusammenarbeit zwischen Betriebsrat und Unternehmer zu fördern und eine gegenseitige Unterrichtung in wirtschaftlichen Angelegenheiten sicherzustellen. Die Aufgabe, eine Stelle der rein sachlichen Erörterung, des Ausgleichs und der Zusammenarbeit zu sein, wird dem Wirtschaftsausschuß wesentlich dadurch erleichtert, daß er keine eigenen Entscheidungen zu treffen und keine Mitbestimmungsrechte auszuüben hat, sondern nur Entscheidungen des Unternehmers oder der Arbeitnehmer, besonders Arbeitnehmerentscheidungen im Bereich der wirtschaftlichen Mitbestimmung gemäß § 76 BVG vorzubereiten hat. Die Verbindung des Wirtschaftsausschusses zu den beiden Sozialpartnern des Unternehmens ist dadurch gewährleistet, daß ihm einerseits mindestens ein Betriebsratsmitglied angehören muß, andererseits der Wirtschaftsausschuß die Anwesenheit des Unternehmers verlangen kann, ferner dadurch, daß Unternehmer und Betriebsrat ihren vierteljährlichen Lagebericht gemäß § 69 Abs. III BVG der Belegschaft gemeinsam mit dem Wirtschaftsausschuß zu erstatten haben. Der Unternehmer wird in der Regel auch schon von sich aus ein großes Interesse daran haben, seinen Standpunkt im Wirtschaftsausschuß darzulegen und notfalls zu verteidigen.

Vom Unternehmer unter Mißachtung des Informations- und Beratungsrechts der Arbeitnehmer getroffene Entscheidungen werden dadurch in ihrer Wirksamkeit nicht berührt[56]. Eine andere Frage ist es, inwieweit Belegschaft, Betriebsrat und Wirtschaftsausschuß ihr Recht auf Unterrichtung und Beratung durchsetzen können. Eine erzwungene Beratung wird in der Regel für die Arbeitnehmer wertlos sein. Informationsrechte erleichtern aber den Arbeitnehmern ganz allgemein die sachgemäße Wahrnehmung ihrer Interessen, so daß ihre Durchsetzung sinnvoll erscheint. Das BVG stellt im § 78 Abs. I d die vorsätzliche Verletzung einiger wichtiger Auskunftspflichten des Unternehmers unter Strafe und schafft so einen mittelbaren Zwang, sie zu erfüllen. Bei Streit über den Umfang der dem Unternehmer gegenüber dem Wirtschaftsausschuß obliegenden Auskunftspflicht entscheidet gemäß

---

[55] Wie hier Galperin § 67, 9, 10 15; Hessel, BB 1952, 921; unentschieden Siebert, BB 1952, 883. Die Ansicht von Schlessmann, Betrieb 1953, 1058, der Wirtschaftsausschuß sei nur ein Informationsorgan, eine Beratung des Unternehmers gehöre aber nicht zu seinen Aufgaben, ist mit der h. M. — vgl. noch Dietz, Vorbem. 4 ff. zu § 67; Sauerborn, BB 1952, 809 — als sachlich unberechtigte und unzweckmäßige Beschränkung seines Aufgabenbereichs abzulehnen.

[56] Allgemeine Meinung. Streit besteht nur über die Wirksamkeit einer Kündigung ohne die nach § 66 I vorgeschriebene Anhörung des Betriebsrats. Die Anhörung des Betriebsrats ist nach richtiger Ansicht keine Wirksamkeitsvoraussetzung, wie sich aus der Fassung des BVG und dem Verhältnis des BVG zum KSchGes. ergibt. Nachweis über den Stand der Meinungen BB 1953, 443, danach LAG Frankfurt und Hamm, BB 1953, 531; LAG Hamburg, BB 1953, 769; LAG Kiel, Betrieb 1953, 696; LAG Düsseldorf, Betrieb 1954, 391, die eine Kündigung ohne Anhörung des Betriebsrats für wirksam halten.

§ 70 Abs. II die Einigungsstelle des § 50 BVG verbindlich. Im übrigen wird man Meinungsverschiedenheiten über den Umfang der Auskunftspflicht des Unternehmers als Streitigkeiten im Sinne des § 82 Abs. I f BVG ansehen müssen, über die das Arbeitsgericht im Beschlußverfahren entscheidet[57].

Es zeigt sich also, daß das BVG das Recht der Arbeitnehmer auf Unterrichtung und Mitberatung als eines der für die Arbeitnehmer wichtigsten Rechte und als Grundlage einer vertrauensvollen Zusammenarbeit im Betriebe anerkennt und dem Unternehmer entsprechende Pflichten auferlegt.

II. Personelle Mitbestimmung

A. Unternehmerpflichten bei der Einstellung[58]

Bei der Einstellung neuer Arbeitnehmer muß der Unternehmer zwei Pflichten beachten:

1. Keine Arbeitnehmer einzustellen, die fachlich unfähig sind oder durch ihr Verhalten den Betriebsfrieden stören werden.
2. Für Beförderungsstellen keine betriebsfremden Personen einzustellen, falls gleichqualifizierte Betriebsangehörige vorhanden sind.

Es wäre unzweckmäßig, dem Unternehmer zu gestatten, zunächst selbständig neue Arbeitnehmer einzustellen und dem Betriebsrat — die Arbeitnehmer können ihr Mitbestimmungsrecht aus ersichtlichen Gründen hier nur durch ihre Repräsentanten ausüben — nur ein nachträgliches Vetorecht zu geben. Es wurde schon auf die Notwendigkeit hingewiesen, die Arbeitnehmer und ihre Repräsentanten möglichst schon beim Fassen der Entschlüsse zu beteiligen und vorher eine Einigung zu erzielen. Das gilt besonders bei der Einstellung neuer Arbeitnehmer, die sonst während der Vetofrist mit einer untragbaren Ungewißheit belastet würden.

Das BVG verpflichtet daher mit Recht den Arbeitgeber, bei jeder geplanten Einstellung dem Betriebsrat den für den Bewerber in Aussicht genommenen Arbeitsplatz mitzuteilen und Auskunft über die Person des Bewerbers zu geben (§ 61 BVG). Der Betriebsrat hat seine etwaigen Bedenken dem Arbeitgeber binnen einer Woche schriftlich mitzuteilen; Schweigen ist als Zustimmung zu betrachten. Wenn der Betriebsrat Bedenken geltend macht, wird man damit rechnen dürfen, daß sich Unternehmer und Betriebsrat meist einigen werden. Es wäre jedoch eine ungerechtfertigte Beschränkung der Handlungsfreiheit des Unternehmers, ihm das Einstellen neuer Arbeitnehmer nur nach vorhergehender Einwilligung des Betriebsrats zu gestatten und vom Unternehmer zu verlangen, seinerseits eine Schiedsinstanz anzurufen, falls diese Einwilligung verweigert wird. Das BVG sieht davon mit Recht ab. Es entspricht vielmehr der hier vom Betriebsrat erfüllten

---

[57] So Siebert, BB 1952, 834; Galperin, § 82 Anm. 16; LAG Mannheim, BB 1953, 501; vgl. § 2 Abs. 1 Ziff. 4 i ArbGG 1953.

[58] Eine zusammenfassende Darstellung des Mitwirkungsrechts des Betriebsrats bei Einstellung mit eingehenden Nachweisen gibt Köst, Betrieb, Beilage 1/1954.

Überwachungsaufgabe, daß der Unternehmer im Falle der Nichteinigung zur vorläufigen Einstellung berechtigt ist[59], jedoch der Betriebsrat zur Klärung des Streits das Arbeitsgericht — die für diese Fälle geeignete Schiedsinstanz — anrufen kann. Wenn der Betriebsrat dies nicht binnen zwei Monaten tut, gilt sein Schweigen als Zustimmung.

Durch die in § 61 Abs. III BVG erschöpfend[60] aufgezählten Gründe, aus denen der Betriebsrat seine Zustimmung verweigern kann, erhält der Unternehmer einerseits eine Richtlinie für sein Verhalten, andererseits braucht er nicht zu fürchten, daß seine Handlungsfreiheit durch willkürliches Handeln des Betriebsrats unbillig beeinträchtigt wird. Alle wichtigen und schutzwürdigen Interessen der Arbeitnehmer, insbesondere auch das Verbot ungerechtfertigter Benachteiligung aus Gründen der Rasse, Religion oder politischen oder gewerkschaftlichen Einstellung sind in § 61 Abs. III BVG aufgeführt. Zwar genügt das Vorbringen, der Einstellungsbewerber sei fachlich unfähig, für sich allein nicht, um die Feststellungsklage nach § 61 Abs. III zu rechtfertigen. Der Betriebsrat kann seine Bedenken aber vor der Einstellung geltend machen. Es ist anzunehmen, daß der Unternehmer sie schon im eigenen Interesse sehr sorgfältig prüfen und ihnen stattgeben wird, wenn sie begründet sind. Falls eine Einigung nicht zustande kommt, muß allerdings die Beurteilung des Unternehmers als Risikoträger maßgebend sein, falls sie nicht durch die in § 61 Abs. III b, c genannten Tatsachen beeinflußt und deshalb angreifbar ist[61].

Da der Betriebsrat seine Zustimmung auch dann versagen kann, wenn die Einstellung gegen durch Tarifvertrag oder Betriebsvereinbarung festgelegte Richtlinien verstößt, können die Arbeitnehmer und besonders auch die Gewerkschaften ihren Einfluß auf diesem Wege noch erweitern und dafür sorgen, daß die Besonderheiten eines Industriezweiges oder eines einzelnen Unternehmens berücksichtigt werden. Durch Vereinbaren von Einstellungsrichtlinien können die Arbeitnehmr auch erreichen, daß keine betriebsfremden Personen in Beförderungsstellen gelangen, falls gleichqualifizierte Betriebsangehörige vorhanden sind. Bei Streit über die Qualifikation der Bewerber muß allerdings das Urteil des Unternehmers als des Risikoträgers entscheiden, es sei denn, daß dieses Urteil offenbar unsachlich ist, insbesondere durch die in § 61 Abs. III b, c genannten Umstände bedingt ist[62].

Fehlende Gewerkschaftszugehörigkeit und Weigerung, in die Gewerkschaft einzutreten, würde nicht unter den Ablehnungsgrund des § 61 Abs. IIId fallen; denn nach § 51 hat der Betriebsrat ausdrücklich die Aufgabe, gemein-

---

[59] In solchen Fällen übernimmt der eingestellte Arbeitnehmer das Risiko einer vorzeitigen Beendigung des Arbeitsverhältnisses aus eigenem Entschluß; denn der Unternehmer ist verpflichtet, ihn auf den vorläufigen Charakter der Einstellung hinzuweisen. Falls der Unternehmer dies unterläßt, macht er sich schadensersatzpflichtig.

[60] Daß es sich um eine erschöpfende Aufzählung handelt, ergibt sich aus der Fassung des Gesetzes „nur verweigern"; h. L. Vgl. Fitting-Kraegeloh § 61, 28; Galperin § 61, 28; Dietz § 61, 25.

[61] Wie hier Galperin § 61, 28 und 29.

[62] Wie hier Galperin § 61, 28.

sam mit dem Arbeitgeber darüber zu wachen, daß jede unterschiedliche Behandlung von Personen wegen ihrer ... gewerkschaftlichen Betätigung oder Einstellung, ... unterbleibt. § 51 bezieht sich zwar seinem Wortlaut nach nur auf die Gleichbehandlung der im Betriebe tätigen Personen, ist aber seinem ganzen Sinne nach auch auf Einstellungsbewerber auszudehnen, da gerade bei der Einstellung die Gefahr unberechtigter Ungleichbehandlung der Bewerber besonders groß ist. Daß § 51 diese Pflicht dem Betriebsrat auch gegenüber Einstellungsbewerbern auferlegt, zeigt ferner § 61 Abs. III c; denn diese Bestimmung soll es dem Betriebsrat gerade ermöglichen, seine Pflicht aus § 51 gegenüber den Einstellungsbewerbern zu erfüllen. Wenn der Betriebsrat aber eine Ungleichbehandlung der Bewerber durch den Arbeitgeber zu verhindern hat, darf er nicht selbst durch Versagen seiner Zustimmung wegen fehlender Gewerkschaftszugehörigkeit eine Benachteiligung einzelner Bewerber herbeiführen[83].

B. Unternehmerpflichten bei Versetzungen

Wir hatten als Pflicht des Unternehmers bei Versetzungen festgestellt, die berechtigten Wünsche und Interessen der Arbeitnehmer zu berücksichtigen. Dabei handelt es sich

1. um das Interesse der einzelnen Arbeitnehmer, sich infolge der Versetzung nicht hinsichtlich Ort der Arbeit, Art der Arbeit, Lohn und Arbeitsbedingungen zu verschlechtern und nicht aus ihrer sozialen Gruppe herausgerissen zu werden, es sei denn, daß dies durch überwiegende betriebliche Erfordernisse geboten ist;

2. um das Interesse der Arbeitsgruppen, nicht durch eine Entscheidung des Unternehmers Gruppenmitglieder zu erhalten, die sachlich ungeeignet sind oder den Gruppenfrieden stören werden;

3. um das Interesse der Gleichbehandlung aller Arbeitnehmer.

Die Versetzung von Arbeitnehmern beruht auf dem Direktionsrecht des Unternehmers. Der Bereich der auf Grund dieses Rechts möglichen Anordnungen des Unternehmers richtet sich nach dem Arbeitsvertrag, der Verkehrssitte und Treu und Glauben[84].. Die Versetzung in einen anderen Betrieb bedarf daher der Zustimmung des Arbeitnehmers. Ob das auch für die Versetzung in eine andere selbständige Betriebsabteilung an einem anderen Ort oder in einem anderen Stadtteil gilt, hängt von dem Inhalt des Arbeitsvertrages und den tatsächlichen Umständen ab. Eine Änderung in der Art seiner Arbeit durch die Versetzung braucht sich der Arbeitnehmer ohne seine Zustimmung nur gefallen zu lassen, wenn die neue Arbeit noch im Rahmen der Arbeiten liegt, zu denen er sich nach dem Arbeitsvertrag verpflichtet hat. Falls darunter verschieden entlohnte Arbeiten fallen, muß der Arbeitnehmer auch eine Lohnminderung infolge der Versetzung hinnehmen; anderenfalls darf ihn der Unternehmer zwar versetzen, muß dem Arbeit-

[83] In § 68 Abs. III c des Regierungsentw. z. BVG war dies sogar ausdrücklich ausgesprochen; ebenso Galperin § 51, 6; Dietz § 61, 43.

[84] Nikisch S. 111; Galperin, Betrieb 1952, 186 ff.

nehmer aber seinen alten Lohn weiterzahlen, falls der Arbeitnehmer sich nicht mit der Lohnminderung einverstanden erklärt[65]. Ein sehr wesentlicher Teil der oben unter Ziff. 1 genannten Interessen der einzelnen Arbeitnehmer war also schon bisher durch die Rechtsordnung geschützt.

Nach §§ 60, 63 BVG hat jetzt der Betriebsrat in der gleichen Weise wie bei Einstellungen mitzuwirken und mitzubestimmen, falls die Versetzung sich nicht in dem durch § 60 Abs. III BVG umrissenen Rahmen hält. Der Einflußbereich des Betriebsrats umfaßt also im wesentlichen die gleichen Versetzungen, die bisher der Zustimmung der Arbeitnehmer bedurften, dazu allerdings gewisse Versetzungen, die zwar die Arbeitnehmer benachteiligen, aber bisher ohne Zustimmung der betroffenen Arbeitnehmer erfolgen konnten, weil sie sich im Rahmen des Arbeitsverhältnisses hielten, z. B. bei Pflicht des Arbeitnehmers, verschieden entlohnte Arbeiten zu leisten.

Die Zustimmung des Betriebsrats kann die etwa erforderliche Zustimmung des Arbeitnehmers nicht ersetzen, sie bleibt weiter erforderlich[66]. Der Vorteil für die betroffenen Arbeitnehmer liegt darin, daß jetzt zunächst der Betriebsrat eingeschaltet ist, der die Interessen der Arbeitnehmer gegenüber dem Unternehmer u. U. mit mehr Nachdruck vertreten kann als die Arbeitnehmer selbst, die im Weigerungsfalle eventuell eine Kündigung befürchten. Obgleich dies in § 63 nicht ausdrücklich gesagt ist, wird man annehmen müssen, so daß der Betriebsrat die Feststellungsklage nach § 61 Abs. II auch dann erheben kann, wenn die Versetzung von der Zustimmung des Arbeitnehmers abhängig ist und dieser seine Zustimmung verweigert. Da der Betriebsrat aber nicht nur Individualinteressen, sondern in erster Linie bei seiner Mitwirkung bei Versetzungen Kollektivinteressen zu vertreten hat, kann er andererseits die Feststellungsanklage auch dann erheben, wenn der betreffende Arbeitnehmer mit der Versetzung einverstanden ist.

Falls ein Arbeitnehmer lediglich an einen neuen Arbeitsplatz innerhalb der gleichen selbständigen Betriebsabteilung oder innerhalb des gleichen Betriebes am gleichen Ort bei gleichen Arbeitsbedingungen versetzt wird und damit eine Schlechterstellung nicht verbunden ist, wird er zwar aus seiner alten Arbeitsgruppe herausgerissen, u. U. verschlechtert sich auch seine Stellung in der inoffiziellen Rangordnung des Betriebes, seine materielle Lage verändert sich aber nicht und es wird auch nicht von ihm verlangt, sich in eine ihm völlig fremde Umgebung neu einzuleben. Da die technische und wirtschaftliche Entwicklung vom Unternehmer heute ein ständiges Sich-Anpassen verlangt und dieser Anpassungsprozeß ohne Versetzen von Arbeitnehmern oft nicht möglich ist, muß auch von den Arbeitnehmern eine gewisse Anpassungsfähigkeit und -bereitschaft gefordert werden. Es reicht daher aus, wenn sie entgegenstehende Wünsche und Interessen entweder selbst oder durch den Betriebsrat dem Unternehmer vortragen können. Es entspricht dem eigenen Interesse des Unternehmers, solche Wünsche im Rahmen des Möglichen zu erfüllen. Bei solchen Versetzungen ist eine Mitwirkung des Betriebsrats nach § 60 ff. BVG im BVG mit Recht nicht vorgesehen.

---

[65] Nikisch S. 109 ff. mit Nachweisen u. Betrieb 1952, 844.

[66] Galperin § 60, 22.

Das Interesse der Arbeitsgruppe, nicht durch eine Entscheidung des Unternehmers Mitarbeiter zu erhalten, die sachlich unfähig sind oder den Gruppenfrieden stören werden, wird z. T. schon durch die Mitwirkung des Betriebsrats bei der Einstellung gewahrt.. Wenn bei Versetzungen ein Arbeitnehmer voraussichtlich für eine bestimmte Arbeit ungeeignet ist oder in eine bestimmte Gruppe nicht paßt, können die Arbeitnehmer dies selbst oder durch den Betriebsrat gem. § 49 BVG dem Unternehmer vortragen. Man darf annehmen, daß der Unternehmer diese Wünsche nach Möglichkeit erfüllen wird, da die Gruppenharmonie die Arbeitsleistung stark beeinflußt. Die Entscheidung muß aber beim Unternehmer bleiben, da sonst seine Bewegungsfreiheit bei der Leitung des Betriebes zu sehr eingeengt würde. Durch Mitwirkung des Betriebsrats nach § 60 ff. BVG können die Arbeitnehmer dieses Interesse nur sehr beschränkt wahren, da dieses Interesse bei allen Versetzungen besteht, § 60 ff. aber wegen § 60 Abs. III auf die häufigsten Versetzungsfälle nicht anwendbar ist[67].

Aus dem gleichen Grunde können die Arbeitnehmer meist nicht über § 60 ff. BVG, sondern nur über § 49 BVG dafür sorgen, daß der Unternehmer bei Versetzungen alle Arbeitnehmer gleichmäßig behandelt. Das dürfte auch genügen; denn bei Versetzungen ohne Umgruppierung ist die Gefahr der Ungleichbehandlung nicht sehr groß. Falls die Versetzung jedoch gleichzeitig eine Umgruppierung mit sich bringt, sind § 60 ff. aus diesem Grunde anwendbar.

Die Arbeitnehmer haben also vielfache Rechtsbehelfe, um den Unternehmer zu zwingen, daß er bei Versetzungen seine Pflichten erfüllt; andererseits bleibt dem Unternehmer die notwendige Handlungsfreiheit. Die Regelung des BVG betreffend Versetzungen in § 60 ff. ist jedoch als mißglückt anzusehen. Die Mitbestimmung des Betriebsrats bei Einstellungen und Umgruppierungen dient dem Schutz von Kollektivinteressen der Belegschaft wie Gleichbehandlung, Betriebsfrieden, Einhalten von Gesetzen und Tarifverträgen. Diese Interessen sind durch Versetzungen nicht so stark gefährdet. Ihre etwaige Gefährdung ist aber unabhängig von der Wirkung der Versetzung auf die Lage des einzelnen Arbeitnehmers. Durch § 60 Abs. III wird in diese auf Schutz der Belegschafts- und Gruppeninteressen abgestellte Regelung der Gedanke des Individualschutzes hineingetragen, ohne daß für einen solchen Individualschutz ein Bedürfnis besteht. So wird der Individualschutz unnötigerweise verdoppelt und der beabsichtigte Schutz von Kollektivinteressen in den meisten Fällen aufgehoben. Die eine Lösung wäre, § 60 Abs. III zu streichen. Zweckmäßiger wäre es aber wahrscheinlich, die Versetzungen aus der Mitbestimmung des Betriebsrats nach § 60 ff. überhaupt

---

[67] Wenn der Betriebsrat gem. § 66 Abs. IV BVG die Entlassung oder Versetzung von Arbeitnehmern verlangen kann, die durch unsoziales oder gesetzwidriges Verhalten den Betriebsfrieden wiederholt ernstlich gestört haben, so sollen damit die Arbeitnehmer eine Möglichkeit erhalten, den Unternehmer zur Erfüllung seiner Pflicht anzuhalten, den Betriebsfrieden gegen Störungen zu schützen. Auf diese Weise lassen sich in einem gewissen Umfang auch falsche Entscheidungen des Unternehmers hinsichtlich Einstellungen und Versetzungen nachträglich korrigieren, der eigentliche Schwerpunkt des § 66 IV liegt aber auf einem anderen Gebiet.

herauszulassen, da Versetzungen ohne Umgruppierung die Kollektivinteressen der Belegschaft nicht so stark berühren und insoweit der Schutz durch das allgemeine Mitwirkungsrecht des Betriebsrats nach § 49 BVG genügen dürfte.

C. Unternehmerpflichten bei Umgruppierungen

Die Umgruppierung eines Arbeitnehmers wird häufig die sekundäre Folge der Tatsache sein, daß dem betreffenden Arbeitnehmer eine schwierigere oder verantwortungsvollere Arbeit übertragen worden, daß er also befördert worden ist. Wie allgemein anerkannt ist, muß der Unternehmer alle seine Arbeitnehmer gleich und gerecht behandeln; er darf sich also bei Beförderungen nicht durch die in § 61 Abs. III b, c BVG genannten Beweggründe leiten lassen und besser geeignete Bewerber um die Beförderungsstelle aus derart sachfremden Gründen übergehen; er muß ferner die infolge der Beförderung möglicherweise eintretende Störung des Betriebsfriedens bedenken. Diese Interessen der Arbeitnehmer kann der Betriebsrat nunmehr gemäß §§ 60—63 BVG wirksam wahren und so das berechtigte Interesse der Arbeitnehmer an Aufstiegsmöglichkeiten auch bei innerbetrieblichen Beförderungen sichern. Bei Streit um die rein fachliche Eignung mehrerer betriebsangehöriger Bewerber muß aber ebenso wie bei Einstellungen und Versetzungen das Urteil des Unternehmers entscheiden.

Oft wird es sich bei einer Umgruppierung aber auch nur um die höhere oder tiefere Einstufung der gleichen Arbeit handeln. Darin kann die Verletzung eines Tarifvertrages oder einer Betriebsvereinbarung liegen oder die Bewertung kann aus den in § 61 Abs. III b, c BVG genannten sachfremden Gründen erfolgt sein. Mit Umgruppierung nach oben, sei es, daß sie der Unternehmer von sich aus vornimmt, sei es, daß er einem Verlangen des betreffenden Arbeitnehmers stattgibt, werden die begünstigten Arbeitnehmer immer einverstanden sein, auch wenn die Umgruppierung einen Tarifvertrag oder eine Betriebsvereinbarung verletzt oder aus den in § 61 Abs. III b, c genannten Gründen erfolgt. Hier obliegt es nunmehr dem Betriebsrat, einzugreifen und zu verhindern, daß einzelne Arbeitnehmer unberechtigt bevorzugt werden und im Verhältnis zu den anderen Arbeitnehmern einen unangemessenen hohen Anteil am Ertrage der gemeinsamen Arbeit erhalten. Insoweit nimmt der Betriebsrat Kollektivinteressen der Belegschaft gegen das Individualinteresse einzelner Arbeitnehmer wahr[68].

---

[68] Bei Umgruppierungen, bei denen ohne Veränderung der arbeitsvertraglichen Stellung des Arbeitnehmers nur eine veränderte Einstufung der gleichen Arbeit erfolgt, will der Unternehmer in der Regel nur den bisher unrichtig angewandten Tarifvertrag bzw. die Betriebsvereinbarung jetzt richtig anwenden; es handelt sich also um Normenvollzug. Trotzdem hat auch in diesen Fällen der Betriebsrat kraft der ausdrücklichen Bestimmungen der § 60—63 BVG zum Schutze der Arbeitnehmerinteressen ein Mitbestimmungsrecht und ist nicht auf das allgemeine Überwachungsrecht nach § 54 Abs. I b beschränkt. Die Tatsache, daß durch eine Einigung zwischen Betriebsrat und

Gegen Umgruppierungen nach unten unter Verstoß gegen einen Tarifvertrag oder eine Betriebsvereinbarung oder unter Verletzung des Gleichheitsgrundsaztes konnte sich der betroffene Arbeitnehmer schon bisher wehren und tat es in der Regel auch. Das Einschalten des Betriebsrats verbessert jedoch seinen Rechtsschutz, weil manchmal der betroffene Arbeitnehmer aus Sorge um seinen Arbeitsplatz oder aus Scheu vor einem Prozeß eine Klage unterläßt. Die Zustimmung des Betriebsrats wird für ihn ein Hinweis sein, daß die Umgruppierung wahrscheinlich rechtmäßig war. Es steht ihm aber trotzdem frei, diese Frage durch eine Klage vor dem Arbeitsgericht nachprüfen zu lassen. Die Beteiligung des Betriebsrats dient also zugleich dem Individualschutz des betreffenden Arbeitnehmers und dem Kollektivinteresse an der Tariftreue des Unternehmers.

D. Unternehmerpflichten bei Kündigungen

Der Unternehmer muß das Recht haben, Arbeitnehmern zu kündigen. Die Kündigung ist aber für die auf abhängige Arbeit angewiesenen Arbeitnehmer diejenige Entscheidung des Unternehmers, die am stärksten in ihren Lebensbereich eingreift und schwere wirtschaftliche und persönliche Belastungen zur Folge haben kann. Andererseits ist gerade bei der Kündigung die Gefahr besonders groß, daß der Unternehmer aus Nachlässigkeit oder sogar bewußt seine Macht und sein Entscheidungsrecht zum Nachteil der Arbeitnehmer gebraucht. Zu Gunsten der Arbeitnehmer, die aus sozialen Gründen besonders schutzbedürftig sind wie Schwerbeschädigte, werdende Mütter oder ältere Angestellte oder die wegen ihrer exponierten Stellung stark gefährdet sind, wie Betriebsräte, hat man daher das Kündigungsrecht des Unternehmers zeitweilig ausgeschlossen oder die Kündigung erschwert[69].

Unsere Rechtsordnung hat aber schon früh erkannt, daß es außerdem notwendig ist, durch Mitbestimmungsrechte der Arbeitnehmer den Unternehmer allgemein einer Ermessenskontrolle zu unterwerfen, damit er die ihm obliegende Pflicht erfüllt, willkürliche Kündigungen zu unterlassen und bei etwa notwendigen Kündigungen die Auswahl der davon betroffenen Ar-

---

Unternehmer die Frage der richtigen Einstufung mit Wirkung für den betroffenen Arbeitnehmer nicht bindend entschieden werden kann, steht diesem Mitbestimmungsrecht nicht entgegen. Für die hier vertretene Auffassung spricht auch die Entstehungsgeschichte z. B. § 72 Regierungsentwurf und der Ausschußbericht, Sabel RdA 1952, 290. Wie hier Dietz § 60, 12; a. A. Nikisch, Betrieb 1952, 844; Galperin § 60, 13; Vielhaber, BB 1953, 981; LAG Hamm, BB 1954, 161.

[69] Schwerbeschädigtengesetz v. 12. 1. 1923 § 13 ff., jetzt Schwerbeschädigtengesetz v. 16. 6. 1953 § 14 ff.; Mutterschutzgesetz v. 17. 5. 1942 § 6, jetzt Mutterschutzgesetz v. 24. 1. 1952 § 9; Gesetz über die Fristen für die Kündigung von Angestellten v. 9. 7. 1926; Kündigungsschutz der Betriebsräte: BRG 1920 § 96; AOG § 14; KRG 22 Art. IX; Ländergesetze; KSchG v. 10. 8. 1951 § 13 ff.

beitnehmer nach sozialen Gesichtspunkten vorzunehmen[70]. Nachdem durch die Verhältnisse nach 1945 eine kaum noch zu übersehende Rechtszersplitterung eingetreten war, sind die Mitbestimmungsrechte der Arbeitnehmer bei Kündigungen durch das Kündigungsschutzgesetz vom 10. 8. 1951 und das BVG einheitlich neu geregelt worden.

Wegen der großen Nachteile, die eine Ungewißheit über die Berechtigung der Kündigung für die davon betroffenen Arbeitnehmer mit sich bringt, muß besonders bei Kündigungen der Grundsatz gelten, daß sich Unternehmer und Arbeitnehmer über die Berechtigung der vom Unternehmer beabsichtigten Maßnahme möglichst vorher einigen sollen. Mit Recht verlangt daher das BVG in § 66, daß der Betriebsrat vor jeder Kündigung zu hören ist. Die Berechtigung der Kündigung hängt von der wirtschaftlichen und technischen Lage des Betriebes und der Zusammensetzung seiner Belegschaft ab. Der einzelne Arbeitnehmer hat nicht den erforderlichen Überblick und vom Unternehmer ist auch nicht zu verlangen, jedem Arbeitnehmer, den er kündigen muß, zunächst derart allgemeine Erläuterungen zu geben. Diese Übersicht hat nur der Betriebsrat; er ist daher der gegebene Verhandlungspartner des Unternehmers als Vertreter der Interessen der von der Kündigung bedrohten Arbeitnehmer. Neben den Individualinteressen der betroffenen Arbeitnehmer kann der Betriebsrat zugleich auch etwaige gemeinschaftliche Interessen aller Arbeitnehmer geltend machen, z. B. an einer bestimmten Zusammensetzung der Belegschaft. Wenn der Betriebsrat der Kündigung zustimmt, wird meist kein Ermessensfehler oder Machtmißbrauch des Unternehmers vorliegen.

Wenn Unternehmer und Betriebsrat sich nicht einigen können, wäre es wiederum eine unberechtigte Beschränkung der Handlungsfreiheit des Unternehmers, ihn an die Zustimmung des Betriebsrats zur Kündigung zu binden und es dem Unternehmer zu überlassen, beim Arbeitsgericht auf Erteilung der Zustimmung zu klagen. Der Unternehmer müßte sonst während der Dauer dieses Rechtsstreits alle Verpflichtungen aus dem Arbeitsvertrage erfüllen und könnte, wenn er obsiegt, vom Betriebsrat keinen Ersatz dieser Aufwendungen verlangen. Die Interessen der Arbeitnehmer werden ausreichend gewahrt, wenn der Unternehmer zunächst die Kündigung aussprechen darf, aber auf Antrag des Arbeitnehmers eine Nachprüfung der Kündigung durch das Arbeitsgericht erfolgt und der Unternehmer dem Arbeitnehmer, der obsiegt, den Lohn nachzahlen muß. Die Gefahr, für längere Zeit Lohn ohne Arbeit zahlen zu müssen, wird den Unternehmer veranlassen, keine leichtfertigen Kündigungen auszusprechen. Für die Arbeitnehmer ist das Kostenrisiko eines Verfahrens vor dem Arbeitsgericht so gering, daß sie aus diesem Grunde nicht von einer Klage abzusehen brauchen. Etwaige Kollektivinteressen der Belegschaft kommen durch das Recht des Betriebsrats auf Gehör hinreichend zur Geltung und rechtfertigen

---

[70] BRG 1920 § 84 ff.; AOG § 56 ff.; nach Aufhebung des AOG durch KRG 40 Anwendung von §§ 138, 242 BGB durch die Gerichte; Ländergesetze: Bayern, KSchG v. 1. 8. 1947, später BRG § 67 ff.; Württ.-Baden, KSchG v. 18. 8. 1948; Hessen, BRG § 42 ff.; Rhld.-Pfalz, BRG § 46 ff.; Baden, BRG § 35 ff.; Württ.-Hohz., BRG § 84 ff.; Berlin-West, KSchG v. 20. 5. 1950.

nicht eine andere Entscheidung. BVG und KSchG haben daher mit Recht davon abgesehen, den Unternehmer bei Kündigungen an die vorangehende Einwilligung des Betriebsrats zu binden[71].

Nach der Kündigung wird der Betriebsrat nur noch zu einem letzten Vermittlungsversuch eingeschaltet (§ 2 KSchGes.), das Einspruchsrecht gegen die Kündigung steht aber dem betroffenen Arbeitnehmer persönlich zu, und zwar selbst dann, wenn der Betriebsrat mit der Kündigung einverstanden war. Das Einspruchsrecht des gekündigten Arbeitnehmers ist also nicht von der Stellungnahme des Betriebsrats abhängig. Das bestätigt die oben vertretene These, daß die Mitbestimmungsrechte Individualrechte der einzelnen Arbeitnehmer sind, die nur meist einer Ausübung durch den einzelnen Arbeitnehmer allein nicht fähig sind, sondern gemeinschaftlich durch den Betriebsrat ausgeübt werden müssen.

Im Rahmen dieser Arbeit ist es weder nötig noch möglich, auf die vielen noch streitigen Fragen des KSchG einzugeheen. Hier muß die Feststellung genügen, daß § 66 BVG sowie §§ 1—11 KSchG den Arbeitnehmern wirksame Mitbestimmungsrechte gewähren, um durchzusetzen, daß der Unternehmer die ihm bei der Kündigung obliegenden Pflichten erfüllt.

E. Personelle Mitbestimmung bei leitenden Angestellten, Gesellschaftern und Organen juristischer Personen

a: Leitende Angestellte[72]

Die Einstellung oder Versetzung leitender Angestellter berührt die Interessen der Arbeitnehmer besonders stark, da ihre sachliche Befähigung das wirtschaftliche Schicksal der Arbeitnehmer und ihre menschlichen Fähigkeiten die Zusammenarbeit im Betrieb, das „Betriebsklima", wesentlich beeinflussen. Die Einstellung betriebsfremder Personen in leitende Stellen kann außerdem die Aufstiegsmöglichkeiten der Betriebsangehörigen auf lange Zeit vereiteln. Geringere Mitbestimmungsrechte der Arbeitnehmer hinsichtlich dieser Personen kann man deshalb nicht damit rechtfertigen, „sie seien durch besondere Bindungen an den Arbeitgeber der Sphäre der Arbeitnehmerschaft und ihrer Mitwirkung und Mitbestimmung entrückt[73].

Die leitenden Angestellten haben durch ihre Stellung einen sehr großen Einfluß auf die wirtschaftliche und technische Entwicklung des Unternehmens und damit auch auf das wirtschaftliche Risiko des Unternehmers. Daher muß der Unternehmer als Risikoträger bei ihrer Auswahl und Verwendung eine größere Entscheidungsmacht und größere Bewegungsfreiheit als bei den personellen Angelegenheiten der gewöhnlichen Arbeitnehmer haben. Das BVG trägt dieser Notwendigkeit mit Recht Rechnung, indem es diese Personen

---

[71] Das Anhören des Betriebsrats gemäß § 66 Abs. 1 BVG ist nach zutreffender Ansicht keine Wirksamkeitsvoraussetzung der Kündigung. Zum Stand der Meinungen vgl. S. 113 Anm. 56.

[72] Zum Begriff des leitenden Angestellten Hueck RdA 1953, 441 mit Nachweisen.

[73] Begründung z. § 4 des Regierungsentwurfs z. BVG. B. T. Drucks. 1946; RdA 1950, 375.

nicht der personellen Mitbestimmung des Betriebsrats nach § 60 ff. unterwirft[74], sondern nur in § 65 anordnet, daß vor Einstellungen und personellen Veränderungen dieser Personen dem Betriebsrat rechtzeitig Mitteilung zu machen ist. So erhält der Betriebsrat die Gelegenheit, im Rahmen seines allgemeinen Rechts auf Gehör gemäß § 49 etwaige Bedenken vorzubringen.

Die erfolgreiche Zusammenarbeit zwischen dem Unternehmer und seinen leitenden Angestellten beruht auf dem besonderen Vertrauensverhältnis zwischen ihnen. Falls dieses Vertrauensverhältnis erschüttert ist, muß der Unternehmer kündigen können. Das Interesse der leitenden Angestellten an sozialer Sicherheit hat insoweit zurückzutreten. Das ist ihnen auch zumutbar; denn sie sind in der Lage, sich durch Vereinbarung von längeren Kündigungsfristen oder Übergangsbezügen zu sichern, und können und müssen aus ihrem höheren Einkommen eine gewisse Rücklage für diesen Fall bilden. Leitende Angestellte genießen daher mit Recht nicht den allgemeinen Kündigungsschutz der übrigen Arbeitnehmer (§ 12 KSchG). Es ist jedoch nicht folgerichtig, daß § 12 KSchG auf ihre Berechtigung abstellt, Arbeitnehmer selbständig einzustellen oder zu entlassen, so daß diejenigen leitenden Angestellten, die zwar unter § 4 Abs. II c BVG fallen, aber diese Berechtigung nicht haben, den Schutz des KSchG doch in Anspruch nehmen dürfen. Gegenüber grobem Mißbrauch der Entscheidungsmacht des Unternehmers können sich die leitenden Angestellten auf die Nichtigkeit der Kündigung wegen Sittenwidrigkeit gemäß § 138 BVG berufen. Interessen der Belegschaft, die der Kündigung eines leitenden Angestellten entgegenstehen, kann der Betriebsrat im Rahmen seines allgemeinen Rechts auf Gehör gemäß § 49 BVG geltend machen, da eine Kündigung unter die personellen Veränderungen fällt, von denen dem Betriebsrat gemäß § 65 rechtzeitig Mitteilung zu machen ist.

b: Gesellschafter und Organe juristischer Personen

Die Parteien der Mitbestimmung sind Arbeitnehmer und Unternehmer, sobald sie durch das Arbeitsverhältnis in rechtliche Beziehungen zu den Arbeitnehmern getreten sind. Die Arbeitnehmer können zwar verlangen, daß der Unternehmer die ihm obliegenden Pflichten erfüllt, und sind berechtigt, dies notfalls durchzusetzen. Die Entscheidung, wer Träger dieser Pflichten sein soll, ist jedoch der Mitbestimmung der Arbeitnehmer entzogen. Die

---

[74] Gem. § 4 II c BVG gelten sie nicht als Arbeitnehmer. Zu Unrecht sieht Galperin § 4, 15 und Vorb. 91 zu § 49 den Grund hierfür in ihrer Arbeitgeberstellung. Das Recht, Arbeitnehmer selbständig einzustellen oder zu entlassen, ist nur der Ausdruck ihrer Schlüsselstellung im Unternehmen. Entscheidend für die Ausnahme von der Mitbestimmung ist ihr Einfluß auf das wirtschaftliche Risiko, wie auch die beiden letzten Alternativen des § 4 II c zeigen. Wie hier Koch, BB 1953, 265, LAG Düsseldorf, Betrieb 1954, 155, während Schreiber, BB 1952, 889, Steinmann, BArbBl. 1953, 399; Monjau, Betrieb, Beilage 14/1953 S. 3; Hueck, RdA 1953, 447 und Höcker, BB 1953, 682 die Ausnahme mit sonst drohender Pflichtenkollision rechtfertigen.

Berechtigung, die Unternehmerfunktion auszuüben und damit auch Träger dieser Pflichten zu werden, folgt aus der Übernahme des Risikos. Sicherlich haben die Arbeitnehmer ein lebenswichtiges Interesse daran, daß nicht sachlich unfähige Personen die Unternehmerfunktion übernehmen. Dieses Interesse besteht aber nicht nur bei Gesellschafterwechsel oder der Bestellung neuer Organe juristischer Personen, sondern auch beim Wechsel des Einzelunternehmers z. B. durch Erbgang oder durch Veräußerung des Unternehmens. Um diesem Interesse der Arbeitnehmer zu entsprechen, müßte die Rechtsordnung die „Wirtschaftsfähigkeit" als Voraussetzung des Rechts zu unternehmerischer Tätigkeit einführen. Wer sollte aber über die „Wirtschaftsfähigkeit" entscheiden und nach welchen Maßstäben, ganz abgesehen von der Verletzung der Art. 2, 12, 14 GG?

Der Unternehmer als die andere Partei der Mitbestimmung ist daher der personellen Mitbestimmung der Arbeitnehmer entzogen. Das BVG hat diesen Grundsatz auch anerkannt, indem es die personelle Mitbestimmung auf die Arbeitnehmer beschränkt; die Mitglieder des vertretungsberechtigten Organs einer juristischen Person sowie die Gesellschafter einer OHG oder die Mitglieder einer anderen Personengesamtheit, die ein Unternehmen betreibt, gelten nach § 4 Abs. II a, b nicht als Arbeitnehmer. Wenn das BVG in den §§ 76 ff. und das MGBE den Arbeitnehmern einen Teil der Aufsichtsratssitze zusprechen, so erhalten die Arbeitnehmer insoweit allerdings doch das Recht personeller Mitbestimmung. Für diese Regelung waren jedoch so zahlreiche verschiedenartige Gründe maßgebend, daß diese Frage erst später einheitlich erörtert werden kann.

III. Soziale Mitbestimmung

A. Angemessener Ertragsanteil für die Arbeitnehmer

Den Unternehmer trifft die Pflicht, seinen Arbeitnehmern einen angemessenen Anteil am Ertrage der gemeinsamen Arbeit zu gewähren, und zwar nicht nur im Verhältnis zum Unternehmeranteil, sondern auch im Verhältnis zum Anteil der übrigen Arbeitnehmer. Die Ansichten der Beteiligten werden in der Frage, welcher Anteil angemessen ist, allerdings oft auseinandergehen. Die Antwort wird stark von den allgemeinen Zeitanschauungen und der politischen Einstellung des Beurteilers beeinflußt werden. § 612 BGB verweist wegen der Höhe des Lohnes in erster Linie auf die Vereinbarung der Parteien, hilfsweise auf eine etwa bestehende Taxe; wenn weder etwas vereinbart ist noch eine Taxe besteht, wird „der übliche Lohn" geschuldet. Der übliche Lohn braucht aber keineswegs ein angemessener Ertragsanteil zu sein, wie der Frühkapitalismus gezeigt hat.

Die Gerichte sind zur Entscheidung dieser Frage wenig geeignet. Der Staat hat sich mit Recht darauf beschränkt, Abweichungen nach unten unter ein Minimum zu verhindern und im übrigen die Entscheidung den Vereinbarungen der Sozialpartner überlassen, wobei nur darauf geachtet werden muß, daß ein echtes Aushandeln und kein einseitiges Diktat stattfindet.

Durch den Zusammenschluß zu Gewerkschaften sind die Arbeitnehmer heute den Unternehmern ebenbürtige Verhandlungspartner; der Staat gewährt ihnen durch das kollektive Arbeitsrecht die erforderlichen rechtlichen Voraussetzungen. Löhne und die Art der Lohnerrechnung werden heute weitgehend durch Tarifvertrag vereinbart. Falls eine gesetzliche oder tarifliche Regelung nicht besteht, gewährt jetzt das BVG den Arbeitnehmern das Recht, durch ihre Vertretung, den Betriebsrat, bei der Regelung von Akkord- und Stücklohnsätzen, der Aufstellung von Entlohnungsgrundsätzen und Einführung neuer Entlohnungsmethoden mitzubestimmen; im Streitfalle entscheidet die in § 50 BVG vorgesehene Einigungsstelle verbindlich (§ 56 Abs. I lit. g, h, Abs. II BVG). Eine Betriebsvereinbarung über diese Fragen ist also erzwingbar[75]. Falls eine Kollektivregelung durch Tarifvertrag oder Betriebsvereinbarung nicht besteht, bestimmt der Arbeitnehmer das Entgelt selbst durch Vereinbarung mit dem Arbeitgeber. Notfalls kann gemäß § 5 TVG der Staat einen Tarifvertrag für allgemeinverbindlich erklären oder Mindestarbeitsbedingungen festsetzen[76].

Für ein gerechtes Verhältnis des Entgelts im Verhältnis zu den Bezügen der anderen Arbeitnehmer sorgen die Lohnstufen, die meist schon im Tarifvertrag festgelegt werden. Der etwa notwendigen Ergänzung des Tarisvertrages dient die Betriebsvereinbarung, die die Arbeitnehmer erzwingen können und bei der sie durch den Betriebsrat gleichberechtigt mitbestimmen[77]. Die Arbeitnehmer können durch die Mitbestimmung bei Einstellungen und Umgruppierungen auch die richtige Eingruppierung der einzelnen Arbeitnehmer in die so festgelegten Lohnstufen erreichen, wie bereits bei den Erörterungen über das personelle Mitbestimmungsrecht gezeigt wurde[78].

Damit haben die Arbeitnehmer wirksame Möglichkeiten, ihre Interessen wahrzunehmen und dafür zu sorgen, daß der Unternehmer ihnen einen angemessenen Ertragsanteil gewährt. Sie treffen dabei heute auf eine stark gewandelte Einstellung der Unternehmer; die Mehrheit der Unternehmer ist sich heute dieser Verpflichtung durchaus bewußt. Da der Tariflohn sich meist nach den leistungsschwächsten Betrieben richtet, ergänzen sie ihn durch umfangreiche freiwillige soziale Leistungen oder, um den Arbeitnehmern statt eines „Geschenkes" einen Rechtsanspruch zu geben, durch verschiedene Verfahren der Gewinn- und Substanzbeteiligung. Auf die damit verbundenen volkswirtschaftlichen und betriebswirtschaftlichen Fragen ist hier nicht einzugehen. Bei der Verwaltung der bestehenden Wohlfahrtseinrichtungen des Betriebes oder Unternehmens können die Arbeitnehmer durch den Betriebsrat jetzt gemäß § 56 Abs. 1 e BVG gleichberechtigt mitbestimmen. Damit werden diese Einrichtungen aus dem Bereich der patriarchalischen Fürsorge gelöst und ein neuer Bezirk gleichberechtigter Zusammenarbeit geschaffen.

---

[75] Götz Hueck, RdA 1952, 366 ff.; Galperin § 56, 2 ff.; Dietz § 56, 2 ff.

[76] Gesetz über die Festsetzung von Mindestarbeitsbedingungen vom 11. 1. 1952; § 19 Heimarbeitsges. v. 14. 3. 1951.

[77] § 56 Abs. I h, Abs. II BVG; Götz Hueck, Galperin und Dietz a.a.O.

[78] S. 115, 119.

B. Angemessene Arbeitsbedingungen

Die meisten Unternehmer bemühen sich heute, den Arbeitnehmern angemessene Arbeitsbedingungen zu gewähren. Unternehmer, die ihre Pflicht nicht ernst nehmen, werden dazu durch die zahlreichen Vorschriften des Arbeitsschutzrechts einschließlich Arbeitszeitregelung, Urlaubsgesetze, Jugend- und Mutterschutz sowie durch die regelmäßigen Kontrollen der Gewerbeaufsichtsbeamten und der Beauftragten der Berufsgenossenschaften angehalten. Vielfach erhalten auch die Tarifverträge Bestimmungen über diese Fragen oder sie sind Gegenstand einer Betriebsvereinbarung. Gemäß § 56 Abs. I a—c, f, § 57a und § 58 BVG werden dem Betriebsrat als Vertretung der Arbeitnehmer verschieden starke Mitwirkungsrechte[79] bei der Unfallverhütung und in Fragen der allgemeinen Ordnung des Betriebes zuerkannt. Im Rahmen seines allgemeinen Rechts auf Gehör und Beratung (§ 49 BVG) kann der Betriebsrat aber auch nicht ausdrücklich geregelte Fragen zur Sprache bringen und man wird damit rechnen dürfen, daß der Unternehmer berechtigte Wünsche der Arbeitnehmer nach Möglichkeit erfüllen wird.

IV. Wirtschaftliche Mitbestimmung

Wir waren zu dem Ergebnis gekommen, daß eine gleichberechtigte Beteiligung der Arbeitnehmer an den wirtschaftlichen Entscheidungen nicht gerechtfertigt ist, sondern die Entscheidungsgewalt in den wirtschaftlichen und technischen Fragen dem Unternehmer als Träger des Risikos zusteht, gleichgültig, ob Unternehmer der Staat, eine öffentliche Körperschaft oder Private sind[80]. Wenn der Unternehmer aber als Träger des Risikos mit Recht das alleinige Entscheidungsrecht in diesen Fragen für sich in Anspruch nimmt, darf er bei seinen Entscheidungen nicht willkürlich verfahren und sich nur von seinen eigenen Interessen leiten lassen, sondern er muß auch die berechtigten Interessen der Arbeitnehmer, insbesondere ihr Interesse an der Sicherheit und Erhaltung ihres Arbeitsplatzes, angemessen berücksichtigen. Dem alleinigen Entscheidungsrecht des Unternehmers entspricht die Pflicht, dafür zu sorgen, daß die wirtschaftlichen und technischen Voraussetzungen für die Weiterbeschäftigung der Arbeitnehmer nach Möglichkeit erhalten bleiben (Pflicht zur Erhaltung und Fortführung des Unternehmens)[81].

Das bedeutet im einzelnen,

1. daß der Unternehmer den Betrieb nur dann ganz oder teilweise stilllegen oder verlegen darf, wenn dies bei Abwägung der beiderseitigen Interessen durch überwiegende schutzbedürftige Interessen des Unternehmers oder der Gesamtwirtschaft gerechtfertigt wird;

---

[79] Vgl. Götz Hueck, RdA 1952, 366 ff.; Kraegeloh, Betrieb 1952, 950; Nikisch, BB 1953, 175 und die BVG-Kommentare.

[80] S. 36 ff.

[81] Darauf, daß die Möglichkeiten des Unternehmers begrenzt sind und der Ergänzung durch die stattl. Wirtschaftspolitik bedürfen, wurde schon S. 53 hingewiesen.

2. daß der Unternehmer eine Umstellung seines Betriebes durch Einführung neuer Arbeitsmethoden oder Änderung des Betriebszwecks, die wesentliche Nachteile für die Belegschaft oder einen erheblichen Teil der Arbeitnehmer mit sich bringen, nur vornehmen darf, falls die Umstellung wegen überwiegender schutzwürdiger Interessen des Unternehmers oder der Gesamtwirtschaft notwendig wird;
3. daß der Unternehmer die erforderlichen Ersatz- und Neuinvestitionen vornehmen muß, um die efficiency und Wettbewerbsfähigkeit des Unternehmens zu erhalten, und daß er nicht durch übermäßige Privatentnahmen dem Unternehmen die notwendigen Betriebsmittel entziehen darf, es sei denn, daß höhere Entnahmen oder das Unterlassen von Investitionen ihm wegen überwiegender schutzwürdiger eigener Interessen oder aus gesamtwirtschaftlichen Gründen gestattet sind;
4. daß der Unternehmer Verfügungen über Unternehmengegenstände außerhalb des gewöhnlichen Geschäftsbetriebs, die wesentliche Nachteile für die Arbeitnehmer zur Folge haben können, nur insoweit vornehmen darf, als die Verfügung durch überwiegende schutzwürdige Interessen des Unternehmers oder der Gesamtwirtschaft gerechtfertigt wird, und nur unter dieser Voraussetzung das Unternehmen als Ganzes an einen Erwerber veräußern darf, der nicht bereit ist, in die bestehenden Arbeitsverhältnisse mit der Belegschaft oder deren überwiegendem Teil einzutreten.

Oft wird ein pflichtwidriges Handeln dem Unternehmer persönlich größere Vorteile bringen. Die Arbeitnehmer müssen daher die Möglichkeit haben, den Unternehmer mit Hilfe der Rechtsordnung zur Erfüllung seiner Pflichten anzuhalten.

A. Stillegung

Die völlige oder teilweise Stillegung des Betriebes bedeutet für die gesamte Belegschaft oder einen erheblichen Teil der Arbeitnehmer den Verlust des Arbeitsplatzes, also einen besonders schweren Eingriff in ihre Interessen. Die Entscheidung gebührt zwar dem Unternehmer, die Arbeitnehmer müssen aber erzwingen können, daß ihre Interessen bei einer solchen Entscheidung gleichberechtigt berücksichtigt werden. Ein erster Versuch der Rechtsordnung auf diesem Wege war der Kündigungsschutz bei Massenentlassungen[82], der auf die DemobilmachungsVO aus der Zeit nach dem ersten Weltkrieg zurückging und sich heute nach gewissen Abänderungen in § 15 ff. KSchG findet. Der Unternehmer hat Massenentlassungen unter Beifügen der Stellungnahme des Betriebsrats dem Landesarbeitsamt anzuzeigen; während der Sperrfrist von normalerweise einem Monat werden die Ent-

[82] § 12 VO v. 12. 2. 1920; Art. I VO über Betriebsstillegungen und Arbeitsstreckung vom 15. 10. 1923; § 20 AOG; Kontrollratsbefehl Nr. 3 Ziff. 17, aufgehoben durch AHK Gesetz A—19 v. 16. 8. 1951; Ländergesetze s. Hueck, KSchG, 2. Aufl., § 26 Anm. 3.

lassungen nur mit Zustimmung des Landesarbeitsamts wirksam. Ob die Zustimmung zu erteilen ist, entscheidet ein Ausschuß beim Landesarbeitsamt oder Arbeitsamt, der vor seiner Entscheidung den Arbeitgeber und den Betriebsrat anhören und bei seiner Entscheidung sowohl das Interesse des Arbeitgebers als auch das der zu entlassenden Arbeitnehmer, das öffentliche Interesse und die Arbeitsmarktlage zu berücksichtigen hat. Die Arbeitnehmer kommen in diesem Verfahren also durchaus zu Wort. Der Kündigungsschutz gegen Massenentlassungen gemäß § 15 ff. KSchG dient aber in erster Linie dem Auffangen von Konjunkturschwankungen in weiterarbeitenden Betrieben durch Einführung von Kurzarbeit oder durch während der Sperrfrist eingeleitete staatliche oder private Hilfsmaßnahmen bezw. der Vermittlung der freiwerdenden Arbeitskräfte in andere Betriebe. Falls ein Unternehmer den Betrieb ganz oder teilweise stillegen will, ohne daß dies durch seine überwiegenden schutzwürdigen Interessen geboten ist, kann man ihn nach den Vorschriften über den Kündigungsschutz bei Massenentlassungen nach Ablauf der Sperrfrist nicht mehr daran hindern.

In diesem Falle könnten die Arbeitnehmer versuchen, auf den Individualkündigungsschutz zurückzugreifen, und durch eine Klage gemäß § 1 KSchG vor dem Arbeitsgericht geltend machen, daß die Kündigung sozial ungerechtfertigt sei. Das würde zu einer Vieszahl von Kündigungsschutzverfahren über den gleichen Tatbestand führen. Schwerer wiegt, daß hier wahrscheinlich fast immer weniger arbeitsrechtliche als vielmehr betriebswirtschaftliche Fragen zu entscheiden sein würden, nämlich ob der Betrieb noch mit ausreichender Rentabilität weiterarbeiten kann, ob dem Unternehmer ggfls. eine Umstellung des Betriebes auf andere Erzeugnisse möglich und zumutbar ist usf. Es handelt sich also weitgehend um die Beurteilung von Marktrisiken, Marktchancen und Rentabilitätserwägungen. Zu einer solchen Entscheidung sind die Arbeitsgerichte ihrer Besetzung und ihrem Verfahren nach wenig geeignet.

Um die Klärung dieser Fragen in einem einheitlichen Verfahren vor einer sachverständigen Schiedsinstanz zu ermöglichen, hat das BVG mit Recht dem Betriebsrat in § 72 ff. BVG bei Total- oder Teilstillegung des Betriebes ein Mitbestimmungsrecht gegeben und das Verfahren zur Beilegung von Meinungsverschiedenheiten sehr elastisch gestaltet. Man kann einen Unternehmer aber nicht auf die Dauer zwingen, unternehmerische Tätigkeit zu entfalten und die damit verbundenen Risiken zu laufen. Das würde ein unzulässiger Eingriff in die Freiheit der Persönlichkeit sowie eine Enteignung sein und gegen Art. 2, 12 und 14 GG verstoßen. Es ist daher durchaus folgerichtig, wenn das BVG dem Spruch der Vermittlungsstelle keine bindende Kraft beilegt, sondern dem Unternehmer ein abweichendes Verhalten gestattet, dann aber den gekündigten Arbeitnehmern ein Recht auf Abfindung gewährt (§ 74 BVG). Wir haben es hier praktisch mit einem besonders auf den Fall der Stillegung zugeschnittenen Kündigungsschutzverfahren zu tun. Falls in diesem Verfahren die Stillegung gebilligt wird, so erwächst diese Feststellung nicht in Rechtskraft zwischen Unternehmer und den von der Kündigung betroffenen Arbeitnehmern. Ihnen bleibt noch die Klage nach § 1 KSchG, sie dürfte aber ziemlich aussichtslos sein.

B. Verlegung des Betriebes

Die Verlegung des Betriebes an einen anderen Ort kann für die Arbeitnehmer die gleiche Wirkung haben wie die Stillegung. Selbst wenn sie bereit wären, alle sachlichen und persönlichen Bindungen an ihren bisherigen Arbeitsort aufzugeben, wird ein Umzug in der Regel an den Kosten und an der Unmöglichkeit scheitern, am neuen Ort eine angemessene Wohnung zu erhalten. Da in diesen Fällen der Unternehmer nicht zu kündigen braucht, sondern ruhig abwarten kann, daß die Arbeitnehmer unter dem Druck dieser Tatsachen kündigen, versagt sowohl der Kündigungsschutz gegen Massenentlassungen wie der individuelle Kündigungsschutz des KSchGes.

Das BVG füllt diese Lücke, indem es dem Betriebsrat in § 72 Abs. I b bei Verlegung des ganzen Betriebes oder wesentlicher Bestandteile ein Mitbestimmungsrecht einräumt, damit der Betriebsrat dafür sorgen kann, daß der Unternehmer bei Verlegungen die Interessen der Arbeitnehmer gebührend berücksichtigt. Mit Recht hat aber das BVG dem Unternehmer seine Handlungsfreiheit belassen und ihn nicht an den Spruch der Vermittlungsstelle gebunden. Sehr häufig beeinflußt der Standort des Betriebes entscheidend die Kostenstruktur und Wettbewerbsfähigkeit, außerdem würde eine Bindung des Unternehmers an den Spruch der Vermittlungsstelle zu stark in die durch Art. 2, 12 und 14 GG geschützten Grundrechte des Unternehmers eingreifen. Die Entscheidung über die Verlegung muß daher dem Unternehmer verbleiben. Wenn er aber eine von der Vermittlungsstelle mißbilligte Verlegung durchführt, vollzieht er damit praktisch eine sozial ungerechtfertigte Massenentlassung seiner bisherigen Arbeitnehmer. Da der Unternehmer nicht zu kündigen braucht, sondern die durch die Umstände erzwungene Kündigung seiner Arbeitnehmer abwarten kann, kommt die für diese Fälle vorgesehene Sanktion des § 74 BVG bei wörtlicher Auslegung nicht zum Zuge. Es kann aber keinen Unterschied machen, ob der Unternehmer infolge eines von der Vermittlungsstelle mißbilligten Verhaltens selbst kündigt oder ob er eine Lage schafft, die den Arbeitnehmer zur Kündigung zwingt. Man wird also § 74 BVG auch auf den hier erörterten Fall anwenden müssen[83].

Es kann sein, daß durch die Verlegung den Arbeitnehmern nur größere Unbequemlichkeiten entstehen, z. B. längere Fahrzeit, höhere Fahrtkosten etc. Dann wäre es ein Widerspruch zu dem richtigen Grundgedanken des BVG — grundsätzliche Handlungsfreiheit des Unternehmers, ggfls. einmalige Abfindung —, den Unternehmer mit einem ständigen Schadensersatzanspruch zu belasten[84], sondern die Arbeitnehmer müssen sich entscheiden, ob sie kündigen und die Abfindung verlangen oder die Nachteile in Kauf nehmen wollen.

---

[83] Fitting-Kraegeloh, § 74, 7 und Galperin, § 74, 18 gehend anscheinend von einer Kündigung des Unternehmers aus.

[84] Einen Ansatzpunkt dazu könnten die von Galperin § 72, 34 ff. für einen anderen Fall entwickelten Gedanken bilden.

C. Umstellung des Betriebes durch Änderung des Betriebszwecks oder Einführung neuer Arbeitsmethoden

Es ist die eigentliche Aufgabe des Unternehmers und seine Pflicht, durch ständige Anpassung an die Marktlage und die Verwertung der Fortschritte von Technik und Wissenschaft das Unternehmen rentabel zu erhalten und die Allgemeinheit mit möglichst vielen und guten Erzeugnissen zu einem möglichst geringen Preis zu versorgen. Dieser ständige Umstellungsprozeß ist volkswirtschaftlich geboten und darf nicht längere Zeit durch Rücksichtnahme auf die Arbeitnehmer aufgehalten werden, die im Zuge dieses Umstellungsvorganges ihren Arbeitsplatz verlieren[85]. Das BVG hat daher mit Recht Änderungen des Betriebszwecks oder der Betriebsanlagen, soweit sie offensichtlich auf einer Veränderung der Marktlage beruhen, oder die Einführung neuer Arbeitsmethoden, soweit sie offensichtlich dem technischen Fortschritt entsprechen oder ihm dienen, nicht dem Mitbestimmungsrecht des Betriebsrats aus § 72 ff. unterworfen, um im Interesse der Allgemeinheit und letzten Endes auch der Arbeitnehmer des Betriebes selbst einen Betriebskonservativismus zu vermeiden. Deswegen sind die Arbeitnehmer aber nicht schutzlos, sondern können ihre Interessen im Rahmen der vielfachen Informations- und Beratungsrechte (Betriebsrat, Wirtschaftsausschuß, Arbeitnehmer im Aufsichtsrat) geltend machen. Ihrem Schutze bei etwa notwendig werdenden Kündigungen dient das Recht des Betriebsrats auf Gehör (§ 66 BVG) sowie das KSchG. Soweit durch solche Umstellungsmaßnahmen ihr Lohn oder ihre sonstigen Arbeitsbedingungen nachteilig beeinflußt werden, können sie durch einen neuen Tarifvertrag, hinsichtlich des Lohnes auch durch die nach § 56 Abs. I g, h, Abs. II erzwingbare Betriebsvereinbarung einen Ausgleich herstellen.

Bei Umstellungen, die nicht durch die technische Entwicklung oder die Marktlage offensichtlich bedingt sind, bei denen der Unternehmer also nicht offensichtlich seine ureigenste Pflicht erfüllt, ist allerdings eine gewisse Kontrolle des Unternehmers zum Schutze der Arbeitnehmer geboten, wenn die geplanten Umstellungen erhebliche Nachteile für die Arbeitnehmer oder einen großen Teil von ihnen zur Folge haben können. Mit Recht gewährt daher das BVG in § 72 ff. bei solchen Umstellungen dem Betriebsrat ein Mitbestimmungsrecht mit dem gleichen elastischen Verfahren zur Beilegung von Meinungsverschiedenheiten wie bei Stillegungen. Aus den bereits dargelegten Gründen wären die Arbeitsgerichte hierfür nicht geeignet. Aus der richtigen Erwägung, daß die Entscheidung in derartig schwerwiegenden wirtschaftlichen Fragen allein dem Träger des Risikos zusteht und ein Auseinanderreißen von Entscheidungsgewalt und Risiko den Grundsätzen unserer Rechtsordnung widerspricht, sieht das BVG jedoch auch hier davon ab, den Unternehmer an den Spruch der Vermittlungsstelle zu binden, und überläßt ihm die Entscheidung. Nachdem er aber durch den Spruch der sachverständigen Vermittlungsstelle eindringlich vor einem bestimmten Wege gewarnt worden ist, darf man ihn mit einem höheren Risiko belasten, wenn er diesen

---

[85] Einen allzu raschen Umstellungsprozeß notfalls abzubremsen und für die Unterbringung der freigesetzten Arbeitskräfte zu sorgen, ist Aufgabe der staatlichen Wirtschaftspolitik, aber nicht Sache des Unternehmers.

Weg trotzdem gehen will. Wenn er ohne zwingenden Grund von dem Spruch der Vermittlungsstelle abweicht und infolgedessen Arbeitnehmern kündigen muß, hat er diesen Arbeitnehmern eine Abfindung zu zahlen.

Man mag einwenden, daß dieser Abfindungsanspruch nur einen zweifelhaften Wert hat; denn wenn der Unternehmer schon infolge Mißachtung des Spruchs Arbeitnehmern kündigen muß, war der von ihm eingeschlagene Weg falsch. Der Unternehmer wird daher oft in wirtschaftlichen Schwierigkeiten sein. Wenn man dann von ihm verlangt, an die gekündigten Arbeitnehmer Abfindungen zu zahlen, bringt man leicht auch die Arbeitsplätze der noch verbliebenen Arbeitnehmer in Gefahr. Es bleibt aber keine andere Möglichkeit, wenn man nicht den Grundsatz der Einheit von Entscheidungsgewalt und Risiko preisgeben will. Man muß sich entscheiden. Entweder beteiligt man die Arbeitnehmer zum Schutze ihrer Interessen gleichberechtigt an der Unternehmerfunktion und revolutioniert damit unsere Privatrechtsordnung oder man läßt die Einheit von Entscheidungsgewalt und Risiko bestehen, unterwirft den Unternehmer nur einr starken Kontrolle seines Machtgebrauchs und gibt zu, daß infolge möglicher Fehler des Unternehmers ein gewisses Risiko für die soziale Sicherheit der Arbeitnehmer verbleibt. Dieses aus dem Bereich der Betriebsverfassung stammende, durch Fehler des Unternehmers den Arbeitnehmern drohende Risiko ist aber dann weit geringer als die Gefahren, die der sozialen Sicherheit der Arbeitnehmer aus dem überbetrieblichen vom Unternehmer nicht zu beeinflussenden Bereich drohen. Dieser Risikorest aus dem Bereich des Unternehmens rechtfertigt daher nicht eine derartige Revolutionierung unserer Rechtsordnung, sondern ist dadurch aufzufangen, daß die Allgemeinheit den Arbeitnehmern, die ihren Arbeitsplatz infolge dieses Risikos verloren haben, einen neuen Arbeitsplatz verschafft und sie in der Zwischenzeit vor Not bewahrt.

Falls der Unternehmer entgegen dem Spruch der Vermittlungsstelle Umstellungen des Betriebes vornimmt, die zwar nicht zu Kündigungen führen, die aber den Lohn oder die Arbeitsbedingungen der Arbeitnehmer nachteilig beeinflussen, versagt die Sanktion des § 74 BVG. Die Arbeitnehmer können diesen Nachteilen dann jedoch durch neue Tarifverträge oder eine neue Betriebsvereinbarung gemäß § 56 Abs. I g, h BVG begegnen.

Ein mißbräuchliches Übergehen des Mitbestimmungsrechts des Betriebsrats bei Betriebsumstellungen durch den Unternehmer mit der Behauptung, die Umstellung sei offensichtlich durch die technische Entwicklung oder die Marktlage bedingt, erschwert das BVG, indem es insoweit dem Unternehmer die Beweislast auferlegt. Notfalls kann der Betriebsrat gemäß § 82 Abs. I i das Arbeitsgericht anrufen zwecks Feststellung, daß ein seinem Mitbestimmungsrecht unterliegender Tatbestand gegeben ist[86].

D. Investitionspflicht und übermäßige Privatentnahmen

Schon bisher waren Vorstand und Aufsichtsrat der AG, die Geschäftsführer der GmbH und die geschäftsführenden Gesellschafter der OHG und KG gegenüber den Aktionären oder Gesellschaftern verpflichtet, die erfor-

---

[86] Wie hier Galperin § 72, 31. Vgl. § 2 Abs. 1 Ziff. 4 i ArbGerGes.

derlichen Ersatz- und Neuinvestitionen vorzunehmen, und zwar nicht nur aus den Gewinnen, sondern auch aus sonstigen Gesellschaftsmitteln oder aus Krediten. So werden in der Regel bereits der Aufsichtsrat, die Aktionäre oder die übrigen Gesellschafter dafür sorgen, daß dies geschieht.

Wie gezeigt wurde[87], muß diese Pflicht aber auch gegenüber den Arbeitnehmern bestehen. Die Sorge für die Pflichterfüllung der Verantwortlichen werden die Arbeitnehmer meist den eben genannten Personen überlassen können und dies auch tun. Das enthebt uns aber nicht der Antwort auf die Frage, welche Rechtsbehelfe den Arbeitnehmern selbst zu diesem Zwecke zuzubilligen sind.

Dabei muß man sich eine Tatsache stets vor Augen halten: Die Entscheidung, ob, wann, wo und in welcher Form Ersatz- und Neuinvestitionen gemacht werden sollen, hängt von der Beurteilung künftiger Marktchancen und Marktrisiken ab. Es handelt sich also um eine unternehmerische Entscheidung par excellence. Eine gleichberechtigte Teilnahme der Arbeitnehmer an diesen Entscheidungen wäre deshalb eine Beteiligung der Arbeitnehmer an der Unternehmerfunktion. Eine solche Beteiligung würde jedoch der Einheit von Entscheidungsgewalt und Risiko widersprechen und muß aus den bereits mehrfach dargelegten Gründen abgelehnt werden.

Ein zweckmäßiger und mit dem Grundsatz der Einheit von Entscheidungsgewalt und Risiko vereinbarer Rechtsbehelf ist dagegen das Recht der Arbeitnehmer auf Unterrichtung und Mitberatung. Das BVG hat die erforderlichen gesetzlichen Voraussetzungen hierfür geschaffen. In größeren Unternehmen sind Wirtschaftsausschüsse zu bilden, zu deren Aufgabenbereich auch Investitionsfragen gehören, da sie „sonstige Vorgänge" sind, „welche die Interessen der Arbeitnehmer des betreffenden Unternehmens wesentlich berühren" (§ 67 Abs. III e BVG). In kleinen Unternehmen können die Arbeitnehmer diese Fragen durch den Betriebsrat zur Sprache bringen (§ 49, 54 Abs. I a BVG). Eine derartige Mitberatung wird vielfach ausreichen, weil die Interessen der Arbeitnehmer und des Unternehmers sich häufig decken werden und der Unternehmer sachdienliche Vorschläge der Arbeitnehmer daher berücksichtigen wird.

Falls eine Einigung nicht zustande kommt, ist es allerdings nicht möglich, den Unternehmer zum Eingehen eines bestimmten Risikos zu zwingen, das sich aus dem von den Arbeitnehmern geforderten Investitionen ergibt, und ihn gegen seinen Willen zur Entfaltung unternehmerischer Tätigkeit in einer bestimmten Richtung anzuhalten. Ein solcher Zwang würde dem Wesen unternehmerischer Tätigkeit widersprechen und gegen Art. 2, 12 und 14 GG verstoßen. Eine Zwangsvollstreckung mit diesem Ziel wäre weder zulässig noch durchführbar.

Es läge jedoch nahe, die Regelung der § 72 ff. BVG betreffend Stilllegung, Verlegung und Umstellung des Betriebes auch auf diesen Fall auszudehnen. Überwiegende Gründe sprechen jedoch gegen eine solche Lösung. Die Entscheidung der Gutachtenstelle wird schon in den im BVG vorgesehenen Fällen äußerst schwierig sein, weil ihr Spruch von der Beurteilung zukünftiger Chancen und Risiken abhängt, sie also eine typisch unterneh-

---

[87] S. 57 ff.

merische Entscheidung zu fällen hat. Bei der Abwägung der beiderseitigen Interessen ist ferner stets eine erwartete Mindestrentabilität für den Unternehmer einzusetzen, deren berechtigte Höhe je nach Marktlage und Risiko schwankt und die oft der Hauptstreitpunkt sein wird. An die Objektivität und die wirtschaftlichen Fähigkeiten der Gutachter werden also außerordentliche Anforderungen gestellt und es wird schwierig sein, genügend derart befähigte Gutachter zu finden, da Konkurrenten des Unternehmers aus Gründen der Geheimhaltung ausscheiden.

Aus diesen Gründen muß die Zahl der Tatbestände, bei denen die Gutachtenstelle angerufen werden kann, möglichst klein gehalten und auf die für die Arbeitnehmer ersichtlich lebenswichtigsten Fälle beschränkt werden. Ferner müssen diese Fälle augenscheinlich und klar abgrenzbar sein. Sonst droht die Gefahr einer Einmischung in die laufende Unternehmensführung und eine Verzögerung des Verfahrens, weil zunächst der Streit entschieden werden muß, ob überhaupt ein Sachverhalt vorliegt, der das Anrufen der Gutachtenstelle rechtfertigt.

Die angebliche Verletzung der Investitionspflicht ist kein Tatbestand, der sich mit genügender Klarheit abgrenzen läßt, so daß hier die Gefahr einer Einmischung in die laufende Unternehmensführung und eines Streits um die Spruchbefugnis der Gutachtenstelle im hohen Maße besteht, Es ist auch nicht möglich, die Verletzung der Investitionspflicht im Kündigungsschutzverfahren allgemein als Grund anzuerkennen, der die Kündigung als nicht betriebsbedingt und sozialwidrig erscheinen läßt. Man würde damit eine gerichtliche Kontrolle der laufenden Unternehmensleitung einführen und die Arbeitsgerichte mit betriebswirtschaftlichen Entscheidungen belasten, zu denen sie weder nach ihrer Besetzung noch nach ihrem Verfahren geeignet sind. Um einem Mißbrauch der Entscheidungsgewalt des Unternehmers in diesen Fragen vorzubeugen, sollte man aber dem Arbeitsgericht die Befugnis geben, das Anrufen der Gutachtenstelle zuzulassen, wenn es der Überzeugung ist, daß eine grobe Pflichtverletzung des Unternehmers vorliegt und die so begründete Kündigungsschutzklage hinreichende Aussicht auf Erfolg bietet.

Damit das Unternehmen liquide bleibt und die notwendigen Ersatz- und Neuanlagen finanziert werden könen, haben die Arbeitnehmer ferner ein schutzwürdiges Interesse daran, daß der Unternehmer nicht ungerechtfertigt hohe Beträge aus dem Unternehmen als Privatentnahmen herauszieht. Man muß deshalb eine Pflicht des Unternehmers auch gegenüber den Arbeitnehmern anerkennen, Geld nur in einem solchen Ausmaße zu entnehmen, daß dem Unternehmen die erforderlichen Betriebsmittel verbleiben, es sei denn, daß überwiegende schutzwürdige eigene Interessen des Unternehmers höhere Entnahmen rechtfertigen[88].

Bei der AG darf den Aktionären ihre Einlage nicht zurückgewährt werden; eigene Aktien darf die Gesellschaft nur im beschränkten Umfange unter besonderen Voraussetzungen erwerben (§ 52, 65 AktGes). Für die Bezüge von Vorstand und Aufsichtsrat geben §§ 77, 78, 98 AktGes. gesetzliche Richtlinien. Übermäßige Entnahmen wären also nur möglich durch Verteilung

---

[88] Vgl. S. 57 ff.

hoher Dividenden bei unzureichenden Abschreibungen. Diese Gefahr ist jedoch gering. Meist stellen Vorstand und Aufsichtsrat den Jahresabschluß allein fest. Dabei haben sie die Sorgfalt eines ordentlichen und gewissenhaften Geschäftsleiters anzuwenden und daher auch für ausreichende Abschreibungen zu sorgen. Die Erfahrung hat gezeigt, daß eher eine Neigung besteht, zu hohe als zu geringe Abschreibungen vorzunehmen. Diese Tendenz wird noch gefördert durch die Steuerpolitik des Staates. Die Abschreibungen in der Steuerbilanz dürfen in der Regel nicht höher sein als die Abschreibungen in der Handelsbilanz. Da die Körperschaftssteuer heute 60% beträgt, hat keine AG ein Interesse daran, steuerlich zulässige Abschreibungen zwecks Gewinnerhöhung in der Handelsbilanz zu unterlassen; denn da sie dann auch nicht in der Steuerbilanz erscheinen dürfen, würde der Staat 60% des so ausgewiesenen Gewinns erhalten.

Aus diesen Gründen erscheint bei der AG ein Rechtsbehelf der Arbeitnehmer zur Durchsetzung der genannten Unternehmerpflicht entbehrlich. Es wäre allerdings denkbar, daß die Arbeitnehmer der Ansicht sind, statt einer Gewinnausschüttung seien über die steuerlich zulässigen Abschreibungen und die gesetzliche Rücklage hinaus weitere Abschreibungen oder die Bildung freier Rücklagen erforderlich. Das BVG gewährt den Arbeitnehmern vielfache Möglichkeiten, ihren Standpunkt zu vertreten. Die Entscheidung über die Verwendung dieser Beträge wird man jedoch als eine wirtschaftliche Ermessensentscheidung ansehen müssen, die dem Unternehmer oder seinen Vertrauenspersonen verbleiben sollte. Da nach dem BVG bzw. MGBE Arbeitnehmervertreter Aufsichtsratsmitglieder sind, können die Arbeitnehmer tatsächlich auch an dieser Entscheidung teilnehmen, wenn — wie meist — Vorstand und Aufsichtsrat den Jahresabschluß ohne die HV feststellen.

Auch bei der GmbH darf das zur Erhaltung des Stammkapitals erforderliche Vermögen der Gesellschaft an die Gesellschafter nicht ausgezahlt werden; eigene Geschäftsanteile soll die Gesellschaft nicht erwerben, sofern nicht der Erwerb aus dem das Stammkapital übersteigenden Vermögen geschehen kann (§§ 30, 33 GmbHGes). Ebenso wie die AG unterliegt die GmbH der Körperschaftssteuer; man darf daher damit rechnen, daß auch hier die steuerlich zulässigen Abschreibungen zu Lasten des Gewinns ausgenutzt werden. Eine Gefährdung der Arbeitnehmerinteressen durch übermäßige Entnahmen dürfte daher nicht bestehen.

Bei der OHG und KG ist es wenig wahrscheinlich, daß durch unzureichende Abschreibungen ein zu hoher Gewinn festgestellt wird; denn aus steuerlichen Gründen sind auch hier die Gesellschafter an hohen Abschreibungen interessiert. Eine zu hohe Gewinnerrechnung wäre ferner nur mit Einverständnis aller Gesellschafter möglich. Es besteht jedoch die Gefahr zu hoher Entnahmen, sei es durch Entnahmen auf den Kapitalanteil über 4% hinaus, sei es durch gesellschaftsschädliches Abziehen des 4% übersteigenden Gewinns, sei es durch als Spesen oder als Geschäftsführervergütung getarnte Beträge. Die anderen Gesellschafter werden zwar oft ein Interesse daran haben, derartige Entnahmen zu verhindern. Das braucht aber nicht stets der Fall zu sein, z. B. dann nicht, wenn sie sich an den übermäßigen Entnahmen selbst beteiligen.

Eine Kontrolle der Entnahmen durch die Arbeitnehmer, mit der sich ungerechtfertigte Entnahmen wirksam verhindern ließen, ist bei der OHG und KG praktisch nicht möglich. Das gilt erst recht für den Einzelunternehmer. Als denkbarer Rechtsbehelf bliebe nur die Möglichkeit, im Kündigungsschutzverfahren geltend zu machen, die Kündigung sei auf ungerechtfertigte Entnahmen des Unternehmers zurückzuführen, sie sei daher nicht betriebsbedingt und sozialwidrig. Damit entsteht aber die Gefahr, daß die persönliche Lebenshaltung des Unternehmers zum Gegenstand des Prozesses wird. Es kann nicht die Aufgabe der Arbeitsgerichte sein, die persönliche Lebenshaltung der Unternehmer auf ihre Angemessenheit zu überprüfen. Immerhin sind aber Fälle schweren Mißbrauchs der unternehmerischen Entscheidungsgewalt denkbar, in denen man ein solches Vorbringen der Arbeitnehmer im Kündigungsschutzverfahren berücksichtigen sollte. Übermäßige Entnahmen zu Privatzwecken zum Schaden des Betriebes widersprechen den anerkannten Grundsätzen aller verantwortungsbewußten Unternehmer in so hohem Maße, daß es nur folgerichtig ist, daraus auch die rechtlichen Folgerungen zu ziehen.

Abschließend bleibt noch darauf hinzuweisen, daß die Arbeitnehmer bei den Kapitalgesellschaften durch ihre Vertreter im Aufsichtsrat eine weitere Möglichkeit haben, für die notwendigen Ersatz- und Neuinvestitionen zu sorgen und übermäßige Gewinnausschüttungen zu verhindern.

E. Willkürliche Verfügungen über Unternehmungsgegenstände

Abgesehen von übermäßigen Geldentnahmen dürfte die Gefahr eigensüchtiger Verfügungen des Unternehmers über einzelne Unternehmensgegenstände zum Nachteil des Betriebes verhältnismäßig gering sein; bei den Kapitalgesellschaften sind die Manager der Gesellschaft gegenüber zur Sorgfalt eines ordentlichen und gewissenhaften Geschäftsleiters verpflichtet, bei den Personalgesellschaften würden willkürliche Verfügungen gegen die gesellschaftliche Treuepflicht verstoßen und auf den Widerstand der anderen Gesellschafter treffen. Vor allem werden sich sowohl bei den Gesellschaften wie beim Einzelunternehmer insoweit die Interessen der Arbeitnehmer und des Unternehmers fast immer decken und aus diesem Grunde derartige Verfügungen unterbleiben. Die Frage, in welcher Weise die Arbeitnehmer etwaigen Pflichtverletzungen des Unternehmers entgegentreten können, hat daher mehr dogmatische als praktische Bedeutung.

Eine „Institutionalisierung" des Eigentums und Schaffen eines besonderen Eigentums an Unternehmensgegenständen ist aus den bereits dargelegten Gründen[89] abzulehnen. Man kann auch nicht ein an den Unternehmer gerichtetes gesetzliches Verbot schaffen, außerhalb des gewöhnlichen Geschäftsbetriebes über Unternehmensgegenstände zum Nachteil des Betriebes zu verfügen oder sie zum Nachteil des Betriebes Dritten entgeltlich oder unentgeltlich zur Nutzung zu überlassen, es sei denn, daß ein solches Rechtsgeschäft durch überwiegende schutzwürdige Interessen des Unternehmers

[89] S. 60 Anm. 8.

gerechtfertigt ist, und dieses Verbot mit der Sanktion ausstatten, daß verbotswidrige Rechtsgeschäfte nichtig sind. Die Folge wäre eine unerträgliche Rechtsunsicherheit für Dritte; denn einmal würde bereits oft streitig sein, ob es sich um ein verbotswidriges Rechtsgeschäft handelt und zweitens wäre ein wirklich verbotswidriges Rechtsgeschäft für Dritte mangels Kenntnis der betrieblichen Verhältnisse nicht zu erkennen[90].

Als zweckmäßigster Rechtsbehelf, mit dem die Arbeitnehmer etwaigen Pflichtverletzungen des Unternehmers entgegentreten können, verbleibt daher die Kündigungsschutzklage. Da es sich um Rechtsgeschäfte des Unternehmers außerhalb des gewöhnlichen Geschäftsbetriebes handeln muß, steht eine Nachprüfung und Einmischung in die laufende Geschäftsführung nicht zu befürchten. Die Handlungsfreiheit des Unternehmers wird durch diesen Rechtsbehelf der Arbeitnehmer nicht unbillig eingeschränkt.

F. Veräußerung des Unternehmens — Verschmelzung und Umwandlung

Die Verschmelzung von Kapitalgesellschaften führt zur Gesamtrechtsnachfolge des aufnehmenden oder neugebildeten Unternehmens. Das Gleiche gilt bei der Umwandlung von Kapitalgesellschaften in eine andere Rechtsform der Kapitalgesellschaft nach dem Aktiengesetz oder in eine Personalgesellschaft nach dem Umwandlungsgesetz vom 5. 7. 1934[91]. Es ändert sich also nur der Träger der Unternehmerpflichten, die Arbeitsverhältnisse sowie die technischen und sozialen Bedingungen in den Betrieben bleiben unverändert bestehen. Da die Interessen der Arbeitnehmer durch diese Veränderung nicht gefährdet werden, hat das BVG die Entscheidung über eine Verschmelzung oder Umwandlung mit Recht den Aktionären oder Gesellschaftern allein überlassen. § 72 Abs. I Ziff. 3 BVG, der dem Betriebsrat beim Zusammenschluß mehrerer B e t r i e b e ein Mitbestimmungsrecht gibt, erfaßt nicht den Fall der Fusion[92]. Falls sich aus der Fusion Änderungen der betrieblichen Verhältnisse ergeben, gewährt das BVG den Arbeitnehmern zahlreiche Möglichkeiten, ihre Interessen wahrzunehmen.

Bei der Veräußerung des Unternehmens als Ganzem an einen Erwerber, der bereit ist, im Wege ausdrücklicher oder stillschweigender Vereinbarung in die bestehenden Arbeitsverhältnisse mit allen Rechten und Pflichten einzutreten, erfolgt gleichfalls nur ein Wechsel des Trägers der Unternehmerpflichten, während die Arbeitsverhältnisse und die technischen und sozialen Bedingungen in den Betrieben des Unternehmens im übrigen unverändert bleiben. Wie schon gezeigt wurde[93], besteht deshalb kein Anlaß, dem Unter-

---

[90] Von der Frage, wer die Nichtigkeit geltend machen soll, kann daher abgesehen werden.

[91] Nach § 7 Abs. I des Handelsrechtlichen Bereinigungsgesetzes vom 18. 4. 1950 können Kapitalgesellschaften ihre Umwandlung noch bis zum 31. 12. 1956 beschließen.

[92] Galperin, § 72, 19; Fitting-Kraegeloh, § 72, 16; Dietz, § 72, 26.

[93] S. 62 ff.

nehmer zum Schutze der Arbeitnehmerinteressen in derartigen Fällen besondere Pflichten aufzuerlegen und zu ihrer Durchsetzung den Arbeitnehmern Mitbestimmungsrechte einzuräumen[94]. Falls der Erwerber jedoch eine solche Vereinbarung mit der gesamten Belegschaft oder einem großen Teil der Arbeitnehmer ablehnt, sei es, weil er andere Arbeitnehmer einstellen oder die alte Belegschaft nur unter abgeänderten Bedingungen weiterbeschäftigen will, werden lebenswichtige Interessen der Belegschaft durch die beabsichtigte Veräußerung betroffen, die der Unternehmer bei seiner Entscheidung über die Veräußerung gebührend berücksichtigen muß. Er darf das Unternehmen als Ganzes dann nur veräußern, wenn dies durch seine überwiegenden schutzwürdigen Interessen gerechtfertigt wird. Um das sicherzustellen, ist keine Mitwirkung der Arbeitnehmer bei der Veräußerung mit allen sich daraus ergebenden Schwierigkeiten erforderlich, sondern es gibt einen indirekten weit zweckmäßigeren Weg, den Unternehmer zur Erfüllung seiner Pflicht anzuhalten. In derartigen Fällen wird der Veräußerer kündigen müssen, um sich von seinen Verpflichtungen aus den bestehenden Arbeitsverträgen zu befreien. Es handelt sich dann um eine Stillegung oder wesentliche Einschränkung des Betriebes im Sinne des § 72 Abs. I Ziff. 1 BVG, bei der dem Betriebsrat ein Mitbestimmungsrecht zusteht[95]. Wegen der Einzelheiten darf auf die früheren Ausführungen[96] verwiesen werden.

Die Entscheidung über die Veräußerung verbleibt also mit Recht beim Unternehmer. Überwiegende schutzwürdige Interessen des Unternehmers können durchaus eine Veräußerung des Unternehmens rechtfertigen, die zu Nachteilen für die Arbeitnehmer führt. Es wird aber oft in seiner Hand liegen, durch Verhandlungen mit dem Erwerber zu erreichen, daß die Lage der Arbeitnehmer durch die Veräußerung nicht verschlechtert wird. Falls er die Interessen der Arbeitnehmer pflichtwidrig nicht gebührend berücksichtigt, wird er an der Veräußerung nicht gehindert, da niemand ihn zu weiterem Tätigbleiben als Unternehmer zwingen kann; er muß jedoch für sein pflichtwidriges Handeln eine beträchtliche finanzielle Belastung durch die an die Arbeitnehmer zu zahlende Abfindung in Kauf nehmen.

Wenn § 72 Abs. I Ziff. 3 BVG dem Betriebsrat ein Mitbestimmungsrecht bei dem Zusammenschluß des eigenen Betriebes mit anderen Betrieben zuspricht, so soll dies offenbar dem Wunsche der Arbeitnehmer dienen, vor einer willkürlichen Verschlechterung ihres sozialen und betrieblichen Status im weitesten Sine geschützt zu werden. Anders als organisatorische Verän-

---

[94] Wie hier Galperin § 72, 15.

[95] Das gilt auch dann, wenn der Erwerber die Arbeitnehmer zu abgeänderten Bedingungen weiterbeschäftigen will. Ebenso Galperin § 72, 15. Eine andere Auslegung würde dem Sinn der Vorschriften zum Schutze der Arbeitnehmer bei Stillegungen und Kündigungen widersprechen; denn die Arbeitnehmer haben ein Interesse daran, ihren gesamten betrieblichen und sozialen Status zu erhalten und vor sozialwidrigen Verschlechterungen dieses Status geschützt zu werden. Änderungskündigungen unterfallen daher nach h. L. und Rspr. dem KSchGes. Vgl. Hueck, KSchGes., 2. Aufl., § 1, Anm. 30; § 15 Anm. 7; Herschel-Steinmann, KSchGes., 2. Aufl., § 1, 13; § 15, 1.

[96] S. 127 ff.

derungen in der übergeordneten Ebene des Unternehmens wird der Zusammenschluß des eigenen Betriebes mit anderen Betrieben stets als eine Betriebsänderung angesehen, die wesentliche Nachteile für die Belegschaft oder erhebliche Teile der Belegschaft zur Folge haben kann. Man geht mit Recht davon aus, daß sich aus einem derartigen Zusammenschluß zwangsläufig vielfache Veränderungen in der personellen, organisatorischen und arbeitstechnischen Struktur des Betriebes ergeben werden, der Zusammenschluß auch meist zu Kündigungen in beiden Betrieben führen wird. Zwar haben die Arbeitnehmer bei den jeweiligen Einzelmaßnahmen weitgehende Mitbestimmungsrechte, um ihre Interessen wahrzunehmen. Wenn aber der oft wirtschaftlich kostspielige und technisch komplizierte Vorgang des Zusammenschlusses erst einmal vollzogen worden ist, ist damit eine Tatsache von so großem Gewicht geschaffen, daß es oft nur noch schwer möglich sein wird, bestimmte Wünsche und Interessen der Arbeitnehmer zu berücksichtigen. Es liegt daher nahe, den Betriebsrat als berufene Interessenvertretung der Arbeitnehmer bereits in diesem früheren Stadium einzuschalten. Da der Zusammenschluß fast immer die Verlegung des einen betroffenen Betriebes erforderlich macht — bei Zusammenschluß an einem dritten Ort sogar die Verlegung beider Betriebe —, würde sich mindestens in einem Betrieb ein Mitbestimmungsrecht des Betriebsrats bereits aus dem Tatbestand der Verlegung nach § 72 Abs. 1 Ziff. 2 ergeben. Durch den Zusammenschluß werden aber in gleicher Weise die Interessen der Arbeitnehmer des aufnehmenden Betriebes berührt; dem trägt der besondere Tatbestand des § 72 Abs. I Ziff. 3 BVG Rechnung.

Beim Zusammenschluß von Betrieben handelt es sich ebenso wie bei den anderen in § 72 Abs. I genannten Maßnahmen des Unternehmers um eine typisch unternehmerische Entscheidung, für die technische, organisatorische und wirtschaftliche Erwägungen maßgebend sind und die regelmäßig einer Verbesserung und Verbilligung der Erzeugung dienen soll. Aus den bereits wiederholt dargelegten Gründen muß diese Entscheidung daher dem Unternehmer als Träger des Risikos allein verbleiben. Da sie aber andererseits berechtigte und schutzwürdige Interessen der Arbeitnehmer sehr stark berührt und die Entscheidung über Rechtsbehelfe der Arbeitnehmer gegen aus dem Zusammenschluß sich ergebende Einzelmaßnahmen in hohem Maße präjudiziert, muß der Unternehmer bereits bei diesem Entschluß die Interessen der Arbeitnehmer gebührend berücksichtigen. Es ist daher zweckmäßig, den Arbeitnehmern in dem sehr elastischen Verfahren der §§ 72 ff. BVG einen entsprechenden Rechtsbehelf zur Verfügung zu stellen. Die Sanktion des § 74 BVG trifft allerdings nur die Fälle, in denen der Zusammenschluß entgegen dem Spruch der Vermittlungsstelle zur Kündigung führt, ist also eine gerade für den Fall des pflichtwidrigen Zusammenschlusses recht unvollkommene Sanktion. Andererseits ist aber zu berücksichtigen, daß die Arbeitnehmer gegenüber den anderen ihnen etwa nachteiligen Einzelmaßnahmen infolge des Zusammenschlusses noch zahlreiche Rechtsbehelfe haben, durch die sie die ihnen erwachsenden Nachteile — allerdings mit größerer Mühe — weitgehend mildern, wenn nicht sogar völlig auffangen können.

G. Schlußbemerkung

Die Arbeitnehmer sind auch in dem Falle nicht schutzlos, daß ein Unternehmer eine Stillegung, Verlegung, Umstellung oder einen Zusammenschluß durchführt, ohne sich mit dem Betriebsrat vorher zu einigen oder ohne das Ergebnis des Verfahrens vor der Vermittlungsstelle abzuwarten, sei es, weil er die Maßnahme für unaufschiebbar hält, sei es, weil er glaubt, die Maßnahme fiele nicht unter die in § 72 BVG aufgeführten Tatbestände. Die Entscheidung des Unternehmers ist zwar wirksam, da sogar Maßnahmen des Unternehmers entgegen dem Spruch der Vermittlungsstelle wirksam sind. Der Betriebsrat ist aber berechtigt, notfalls nach Bejahung seiner Zuständigkeit im arbeitsgerichtlichen Beschlußverfahren, noch nachträglich einen Spruch der Vermittlungsstelle über die Berechtigung der streitigen Maßnahme herbeizuführen[97]. Zweckmäßigerweise wird die Vermittlungsstelle in dem nachträglichen Verfahren aber nicht auf die Lage zur Zeit der streitigen Maßnahme, sondern auf die Gegenwart abstellen und sogleich auch die Gründe würdigen, die anderenfalls der Unternehmer eventuell im Entschädigungsstreit vor dem Arbeitsgericht gemäß § 74 BVG geltend machen würde, um ein Abweichen von dem Spruch zu rechtfertigen[98].

Zu begrüßen ist es, daß das BVG kein besonderes Organ der Arbeitnehmer für das Ausüben ihrer wirtschaftlichen Mitbestimmungsrechte geschaffen, sondern diese Aufgabe dem Betriebsrat belassen hat. Eine Aufspaltung der Organe der Arbeitnehmer würde bei der starken Verzahnung aller Fragen nur zu Reibungen und unklaren Zuständigkeiten führen. Wegen des dem Unternehmer zustehenden Entscheidungsrechts wird der Schwerpunkt der Mitbestimmungsrechte der Arbeitnehmer auf wirtschaftlichem Gebiete allerdings in der Unterrichtung und Mitberatung liegen. Diese Aufgabe kann ein paritätisch zusammengesetzter Sachverständigenausschuß ohne Entscheidungs- und Mitbestimmungsrechte wie der Wirtschaftsausschuß infolge seiner Unabhängigkeit und Sachkunde besser erfüllen als der Betriebsrat. Damit ist eine wertvolle Stätte des Ausgleichs und der Zusam-

---

[97] Ebenso Galperin, § 72, 30 ff.; Fitting-Kraegeloh, § 72, 29, § 73,7 und 14; LArbG Kiel, BB 1953, 1062; a. A. Dietz, § 74, 9—11, der ein nachträgliches Verfahren für einen überflüssigen Umweg hält, da die letztlich maßgebliche Entscheidung das Arbeitsgericht im Entschädigungsstreit treffe. Der Unternehmer müsse sich so stellen lassen, als ob ein Spruch vorläge, der ihm die Maßnahme verbietet, und müsse seinerseits nachweisen, daß er von diesem Spruch aus zwingenden Gründen habe abweichen müssen. Damit wird in unzulässiger Weise die Entscheidung über wirtschaftlich schwierige Tatbestände von der besonders sachkundigen Vermittlungsstelle auf das Arbeitsgericht verlagert. Das Arbeitsgericht hat zwar ein Prüfungsrecht und darf dem Spruch der Vermittlungsstelle aus zwingenden Gründen die Anerkennung versagen, in der Regel soll es aber den Spruch der Vermittlungsstelle als gegeben hinnehmen und nur neu hervorgetretene Tatsachen berücksichtigen, die den Spruch der Vermittlungsstelle als unrichtig erscheinen lassen. So Dietz selbst, § 74, 8.

[98] Ein Rückgängigmachen der Maßnahme kann die Vermittlungsstelle nicht anordnen, da auch ihr rechtzeitiger Spruch den Unternehmer an der Maßnahme nicht hätte hindern können. A. A. anscheinend Galperin, § 72, 31.

menarbeit geschaffen worden. Infolge der engen Zusammenarbeit des Wirtschaftsausschusses mit Unternehmer und Betriebsrat kann dann der Unternehmer prüfen, ob er an seiner beabsichtigten Maßnahme festhalten will, und der Betriebsrat kann auf Grund des sachverständigen Rates des Wirtschaftsausschusses entscheiden, ob er von seinen Mitbestimmungsrechten, insbesondere von seinen Rechten aus § 72 ff. BVG Gebrauch machen will.

Unsere gegenwärtige Rechtsordnung gibt den Arbeitnehmern demnach mannigfache Möglichkeiten, den Unternehmer dazu anzuhalten, daß er seine Pflicht zur Erhaltung und Fortführung des Unternehmens erfüllt. Aus dem Wesen der unternehmerischen Tätigkeit und aus dem Grundsatz der Einheit von Entscheidungsgewalt und Risiko, an dem auch das BVG mit Recht festgehalten hat, ergibt sich allerdings zwangsläufig eine gewisse Beschränkung bei der Durchsetzung der Unternehmerpflichten.

DRITTER ABSCHNITT:

ARBEITNEHMERVERTRETER IM AUFSICHTSRAT

Die Frage der Arbeitnehmervertreter im Aufsichtsrat war und ist einer der am stärksten umstrittenen Punkte der Betriebsverfassung. Wie in einem Brennspiegel erscheinen bei der Erörterung dieser Frage noch einmal alle die verschiedenartigen Motive, aus denen die Forderung nach Mitbestimmung erhoben wird, und zeigen sich die vielfachen Interessen, die durch die Mitbestimmung berührt werden. Wir werden daher weitgehend auf frühere Ausführungen zurückgreifen können.

Durch Arbeitnehmervertreter im Aufsichtsrat will man den Gebrauch wirtschaftlicher Macht zu politischen Zwecken beschränken und unter Kontrolle stellen. Dabei ist an einen sehr weiten Bereich zu denken, von der Vorbereitung von Angriffskriegen und der Unterstützung eines neuen Diktators über die einseitige Förderung bestimmter politischer Parteien bis zum Einfluß auf die Wirtschaftspolitik der Regierung und auf die Beschlüsse des Parlaments. Es wird gesagt, Arbeitnehmervertreter im Aufsichtsrat könnten einer einseitigen Unterstützung bestimmter politischer Parteien durch Spenden aus Gesellschaftsmitteln, durch Mitgliedschaft in Vereinen mit eindeutig politischer Tendenz und anormal hohen Beiträgen oder durch einseitige Vergabe von Anzeigen entgegenwirken, durch den ständigen persönlichen Kontakt die keiner Klasse oder Partei, sondern nur dem Unternehmen verpflichteten „sozial labilen" Manager beeinflussen und von ihrer Stellung aus auch Einfluß auf die wirtschaftspolitischen Entscheidungen des Parlaments und der Regierung nehmen.

Dazu ist zu bemerken: Der Vorwurf der Vorbereitung von Angriffskriegen, der bis in die neueste Zeit hinein auftaucht[99], sollte endlich als gegen-

[99] S. S. 23, Anm. 3.

standslos aus der öffentlichen Diskussion verschwinden. Die Vorbedingungen für das Auftreten eines Diktators liegen auf einem ganz anderen Gebiet, Industriegelder bilden bestenfalls eine sekundäre Ursache[100]. Daß die Möglichkeiten eines Einflusses auf die Wirtschaftspolitik vom einzelnen Unternehmer her nur äußerst gering sind, wurde ebenfalls bereits gezeigt[101]. Eine Pflicht der juristischen Personen zur politischen Neutralität wäre mit Rücksicht auf die Zusammenarbeit im Unternehmen vielleicht wünschenswert, läßt sich aber rechtlich kaum begründen und von einer Minderheit oder paritätischen Anzahl Arbeitnehmermitglieder im Aufsichtsrat auch nicht durchsetzen. Die angeführten Überlegungen rechtfertigen Arbeitnehmervertreter im Aufsichtsrat daher nicht.

Eine Wirtschaftslenkung kann nicht vom Unternehmen aus, sondern außer vom Markt nur von der Regierung her erfolgen[102]. Wenn daher die Beteiligung der Arbeitnehmer im Aufsichtsrat angestrebt wird, nicht um Mißbrauch wirtschaftlicher Macht zu verhindern, sondern um selbst Einfluß auf die Wirtschaftspolitik zu gewinnen und im Interesse der Arbeitnehmer bestimmte wirtschaftspolitische Gedanken und Forderungen durchzusetzen, so ist das ein Kampf mit falscher Front und ein Verwechseln der Aufgaben und Möglichkeiten von betrieblicher und überbetrieblicher Mitbestimmung. Es muß hier genügen, auf die Darlegungen S. 33 ff. zu verweisen.

Arbeitnehmervertreter im Aufsichtsrat sind auch nicht als Vorstufe zu einer Sozialisierung bestimmter Industrien oder ihrer Überführung in „Gemeineigentum" zu rechtfertigen. Es wurde schon gezeigt[103], daß Sozialisierung und Mitbestimmung unabhängig voneinander sind, daß also die Sozialisierung die Mitbestimmung nicht überflüssig macht und es andererseits ein Mißbrauch der Mitbestimmung wäre, sie als Mittel zu benutzen, um bestimmte Industrien sozialisierungsreif zu machen. Die Sozialisierung ist eine rein politische Entscheidung, die den Wählern überlassen bleiben muß.

Falls Aufsichtsratssitze für Arbeitnehmer gefordert werden sollten, um so weitere Machtpositionen für eine grundlegende gesellschaftliche Neuordnung im Sinne des Sozialismus zu gewinnen, wäre das eine rein taktische Maßnahme des Klassenkampfes, die sich der wissenschaftlichen Erörterung entzieht.

Vielfach wird die Vertretung der Arbeitnehmer im Aufsichtsrat mit der Notwendigkeit begründet, die allgemeine Erzeugungs-, Wirtschafts- und Preispolitik des Unternehmens auf die Interessen und Bedürfnisse der Allgemeinheit auszurichten. Diese Begründung ist nicht überzeugend; sie verkennt die Aufgabe der betrieblichen Mitbestimmung. Man erwartet dabei von der Allgemeinheit, daß sie die Wahrnehmung ihrer Interessen einzelnen Arbeitnehmern oder Beauftragten von Arbeitnehmerorganisationen anvertraut, ohne auf die Auswahl oder das Handeln ihrer Interessenvertreter im geringsten Einfluß zu haben. Die Allgemeinheit soll der Belegschaft des betreffenden Unternehmens oder den Gewerkschaften, die mit ihren über sechs Millionen Mitgliedern zwar die größte demokratische Organisation, aber

---

100 S. 23.

101 S. 32 ff.

102 Vgl. S. 32.

103 S. 86 ff.

trotzdem nur Repräsentanten einer bestimmten Bevölkerungsgruppe sind, eine praktisch unwiderrufliche Blanko-Vollmacht erteilen. Eine solche Blanko-Vollmacht wäre vielleicht dann zu rechtfertigen, wenn sie von einer großen Mehrheit der Bevölkerung gebilligt würde. Das ist aber augenblicklich offenbar noch nicht der Fall. Weitere Bedenken ergeben sich aus der Gefahr unterschiedlicher Behandlung der einzelnen Unternehmen bei Wahrnehmung der Allgemeininteressen, aus der Interessenkollision, in die die betriebsangehörigen Arbeitnehmervertreter gebracht würden, sowie aus den berechtigten Zweifeln, ob diese die bedeutenden wirtschaftlichen Kenntnisse, die Übersicht über die Gesamtwirtschaft und das wirtschaftliche Urteilsvermögen haben würden, um die Interessen der Allgemeinheit richtig zu erkennen und zu vertreten. Nach ihrer Stellung im Betrieb sind solche Kenntnisse von ihnen nicht zu verlangen und in der Regel auch nicht zu erwarten. Im einzelnen muß auf die Darlegungen S. 25 ff. verwiesen werden. Ausdrücklich sei aber bemerkt, daß damit die ganz andere Frage unentschieden bleibt, ob zur Sicherung der Interessen der Allgemeinheit in bestimmten Wirtschaftszweigen oder Unternehmen, die eine Schlüsselposition einnehmen, die Allgemeinheit das Recht erhalten muß, Vertreter ihrer Interessen in den Aufsichtsrat zu entsenden oder in anderer Form auf die Willensbildung dieser Unternehmen Einfluß zu nehmen.

Weit einleuchtender klingt die Begründung, die Manager der Kapitalgesellschaften seien praktisch „herrenlos" geworden. Die Aktionäre seien weder gewillt noch in der Lage, ihre Wahl- und Aufsichtsrechte auszuüben; ihre Vertrauensleute, die Banken, beschränkten sich auf eine mehr oder minder sorgfältige Überwachung des Unternehmens im finanziellen Bereich. Es fehle also an einer wirksamen Kontrolle der Manager. Der entstandene „Hohlraum" müsse deshalb durch ein neues Kontrollorgan ausgefüllt werden, dessen durch die wirtschaftlichen und sozialen Gegebenheiten designierte Mitglieder die Vertreter von Kapital und Arbeit als Repräsentanten der im Unternehmen tätigen Kräfte seien.

Diese Argumentation denkt nur an die Verhältnisse bei der AG. Soweit bei den übrigen Kapitalgesellschaften sich überhaupt eine Managerschicht gebildet hat — vielfach üben die Gesellschafter noch selbst die Unternehmerfunktion aus —, sind diese Manager jedenfalls nicht „herrenlos" geworden, sondern unterliegen einer lebendigen und wirksamen Kontrolle der Gesellschafter. Die obligatorische Bestellung von Aufsichtsräten unter Beteiligung von Arbeitnehmervertretern bei den übrigen Kapitalgesellschaften läßt sich also mit dieser Begründung nicht rechtfertigen. Aber auch für die AG trifft sie nicht zu. Ihr Ausgangspunkt, die Interesselosigkeit der Aktionäre, ist nur sehr begrenzt richtig. Großaktionäre machen von ihren Wahl- und Aufsichtsrechten stets Gebrauch; das Gleiche tut der überwiegende Teil der Kleinaktionäre in der durch die Form der AG bedingten Form der Vollmacht an ihre Bank. Im staatlichen Bereich und in den Massenorganisationen ist die soziologische Entfernung zwischen Wähler bzw. Mitglied einerseits, Abgeordnetem oder Spitzenfunktionär andererseits mindestens ebenso groß wie zwischen Aktionär und Aufsichtsratsmitglied. Im einzelnen ist zu dieser „Hohlraum"-Argumentation bereits S. 68 ff. eingehend Stellung genommen worden.

Die betriebliche Mitbestimmung hat nur die Aufgabe, die Interessen der Belegschaft gegenüber dem Unternehmer zu wahren und zu sichern. Daher sind auch Arbeitnehmervertreter im Aufsichtsrat nur mit dieser Zielsetzung zu rechtfertigen. In § 70 BRG 1920 heißt es noch ausdrücklich: „... werden ein oder zwei Betriebsratsmitglieder in den Aufsichtsrat entsandt, um die Interessen oder Forderungen der Arbeitnehmer sowie deren Ansichten und Wünsche hinsichtlich der Organisation des Betriebes zu vertreten." Durch die Entsendung dieser Arbeitnehmervertreter wurde eine bessere gegenseitige Unterrichtung und eine persönliche Fühlungnahme zwischen den Vertretern der Belegschaft und den Repräsentanten des Kapitals erstrebt. Durch ihre Vertreter konnte die Belegschaft über alle wichtigen Fragen des Unternehmens mitberaten und an den Entscheidungen — allerdings als Minderheit — teilnehmen.

Heute sind die Informations- und Mitberatungsrechte der Belegschaft oder ihrer Vertreter weit größer geworden; die Arbeitnehmer haben als Einzelne oder durch den Betriebsrat auf allen Gebieten des betrieblichen Lebens zahlreiche, vielfach abgestufte Mitbestimmungsrechte, um einen Mißbrauch der wirtschaftlichen Macht des Unternehmers zu ihrem Nachteil zu verhindern. Es liegt daher die Frage nahe, ob bei dieser Sachlage Arbeitnehmervertreter im Aufsichtsrat noch erforderlich sind, wenn man sie, wie es hier geschieht, nur als Interessenvertreter der Belegschaft gegenüber dem Unternehmer ansieht und außerbetriebliche Zielsetzungen zu ihrer Rechtfertigung ablehnt. Es kommt hinzu, daß heute infolge der Umgestaltung des Rechts der AG im Jahre 1937 der Aufsichtsrat eine stärkere Stellung einnimmt als 1920, Arbeitnehmervertreter im Aufsichtsrat also eine stärkere Teilnahme der Arbeitnehmer an der Unternehmerfunktion bedeuten.

Man mag daher durchaus zu der Auffassung kommen, daß es richtiger wäre, die Organe der beiden Sozialpartner nicht miteinander zu verquicken[104]. Vorstand und Aufsichtsrat wären dann nur die Vertrauenspersonen der Aktionäre, die die Unternehmerfunktion auf diese Vertrauenspersonen delegiert und sie aus Zweckmäßigkeitsgründen auf diese beiden Gremien verteilt haben. Vorstand und Aufsichtsrat hätten die wirtschaftlichen Entscheidungen zu fällen, müßten aber die Unternehmerpflichten gegenüber den Arbeitnehmern beachten. Dafür hätte im wesentlichen der Betriebsrat als Organ der Arbeitnehmer zu sorgen. Die wirtschaftliche Unterrichtung und Mitberatung würde sich in einem neutralen Beratungsorgan, dem Wirtschaftsausschuß, vollziehen, das der Angleichung der beiderseitigen Standpunkte und der Vorbereitung der Entscheidungen von Vorstand und Aufsichtsrat einerseits, des Betriebsrats andererseits zu dienen hätte. Gegebenenfalls wären die Informationsrechte des Wirtschaftsausschusses und die Mitbestimmungsrechte des Betriebsrats zu erweitern.

Eine solche Organisation hätte den Vorzug größerer Klarheit und Logik. Sie entspräche auch dem bereits ausgeführten Gedanken[105], daß die Frage,

---

[104] Nikisch, BB 1951, 903 u. 39. Juristentag, S. 50, 53; Möhring, ebenda, S. 124 ff.; m. Einschränkung Hueck, Betrieb 1951, S. 166 und 185.

[105] S. 123 ff.

wer Träger der Unternehmerpflichten und Unternehmerrechte sein soll, der Entscheidung der Arbeitnehmer entzogen ist und durch die Übernahme des Risikos bestimmt wird, daß der Unternehmer bzw. seine Organe als andere Partei der Mitbestimmung daher der personellen Mitbestimmung der Arbeitnehmer entzogen sein müssen, ein Gedanke, dem auch das BVG folgt, indem es die Mitglieder des vertretungsberechtigten Organs einer juristischen Person sowie die Gesellschafter einer OHG oder die Mitglieder einer anderen Personengesamtheit, die ein Unternehmen betreibt, von der personellen Mitbestimmung der Arbeitnehmer ausnimmt[106]. Endlich würde man so die erheblichen Schwierigkeiten vermeiden, die daraus entstanden sind, daß man die Mitbestimmung als einen schwer absorbierbaren Fremdkörper in unser Gesellschaftsrecht eingefügt hat. Eine derartige Lösung würde jedoch die nun einmal bestehenden psychologischen Gegebenheiten und die gegebene gesellschaftliche und politische Dynamik außer Acht lassen. Sie hätte aber auch große sachliche Nachteile. Wenn man nicht Wirtschaftsausschuß und Aufsichtsrat zu gemeinschaftlichen Beratungen zusammenfassen und damit ein reichlich großes Gremium schaffen will, unterbliebe die persönliche Fühlungnahme zwischen den Aufsichtsratsmitgliedern als Vertretern der Aktionäre und den Belegschaftsvertretern und die Arbeitnehmervertreter würden von der unmittelbaren Unterrichtung und Mitberatung über die entscheidenden wirtschaftlichen Fragen gerade im wichtigsten Stadium der unternehmerischen Willensbildung ausgeschlossen. Durch die Anwesenheit von stimmberechtigten Arbeitnehmervertretern im Aufsichtsrat wird sich die Berücksichtigung der Arbeitnehmerinteressen wahrscheinlich einfacher und schneller erreichen lassen als durch einen nachfolgenden Einspruch des Betriebsrats gegen die gefaßten Entschlüsse mit anschließendem Einigungsverfahren. Nachdem die Arbeitnehmervertreter im Aufsichtsrat grundlegenden Änderungen der betrieblichen Verhältnisse zugestimmt haben, wird es ferner wesentlich leichter sein, den Betriebsrat des betroffenen Betriebes von ihrer Notwendigkeit zu überzeugen, ihn zu veranlassen, von seinen Rechten nach § 72 ff. BVG keinen Gebrauch zu machen und den sich daraus etwa ergebenden personellen oder sozialen Einzelmaßnahmen zuzustimmen. Schließlich sind Arbeitnehmervertreter im Aufsichtsrat eine klare und sichtbare Anerkennung der im Unternehmen tätigen Menschen und so ein Beitrag zum sozialen Frieden.

Aus diesen Gründen erscheinen doch stimmberechtige Arbeitnehmervertreter im Aufsichtsrat zweckmäßiger als eine klare Trennung der beiderseitigen Organe. Arbeitnehmervertreter im Aufsichtsrat dürften das beste Mittel sein, um die Unternehmerpflichten gegenüber den Arbeitnehmern, insbesondere die Pflicht zur Unterrichtung, Mitberatung und zur Erhaltung und Fortführung des Unternehmens schon im Bereich der Entscheidungen über die allgemeine Linie des Unternehmens (general policy) durchzusetzen und damit zugleich die Pflichterfüllung des Unternehmers bei den Einzelmaßnah-

---

[106] §§ 4 II a u. b, 60 ff. BVG.

men weitgehend zu sichern[107]. Man kann und soll die Anwesenheit dieser Arbeitnehmervertreter im Aufsichtsrat ruhig als Ausdruck der Wirtschaftsdemokratie und der Gleichberechtigung von Kapital und Arbeit bezeichnen.

Die Anwesenheit stimmberechtiger Arbeitnehmervertreter im Aufsichtsrat führt zu einer gewissen Beteiligung der Arbeitnehmer an der Unternehmerfunktion. Arbeitnehmervertreter mit nur beratender Stimme würden aber sehr leicht zu einflußlosen Statisten werden. Solange eine klare Mehrheit der Aufsichtsratsmitglieder von den Aktionären gewählt wird, wird man stimmberechtigte Arbeitnehmervertreter nicht als Verletzung des Grundsatzes der Einheit von Entscheidungsgewalt und Risiko ansehen können. Der Aufsichtsrat wird auch nicht in seiner Struktur derart verändert, daß er in Gefahr kommt, die Eignung für die Erfüllung seiner eigentlichen aktienrechtlichen Aufgaben in mehr oder minder großem Umfange zu verlieren.

Eine paritätische Besetzung des Aufsichtsrates mit Aktionär- und Arbeitnehmervertretern sowie einem „11. Mann" widerspricht jedoch einem tragenden Prinzip unserer Rechtsordnung. Wenn man die paritätische Besetzung des Aufsichtsrates mit der Notwendigkeit zu rechtfertigen sucht, in den Grundstoffindustrien die Interessen der Gesamtheit bei der Unternehmensführung zu sichern, so scheitert diese Begründung an dem fehlenden Mandat der Allgemeinheit für die Arbeitnehmervertreter. Eine paritätische Besetzung des Aufsichtsrates hat außerdem folgenden großen Nachteil: Sie macht den Aufsichtsrat zu einem Gremium, in dem zwei etwa gleich starke Gruppen oft stark auseinanderstrebende privatrechtliche, u. U. auch noch entgegengesetzte gesellschaftliche und wirtschaftspolitische Interessen vertreten, und stellt dem Aufsichtsrat die Aufgabe, diese Gegensätze auszugleichen, die sich durch Umfang und Schärfe grundlegend von etwaigen Interessengegensätzen im Aufsichtsrat bisheriger Form unterscheiden. Das bedeutet eine Änderung von Struktur und Aufgabe des Aufsichtsrates, die

---

[107] Müller-Lehmann, MGBE § 2, 6 ff. u. Müller, BB 1951, 339 halten bei einer gleichberechtigten Beteiligung der Arbeitnehmer im Aufsichtsrat Mitbestimmungsrechte des Betriebsrats im Sinne von echten Mitentscheidungsrechten, wie sie auch hier bejaht worden sind, für unzulässig, weil die Arbeitnehmer bereits an der Willensbildung der Organe des Unternehmens beteiligt seien und durch weitere Mitentscheidungsrechte des Betriebsrats die Mitbestimmung der Arbeitnehmer an eine Alleinbestimmung herankommen würde. Dieser Ansicht kann nicht gefolgt werden. Die Beteiligung an der Willensbildung im Aufsichtsrat vollzieht sich praktisch nur bei Entscheidungen über die allgemeine Linie des Unternehmens und bleibt ohne Einfluß auf eine Vielzahl betrieblicher Einzelentscheidungen, die aber für die Arbeitnehmer besonders wichtig sind, von deren Mitgestaltung sie also dann ausgeschlossen würden. Bei der Beteiligung der Arbeitnehmer im Aufsichtsrat und den Mitbestimmungsrechten des Betriebsrats handelt es sich um eine Mitbestimmung der Arbeitnehmer auf verschiedenen Ebenen der unternehmerischen und betrieblichen Entscheidungen entsprechend der Tatsache, daß diese Entscheidungen auf verschiedenen Ebenen gefällt werden. Im Ergebnis wie hier, jedoch mit anderer Begründung Boldt, MGBE § 2, 3; ferner Dietz § 85, 4; Galperin § 85, 9 ff.; Fitting-Kraegeloh § 85, 8.

ihn für seine eigentliche aktienrechtliche Aufgabe, die laufende Überwachung der Geschäftsführung des Vorstandes, weitgehend entwertet.

Als Mitglieder eines Organs der juristischen Person sind die Arbeitnehmer im Aufsichtsrat verpflichtet, keine einseitige Interessenpolitik zu betreiben, sondern ihr Handeln auf das Wohl des Unternehmens als Ganzes auszurichten, und es mag sein, daß sich daraus für sie manchmal gewisse Interessenkollisionen ergeben. In diesem Rahmen sollen die Arbeitnehmervertreter im Aufsichtsrat aber jedenfalls die Interessen der Belegschaft vertreten. Daraus ergibt sich, daß mindestens ein Teil dieser Arbeitnehmervertreter den Betrieben des Unternehmens als Arbeitnehmer angehören muß und daß ferner möglichst auch die Gliederung der Belegschaft nach Gruppen und Geschlechtern zu berücksichtigen ist. Streitig ist aber die Frage, ob auch Unternehmensfremde als Arbeitnehmervertreter gewählt werden dürfen oder sogar müssen.

Die Notwendigkeit unternehmensfremder Arbeitnehmervertreter wird meist damit begründet, sie müßten die Interessen der Allgemeinheit im Unternehmen vertreten und Betriebsegoismus verhindern, die im Unternehmen beschäftigten Arbeitnehmervertreter im Aufsichtsrat seien dazu wegen der Interessenkollision nicht in der Lage. Es wurde aber hier bereits wiederholt dargelegt, daß die Wahrnehmung von Allgemeininteressen nicht die Aufgabe der betrieblichen Mitbestimmung ist und unternehmensfremden Arbeitnehmervertretern auch das Mandat dazu fehlt, gleichgültig ob sie nun von der Belegschaft oder von der Gewerkschaft ausgewählt werden. So lassen sich also unternehmensfremde Arbeitnehmervertreter nicht rechtfertigen.

Man muß aber bedenken, daß es sich bei den im Aufsichtsrat zur Erörterung stehenden Fragen oft um sehr schwierige wirtschaftliche Probleme handelt. Die erforderlichen wirtschaftlichen Erfahrungen und Kenntnisse werden bei den Belegschaftsvertretern meist nicht vorhanden sein und sind auch nicht von ihnen zu erwarten. Die Erfahrungen mit dem BRG 1920 haben gezeigt, daß infolge dieser Tatsache die Arbeitnehmervertreter im Aufsichtsrat trotz ihres Stimmrechts leicht zu Statisten werden können. Um ihre Rechte und Interessen wirklich wirksam gegenüber den geschulten und erfahrenen übrigen Aufsichtsratsmitgliedern vertreten zu können, haben die Arbeitnehmer ein sehr großes und berechtigtes Interesse daran, eine wirtschaftlich erfahrene Persönlichkeit ihres Vertrauens in den Aufsichtsrat entsenden zu können. Da zur Sicherung einer wirksamen Überwachungstätigkeit des Aufsichtsrats leitende Angestellte der Gesellschaft ausscheiden (vgl. § 90 Abs. 1, 80 Abs. 1, S. 2 AktGes.), kann dies fast immer nur ein Betriebsfremder sein. Es ist allgemein üblich und entspricht dem Wesen des Aufsichtsrats, daß sich die Aktionäre durch die Mitgliedschaft im Aufsichtsrat den Rat und die Kenntnisse erfahrener unternehmensfremder Persönlichkeiten sichern. Man wird daher den Arbeitnehmern das Gleiche nicht verwehren dürfen. Wenn den Unternehmern wirklich an einer ehrlichen Zusammenarbeit gelegen ist, können sie eine möglichst große sachliche Befähigung der Arbeitnehmervertreter nur begrüßen. Entscheidend ist allerdings, daß die Belegschaft einen solchen unternehmensfremden Vertreter in eigener freiwilliger Entschließung wählen kann und er nicht von dritter Seite benannt wird. Die

Bedenken der Unternehmer wegen einer übermäßigen Machtzusammenballung in der Hand der Gewerkschaften oder wegen der viel berufenen „Fernsteuerung" der Unternehmen durch die Gewerkschaften dürften sich dann als stark übertrieben erweisen. Ob die Belegschaften wirklich einen Funktionär der Gewerkschaften wählen werden, steht keineswegs fest und wird davon abhängen, ob die Gewerkschaften Persönlichkeiten präsentieren, die sich das Vertrauen der Belegschaft zu erwerben und zu erhalten wissen.

Als zweckmäßigste Lösung würde sich demnach ergeben, daß die Belegschaft ein Drittel der Aufsichtsratsmitglieder, jedoch mindestens drei Mitglieder, in den Aufsichtsrat wählt, von denen zwei als Arbeitnehmer einem Betriebe des Unternehmens angehören müssen, und zwar einer als Arbeiter und einer als Angestellter[108]. Da dann der Aufsichtsrat stets aus mindestens neun Mitgliedern bestehen würde, wäre auch eine angemessene Berücksichtigung der Minderheitsaktionäre im Aufsichtsrat möglich.

Die Regelung des BVG über die Beteiligung der Arbeitnehmer im Aufsichtsrat entspricht weitgehend den hier angestellten Erwägungen und verdient Zustimmung. Bedauerlich ist jedoch, daß die Beteiligung eines unternehmensfremden Arbeitnehmervertreters im Aufsichtsrat nicht gesichert ist, sondern die Gesellschaften die Möglichkeit haben, durch Satzungsänderung ihren Aufsichtsrat zu verkleinern und damit die Zahl der Arbeitnehmervertreter auf zwei oder sogar nur einen herabzudrücken. Wie es scheint, machen die Gesellschaften von dieser Möglichkeit tatsächlich in großem Umfange Gebrauch.

Die Lösung in der Montanindustrie verstößt dagegen nicht nur gegen die Einheit von Entscheidungsgewalt und Risiko, sondern ist auch in ihrer juristischen Konstruktion äußerst unbefriedigend[109]. Man muß sich zwar darüber klar sein, daß das MGBE heute ein wesentlicher Teil unserer Rechtsordnung ist. Jeder Versuch, ja sogar jeder Anschein eines Versuches, den durch das MGBE geschaffenen Zustand ohne Mitwirkung der Gewerkschaften zu ändern, würde den sozialen Frieden in unverantwortlicher Weise gefährden. Man sollte aber doch versuchen, gemeinsam mit den Gewerkschaften einen Weg zu finden, die unbefriedigende juristische Konstruktion des MGBE zu ändern, ohne dabei den Einfluß der Arbeit im Unternehmen zu verringern[110]; denn die Erfahrung hat inzwischen gezeigt, daß infolge der geschilderten Strukturwandlung des nach den Vorschriften des MGBE gebildeten Aufsichtsrats er seine aktienrechtliche Aufgabe, die laufende Überwachung der Geschäfte, nicht mehr befriedigend erfüllen kann, andererseits aber ein Bedürfnis nach einer solchen Überwachung besteht und die Praxis daher in Ausschüsse des Aufsichtsrats oder in gesetzlich nicht vorgesehene Beiräte und ähnliche Gremien ausweicht. Weitere Schwierigkeiten haben sich

---

[108] Es sei denn, daß die eine Gruppe eine ganz kleine Minderheit ist.

[109] Vgl. die berechtigte Kritik von Hueck, Betrieb 1951, 166 und 185; Nikisch, Arbeitsrecht, S. 403 und 39. Juristentag, S. 50, 53; Möhring, ebenda, S. 124.

[110] Die folgenden Ausführungen verwerten Gedanken, die Prof. Würdinger, Hamburg, in einem noch nicht veröffentlichten Gutachten entwickelt hat.

daraus ergeben, daß man im Bereich der Montanindustrie den Arbeitnehmern und Gewerkschaften einen bestimmten Einfluß geben wollte und dies durch Einbau von Vertretern der Arbeit in ein Organ der Gesellschaftsverfassung, den Aufsichtsrat, zu erreichen suchte mit dem Ergebnis, daß dieser Einfluß in seiner Stärke an die Rechtsmacht des Aufsichtsrats gekoppelt wurde, während die gesellschaftsrechtliche Stellung der Aktionäre im übrigen unangetastet blieb. Die Aktionäre waren daher in der Lage, mit den ihnen verbliebenen gesellschaftsrechtlichen Gestaltungsmöglichkeiten die Stellung des Aufsichtsrats und damit den Einfluß der Arbeit auszuhöhlen. Daraus hat sich der bekannte Holding-Streit entwickelt.

Um einerseits den stärkeren Einfluß der Arbeit im Bereich des MGBE zu belassen, andererseits wieder einen aktienrechtlich funktionsfähigen Aufsichtsrat zu erhalten und zugleich das Holding-Problem zu bereinigen, sollte man deshalb doch überlegen, ob man nicht in der Montanindustrie Hauptversammlung, Vorstand und Aufsichtsrat als reine Organe der Aktionäre wiederherstellt, andererseits aber *im Unternehmen* ohne Rücksicht auf seine Rechtsform ein neues Überwachungsorgan einbaut, das bei wichtigen wirtschaftlichen Entscheidungen mitzuwirken hat. In dieses Organ könnten neben Arbeitnehmern und Gewerkschaftsvertretern dann auch Vertreter des Allgemeininteresses mit echter Legitimation berufen werden.

SCHLUSSWORT

Abschließend sollen die wichtigsten Ergebnisse unserer Untersuchung noch einmal kurz zusammengefaßt werden:

Die Entwicklung unserer technischen Zivilisation macht es den Menschen immer schwerer, ihre elementaren Wünsche, vor allem den Wunsch nach sozialer Sicherheit und Anerkennung und nach Entfaltung der Persönlichkeit zu erfüllen. Die Menschen haben sich in ihrer eigenen Einstellung und in ihren Beziehungen zueinander den veränderten Verhältnissen nicht rasch genug anpassen können. Die Rechtsordnung als notwendiger Wegweiser für die Menschen konnte ebenfalls nicht schnell genug folgen, so daß sich schwere soziale Spannungen ergeben haben. Diese Spannungen haben viele Ursachen. Die Mitbestimmung ist daher kein Allheilmittel, sondern nur ein Mittel unter vielen. Vor allem ist sie nur ein Mittel, aber kein Endziel; ihre Gestaltung muß sich nach den Zielen richten, die man mit ihrer Hilfe erreichen will.

Auf der Suche nach diesen Zielen hatten wir gesehen, daß die betriebliche Mitbestimmung weder dazu bestimmt und geeignet ist, die Interessen der Allgemeinheit in den Unternehmen durchzusetzen, noch daß es möglich ist, durch die betriebliche Mitbestimmung Einfluß auf die staatliche Wirtschaftspolitik zu gewinnen, um auf diesem außerparlamentarischen Umwege bestimmte wirtschaftspolitische Gedanken zu verwirklichen. Ein solcher Versuch wäre ein Kampf mit falscher Front. Ein derartiger Einfluß läßt sich außerhalb des Parlaments nur durch die überbetriebliche Mitbestimmung gewinnen. In welchem Umfange den Arbeitnehmern und ihren Organisationen im Wege der überbetrieblichen Mitbestimmung ein solcher Einfluß eingeräumt werden soll, ist eine verfassungsrechtliche Frage, die in dieser Arbeit nicht entschieden werden konnte. Man sollte sich jedenfalls stets bewußt sein, daß betriebliche und überbetriebliche Mitbestimmung ganz verschiedene Aufgaben und Ziele haben. Die betriebliche Mitbestimmung hat lediglich die Aufgabe, die Interessen der Belegschaft gegenüber dem Unternehmer zu sichern.

Wirtschaftsdemokratie und Gleichberechtigung von Kapital und Arbeit sind sehr einprägsame Formulierungen der berechtigten Forderung der Arbeitnehmer, daß der Unternehmer bei seiner Tätigkeit stets die Interessen der Arbeitnehmer gleichberechtigt neben seinen eigenen berücksichtigt und den Arbeitnehmern den ihnen zustehenden Einfluß im Unternehmen einräumt. Gleichberechtigung von Kapital und Arbeit bedeutet aber nicht eine schematische Gleichheit der Rechte, sondern den Grundsatz, daß jedem Sozialpartner im Wege verteilender Gerechtigkeit das Seine zu geben ist. Eine gleichberechtigte Beteiligung der Arbeitnehmer an der Unternehmerfunktion läßt sich weder mit der „Wirtschaftsdemokratie" noch mit der „Gleichberechtigung von Kapital und Arbeit" rechtfertigen. Die Einheit von Entscheidungsgewalt und Risiko ist ein tragender Grundsatz unserer Rechtsordnung; Entscheidungsgewalt und Risiko dürfen nicht auseinandergerissen werden. Das Risiko des Verlustes wirtschaftlicher Substanz trägt aber heute noch allein der Unternehmer, ihm steht daher auch die Entscheidungsgewalt im Unternehmen zu. Das Risiko der Arbeitslosigkeit gibt den Arbeitnehmern kein Recht auf Teilnahme an den unternehmerischen Entscheidungen, sondern nur einen Anspruch gegen die Gemeinschaft auf schnellstmögliche Beschaffung eines anderen Arbeitsplatzes und auf Schutz vor Not während der Zeit etwaiger Arbeitslosigkeit.

Der Unternehmer darf die ihm zustehende Entscheidungsgewalt und seine allgemeine wirtschaftliche Macht jedoch nicht beliebig gebrauchen, sondern er muß bei seiner gesamten Tätigkeit die berechtigten Wünsche und Interessen der Arbeitnehmer gleichberechtigt neben seinen eigenen berücksichtigen. Den berechtigten Interessen der Arbeitnehmer entsprechen Pflichten auf Seiten des Unternehmers. Die Arbeitnehmer müssen mit Hilfe der Rechtsordnung durchsetzen können, daß der Unternehmer diese Pflichten erfüllt und seine Entscheidungsgewalt nicht zum Nachteil der Arbeitnehmer mißbraucht. Den Arbeitnehmern sind daher Mitbestimmungsrechte einzuräumen.

Die Notwendigkeit einer solchen Mitbestimmung der Arbeitnehmer besteht unabhängig davon, ob Träger der Unternehmerfunktion ein privater Unternehmer oder der Staat bzw. eine sonstige Körperschaft des öffentlichen Rechts sind. Es geht nicht um den Gegensatz zwischen Arbeit und Kapital, den man durch die Vernichtung der „Kapitalisten" lösen könnte, sondern um den Gegensatz der Funktionen, um den „Menschen im Apparat" Mitbestimmung und Sozialisierung sind daher voneinander unabhängige Fragen.

Wir haben dann die von der Rechtsordnung zu schützenden „berechtigten Interessen" der Arbeitnehmer und die notwendigen Pflichten der Unternehmer herausgearbeitet. Bei der anschließenden Betrachtung des gegenwärtigen Rechtszustandes zeigte sich, daß unsere Rechtsordnung, ohne das meist ausdrücklich zu sagen, diese berechtigten Interessen der Arbeitnehmer anerkennt, den Unternehmern entsprechende Pflichten auferlegt und den Arbeitnehmern vielfache Möglichkeiten gibt, ihre Interessen zu schützen und die Unternehmer zur Pflichterfüllung anzuhalten.

Es wäre unrecht, zu verschweigen, daß trotz aller Pflichten des Unternehmers und aller Rechtsbehelfe der Arbeitnehmer in einem gewissen Umfange die Möglichkeit besteht, daß Arbeitnehmer infolge Fehlern des Unternehmers Nachteile erleiden. Es liegt jedoch im Wesen der abhängigen Arbeit begründet, daß die Arbeitnehmer sich dem wirtschaftlichen Geschick oder Ungeschick des Unternehmers anvertrauen müssen. Die Rechtsordnung kann dieses Risiko der abhängigen Arbeit zwar mindern, aber nicht völlig beseitigen. Der Risikorest aus der Betriebsverfassung ist jedoch nur gering verglichen mit den Gefahren, die der sozialen Sicherheit der Arbeitnehmer durch Ereignisse im außerbetrieblichen Raum drohen, die der Unternehmer weder beherrschen noch durch Vorsorge daran hindern kann, die soziale Sicherheit der Arbeitnehmer zu gefährden. Dieser Risikorest rechtfertigt es nicht, die Arbeitnehmer zum Schutze ihrer Interessen gleichberechtigt an der Unternehmerfunktion zu beteiligen[111], damit einen elementaren Grundsatz unserer Rechtsordnung, die Einheit von Entscheidungsgewalt und Risiko, zu opfern und eine revolutionäre Entwicklung unseres Unternehmensrechts einzuleiten. Das verbleibende Risiko der abhängigen Arbeit ist vielmehr dadurch aufzufangen, daß die Allgemeinheit den Arbeitnehmern, die ihren Arbeitsplatz verloren haben, möglichst rasch einen neuen Arbeitsplatz verschafft und sie in der Zwischenzeit vor Not bewahrt.

Die Frage der überbetrieblichen Mitbestimmung der Arbeitnehmer ist noch ungelöst. Wahrscheinlich wären viele Schärfen im Kampf um die Gestaltung des BVG und die Belastung der betrieblichen Mitbestimmung mit ihr wesensfremden Zielen und Aufgaben vermieden worden, wenn man die beiden sich gegenseitig ergänzenden Bereiche der Mitbestimmung nicht auseinandergerissen hätte. Man kann nur wünschen, daß es recht bald gelingt, die Regelung der überbetrieblichen Mitbestimmung nachzuholen.

Im Bereich der betrieblichen Mitbestimmung hat unsere Rechtsordnung nach Erlaß des KSchGes., des MGBE und des BVG einen gewissen Abschluß erreicht. Trotzdem geht die Auseinandersetzung auch um die betriebliche Mitbestimmung nach wie vor fast unverändert weiter. Das mag zum Teil auf die falsche Schwerpunktbildung zurückzuführen sein, die sich durch die getrennte Vorwegnahme der betrieblichen Mitbestimmung entwickelt hat und immer noch nachwirkt. Nach dem Ergebnis unserer Untersuchung wird man aber mit einem gewissen Recht bezweifeln dürfen, ob die überaus harte Kritik der Gewerkschaften am BVG in diesem Maße gerechtfertigt ist. Sicherlich erfüllt das BVG nicht alle Wünsche der Gewerkschaften, aber es entspricht auch nicht den ursprünglichen Wünschen der Unternehmer. Beide Seiten haben Zugeständnisse machen und Opfer bringen müssen.

---

111 Man mag schon über die Prämisse streiten, daß die Arbeitnehmervertreter die Fehler des Unternehmers stets oder doch in den meisten Fällen verhindern würden.

Es ist das gute Recht der Arbeitnehmer und die Aufgabe ihrer Organisation, der Gewerkschaften, stets auf eine Verbesserung der sozialen Lage der Arbeitnehmer zu drängen. Ohne dieses Drängen wäre der soziale Fortschritt der letzen 100 Jahre wohl kaum so rasch verwirklicht worden. Das BVG hat den Arbeitnehmern eine wesentliche Erweiterung ihrer Rechte und ihres Einflusses im Betrieb und Unternehmen gebracht. Man mag darüber streiten, ob damit die Arbeitnehmer die ihnen zustellende Stellung bereits erhalten haben oder nicht. Eine Änderung des BVG wird jedenfalls gegenwärtig kaum ohne schwere soziale und politische Auseinandersetzungen zu erreichen sein. Wir beginnen aber gerade erst, mühsam die Folgen der hinter uns liegenden Katastrophe zu überwinden, und brauchen nichts notwendiger als sozialen Frieden. Man möchte daher wünschen, daß im Bereich der betrieblichen Mitbestimmung zunächst eine gewisse Pause eintritt, um zuerst einmal die neugeschaffenen Institutionen mit Leben zu erfüllen und die gesetzlichen Vorschriften auf ihre Bewährung prüfen zu können. Wenn sich dann Mängel oder Lücken der gesetzlichen Regelung ergeben sollten, wird vielfach die Möglichkeit bestehen, sie durch freiwillige Vereinbarung der Sozialpartner im Wege des Tarifvertrages oder der Betriebsvereinbarung zu beseitigen. Man sollte doch nicht die Wichtigkeit von Gesetzen und Institutionen für die Stellung der Arbeitnehmer im Unternehmen überschätzen. Sie sind ein — oft recht notwendiger — Wegweiser und äußerer Rahmen, entscheidend für die richtige Einordnung der arbeitenden Menschen in das Unternehmen und eine fruchtbare Zusammenarbeit bleibt aber letzten Endes doch eine gewandelte menschliche Haltung auf beiden Seiten. Es wäre das schönste Ergebnis dieser Arbeit, wenn es gelungen wäre, durch Klärung von grundsätzlichen Fragen der betrieblichen Mitbestimmung Mißverständnisse und Spannungen zwischen den Sozialpartnern zu beseitigen und damit zu einer solchen gewandelten menschlichen Haltung auf beiden Seiten beizutragen.

FSC
www.fsc.org
MIX
Papier | Fördert
gute Waldnutzung
FSC® C083411

Kolibri 360 GmbH
Ferdinand-Jühlke-Straße 7
99095 Erfurt, Deutschland
produktsicherheit@kolibri360.de